Mecânica de Automóveis

PARA

LEIGOS®

Tradução da 2ª Edição

Edição de Bolso

Mecânica de Automóveis

PARA

LEIGOS®

Tradução da 2ª Edição

Edição de Bolso

por Deanna Sclar

John O´Dell, Consultor Técnico

ALTA BOOKS
EDITORA

Rio de Janeiro, 2015

Impresso no Brasil — 1ª Edição, 2016

Produção Editorial
Editora Alta Books

Gerência Editorial
Anderson Vieira

Supervisão Editorial
Sergio Luiz de Souza

Design Editorial
Aurélio Corrêa

Gerência de Captação e Contratação de Obras
J. A. Rugeri
Marco Pace

Vendas Atacado e Varejo
Daniele Fonseca
Viviane Paiva

Tradução
Renan Amorim

Copidesque
Tássia Carvalho
Wendy Campos

Revisão Gramatical
Paola Goussain

Revisão Técnica
Thaís Roland

Diagramação
Diniz Gomes

Dados Internacionais de Catalogação na Publicação (CIP)

S419m Sclar, Deanna.
Mecânica de automóveis para leigos, edição de bolso / por Deanna Sclar ; John O'Dell, consultor técnico. – Rio de Janeiro, RJ : Alta Books, 2015.
282 p. : il. ; 17 cm. – (Para leigos)

Tradução de: Auto repair for dummies (2. ed.).
ISBN 978-85-7608-958-2

1. Automóveis - Mecânica. 2. Automóveis - Manutenção e reparos. I. O'Dell, John. II. Título. III. Série.

CDU 629.083
CDD 629.2872

Índice para catálogo sistemático:
1. Automóveis : Mecânica 629.083

ALTA BOOKS
E D I T O R A

Rua Viúva Cláudio, 291 — Bairro Industrial do Jacaré
CEP: 20970-031 — Rio de Janeiro
Tels.: 21 3278-8069/8419 Fax: 21 3277-1253
www.altabooks.com.br — e-mail: altabooks@altabooks.com.br
www.facebook.com/altabooks — www.twitter.com/alta_books

Sobre a Autora

Deanna Sclar também é a autora do internacionalmente conhecido best-seller, *Buying a Car For Dummies* (1998), um manual que ajuda o leitor a economizar dinheiro em todos os aspectos referentes à propriedade de um carro, incluindo a compra, a venda, o financiamento, o seguro, direito de propriedade e muito mais. Antiga editora contribuinte do *Family Circle, Boys' Life, Exploring* e do *Los Angeles Times*, seus artigos foram publicados na *Redbook, NewWoman* e em outras revistas nacionais.

Por ter um amplo conhecimento no campo automotivo e por ser uma porta-voz dos consumidores, Deanna compareceu em mais de 800 programas de rádio e de TV, incluindo um quadro próprio na *NBC Nightly News with Tom Brokaw,* no *Good Morning America,* Today, no Lifetime, na CNN e em redes públicas de rádios nacionais; e em programas locais em 30 cidades grandes. O seu vídeo *Auto Repair For Dummies* foi um dos finalistas do Prêmio Nacional de Vídeos Caseiros. Foi uma das apresentadoras de *Outrageous Women*, um talk show semanal de TV, além de ter produzido, escrito, apresentado e editado vários documentários. Seu curso "Auto Repair for Dummies" na California State University, Northridge, reuniu em seu programa contínuo de ensino um número de pessoas jamais visto.

Deanna sempre foi ativista ambiental e liderou o grupo que realizou a primeira celebração do Dia da Terra na cidade de Nova York, sendo a responsável inclusive por convencer o prefeito Lindsay a

iniciar o primeiro programa de reciclagem urbana. A antiga "Thumbs Sclar" restaurou dois carros clássicos, um caminhão e três casas. Cigana inveterada e marinheira experiente, ela fez parte de uma tripulação que atravessou o oceano Pacífico e a Polinésia, navegou e mergulhou no Havaí e na Grande Barreira de Corais, caminhou sozinha por nove meses no sudeste da Ásia e por cinco meses no Brasil, e atravessou o oceano Atlântico em um veleiro com apenas um companheiro e um gato.

Dedicatória

Aos meus filhos, Gina e Casey; e aos meus netos, Jesse, Allison, Jacob e Kylie, que dirigirão os veículos do futuro.

Agradecimentos da Autora

John O'Dell, por ter ido além das expectativas ao contribuir com erudição, perspicácia e dedicação a fim de se certificar de que esta edição fosse exata e atualizada. Muito obrigada por estar sempre me apoiando!

Rosemarie Kitchin, o apoio, a inteligência, a liderança e a amizade e o afeto que têm sido os pilares da minha vida por mais de 30 anos.

Dave Steventon da Canadian Automobile Association, por sua amizade e orientação em cada uma das edições desse livro.

Marilyn Levak, por sua generosidade e habilidade em organizar o equivalente a mais de cinco anos de arquivos de Internet e recortes de jornais para esta edição.

Joanne Steventon, por sua pesquisa e pela aquisição da arte para este livro.

Don Donesley, meu primeiro guru automotivo, cujas aulas e conselhos tornaram possível a concretização da edição original. Obrigada por ter me apresentado às três melhores coisas na vida: carros, cerveja e o Deserto de Mojave!

À velha *Thursday Evening Auto Class* na "Uni High", que compartilhou ideias, ferramentas e graxa no cotovelo; serviu de rato de laboratório e se recompôs depois de uma cerveja e pizza.

Lindsay Lefevere, Editora de Aquisições, e Alissa Schwipps, Editora de Projetos Sênior, por seus esforços e sensibilidade épicos, desde as etapas de planejamento até a publicação. Elizabeth Rea, Editora de Cópias Sênior, por sua visão e senso de estilo. Tracy Barr, Editora, e Bob Freudenberger, Consultor Técnico, por revisar o livro até o último minuto. Janet Wahlfeldt e Thomas Brucker, Desenhistas Técnicos, por suas ilustrações de complexos sistemas automotivos que ficaram simples e nítidas; toda a equipe da Wiley Composition Services que trabalhou duro por muito tempo nesta edição. Que as Fontes estejam convosco!

E, por fim, agradeço ao Piu-piu, meu fiel Mustang, que sobreviveu a todas as minhas experiências e erros, tendo se tornado um carro excelente e um garanhão de respeito; a Honeybun, meu carro dos sonhos que se tornou realidade; e a Esmeralda, meu Prius querido.

Sumário

a como usar um macaco e trocar um pneu com segurança; as regras básicas de segurança que devem ser seguidas ao lidar com nosso veículo; como desmontar e remontar *qualquer* coisa do nosso carro sem perder as peças (nem a cabeça!); as ferramentas básicas que podemos precisar; manutenção preventiva para aumentar a vida útil do carro e muito mais. Começaremos com as coisas mais fáceis e depois passaremos para os serviços mais desafiadores.

Convenções Usadas Neste Livro

Utilizo convenções no texto a fim de que as informações sejam consistentes e fáceis de entender. Preste atenção às fontes e formatações dos endereços da Internet, das listagens passo a passo e nos boxes cinza que aparecem aqui e acolá.

Penso que...

Para tornar este livro o mais relevante, interessante e agradável possível, escrevi a obra na forma de uma conversa agradável com o tipo de pessoa que acredito que gostaria de lê-lo.

Ícones Usados Neste Livro

Para tornar este livro mais fácil de ler e mais simples de usar, foram incluídos alguns ícones para ajudar a encontrar e compreender as ideias-chave e as informações.

DICA Este ícone indica informações importantes que podem poupar tempo e dinheiro.

CUIDADO Este ícone alerta contra problemas em potencial ou situações que podem custar muito dinheiro.

Este ícone indica uma informação e o seu impacto no meio ambiente, nos ajudando a economizar combustível, eliminar a poluição do ar, a reciclar peças e a se desfazer de substâncias tóxicas com segurança.

Este ícone aparece ao lado de regras que *devemos* seguir sem exceção. Preste atenção neles!

Este ícone indica informações que podem ser encontradas em outros locais do livro e são importantes de ter sempre em mente.

Este ícone aparece ao lado de informação técnica que, embora interessante (ao menos para mim), você poderá deixar de lado sem perder nada importante.

Parte I

Conhecendo o Seu Veículo

A 5ª Onda Por Rich Tennant

Nesta parte...

Já viu alguém tentando abrir uma lata de sardinhas? Com o abridor em uma mão e a lata na outra, em geral, as pessoas tentam, tentam e tentam até que decidem que preferem comer algumas bolachas. Caso já tenha tentado abrir o capô do carro ou levantá-lo com um macaco pela primeira vez (ou sem prestar atenção quando quando outra pessoa fazia isso), pode ficar tão confuso quanto alguém tentando abrir a lata de sardinhas. É por isso que esta parte trata daquilo que todo motorista deveria saber fazer. Fala sobre dicas de segurança que todos aqueles que trabalham com carros deveriam conhecer e sobre as ferramentas que podemos usar para deixar o nosso carro funcionando bem novamente. Veremos como comprar a peça certa para o carro na nossa primeira ida à loja de peças e como fazer uma verificação mensal no motor, o que pode prevenir 70% dos nossos problemas de estrada!

E, por fim, veremos rapidamente todos os sistemas automotivos envolvidos no uso do nosso carro para entender o que cada um deles faz, como funcionam e como relacionar um ao outro.

Capítulo 1

Coisas Que Todo Motorista Deve Saber

Neste Capítulo

- Como saber quando nós mesmos podemos fazer
- Atenção à segurança
- Enchendo o tanque
- Debaixo do capô
- Desmontando as coisas (e montando de novo)
- O uso do macaco e a troca de pneus com segurança
- Como entrar no carro quando nos trancamos do lado de fora

Caso não seja naturalmente inclinado à mecânica, talvez encare os que *são* com admiração, espanto e raiva porque eles têm algo que você não tem: conhecimento de como as coisas funcionam e como elas se encaixam. Quando desmontam algo, conseguem montar de novo do jeitinho que estava. Quando dizem que querem dar uma olhada no motor, conseguem abrir o capô. E, quando precisam trocar o pneu, não levam dez minutos para descobrir que parte do macaco deve ficar voltada para cima.

A boa notícia é que não precisamos nascer com uma chave inglesa na mão para saber como consertar as coisas — mesmo as que parecem tão complicadas como um carro. Sei disso, pois havia uma época que eu também não sabia das coisas. A Introdução aborda minha epifania automotiva.

- **Não fume ao trabalhar no carro — por motivos óbvios!**
- **Nunca trabalhe no carro a menos que o *freio de mão* esteja puxado, que a *marcha* esteja engatada nos carros manuais e no modo P (Estacionar) ou N (Neutro) nos carros automáticos e que o motor esteja desligado.**
- **Certifique-se de que as peças do motor em que vai mexer estejam frias para não se queimar.**
- **Nunca erga um carro com um macaco a menos que as rodas estejam devidamente bloqueadas.**
- **É necessário usar ferramentas isolantes em serviços que envolvam eletricidade.**
- **Antes de usar uma chave inglesa ou uma *catraca* em uma peça que está "travada", certifique-se de que, se essa peça se soltar de repente, você não bata a mão em alguma coisa.**
- **Retire gravatas, lenços, anéis, colares e outras joias.**
- **Prenda o cabelo.**
- **Ao trabalhar com produtos químicos, tais como um *líquido de arrefecimento*, produtos de limpeza e similares, é necessário mantê-los longe da boca e dos olhos.**
- **Saiba que é extremamente perigoso manter gasolina por perto.**
- **Trabalhe em uma área bem ventilada para evitar respirar o monóxido de carbono, caso tenha de ligar o carro, ou os vapores tóxicos dos produtos químicos ou da gasolina.**
- **Use uma lanterna nas partes escuras.**
- **Mantenha um extintor de incêndios à mão.**

Cuidados ao Abastecer

Ir ao posto parece ser uma tarefa simples, mas devemos prestar atenção a muito mais coisas do que imaginamos. Um hábito comum que frentistas vem adotando é o de encher o tanque além do necessário para arrendondar o valor a ser pago pelo combustível e esta prática é muito prejudicial para os carros.

Não apenas o carro, mas também nossa saúde é prejudicada quando o frentista enche o tanque além do limite do clique do bico da bomba de combustível. Isso porque vapores de benzeno são respirados e podemos sentir dores de cabeça ou enjoos.

No carro, o primeiro que sofre é o cânister, que fica encharcado e termina danificado, mas não antes de danificar também outras peças, ou diminuir suas vidas úteis, como velas e sensores de oxigênio, que carbonizarão mais rápido e o catalizador, que também acabará danificado. Isso tudo aumenta o nível de emissões do automóvel, que passa a poluir mais e perde um pouco de desempenho.

Preste sempre atenção também aos visores das bombas de combustível. Confira se o frentista está abastecendo seu carro com o combustível que você pediu e se zerou o contador antes de começar a encher o tanque do seu carro.

Se algum combustível escorrer pela lataria do seu carro, peça ao frentista que lave imediatamente com bastante água para não danificar a pintura.

Ao abastecer o carro, frentistas costumam se oferecer para fazer algumas verificações, como dos níveis de óleo e água. Esta é uma gentileza que pode sair caro se não acompanharmos o processo. Você pode acabar gastando mais dinheiro comprando óleo ou fluido de que não precisa, apenas porque o funcionário está mais interessado na comissão que ganha pela venda destes produtos do que na segurança das peças do seu automóvel.

Como Abrir o Capô

Como executar os serviços mais simples debaixo do capô — verificar o nível do óleo, do ***líquido de arrefecimento*** e do ***fluido de transmissão***, reabastecer o fluido do limpador do para-brisa e verificar as ***correias de transmissão***, por exemplo — se não sabe como abri-lo?

A boa notícia é que abrir um capô não é nada complicado — *se* soubermos como se faz. Embora a localização da alavanca usada para abrir o capô possa mudar de veículo para veículo, elas funcionam praticamente do mesmo jeito.

É assim que se abre o capô sozinho:

1. **Encontre a alavanca e libere a trava do capô.**

   Podemos consultar o manual do proprietário ou tentar nos lembrar da última vez que um frentista abriu o capô do nosso carro. Ele ou ela pediu para puxar uma alavanca dentro do carro? Ou pediu para ir diretamente na frente da grelha na frente do carro?

   No caso de modelos mais novos, a alavanca do capô está dentro do carro, perto do volante ou no piso, do lado do assento do motorista. Em modelos mais antigos, a alavanca do capô fica atrás da grelha ou do para-choque.

   Se a alavanca estiver dentro do carro, aperte, puxe ou empurre até ouvir o barulho da trava sendo liberada. Se a alavanca estiver na frente do carro, é necessário procurá-la pela grelha ou atrás do para-choque até encontrar um gatilho, uma alavanca, uma trava ou um botão. Então, puxe, empurre ou pressione o objeto encontrado, para cima, para trás ou para os lados até que a trava do capô seja liberada.

   O capô se abrirá um pouquinho mas, provavelmente, ainda ficará preso pelo trinco de segurança — uma alavanca de metal que quando pressionada libera o capô para que ele seja totalmente aberto. Esse trinco evita que o capô se abra acidentalmente e bloqueie nossa visão quando estivermos dirigindo.

2. **Com uma mão, erga o capô até o seu limite. Com a outra mão, procure, na área entre o capô e a grelha, pelo trinco de segurança. Libere-o e levante o capô completamente.**

3. **Apoie o capô se necessário.**

Se o capô ficar em pé sozinho, muito bem. Se não, procure pelo suporte do capô — uma vareta longa e fina de metal que pode estar anexada na parte de baixo do capô ou na lateral da sua abertura. Por fim, abaixe ou levante o suporte (dependendo da sua localização) e coloque a sua extremidade em um espaço designado para manter o capô no lugar.

Como Desmontar Qualquer Coisa — e Montá-la Novamente

Nunca consegui seguir as instruções "simples" de montar os brinquedos dos meus filhos até que aprendi a técnica a seguir. A partir de então, conseguia verificar os freios e até mesmo lubrificar os ***rolamentos*** e, depois, montar tudo de novo! A melhor parte é que podemos usar essa técnica em *qualquer coisa* que precisemos desmontar e montar novamente — pneus vazios, torradeiras, bicicletas e assim por diante.

REGRA DE ESTRADA

NUNCA, JAMAIS, FAÇA UM SERVIÇO COM PRESSA.

É necessário reservar tempo suficiente. Caso as coisas se compliquem, faça uma pausa para uma água ou um café. É possível ter uma perspectiva completamente diferente ao voltar para o trabalho. Elimine as distrações. Ao encontrar uma dificuldade no serviço, tente parar, se sentar e pensar sobre esse problema — não entre em pânico. Se as peças se encaixavam antes, elas se encaixarão de novo.

Siga estas instruções, respirando devagar e profundamente:

1. **Coloque um pano *limpo* e sem fiapos em uma superfície plana, próximo o suficiente para que não haja a necessidade de se levantar ou andar até ele.**

   Coloque todas as peças nesse pano à medida que as desmontar. Desse modo, o pano não deve estar em uma área onde óleo, pó ou qualquer outra coisa possa cair nelas e estragá-las. Se estiver planejando usar algo que sopre ar pressurizado para limpar alguma coisa, deixe parte do pano livre o suficiente para cobrir as peças desmontadas.

2. **Antes de desmontar cada peça, pare e faça a si mesmo as seguintes perguntas, e, caso esteja receoso de se esquecer das respostas, anote-as:**

   - O que é isso?
   - O que isso faz?
   - Como ele funciona?
   - Por que ele foi projetado desse jeito?
   - Quão bem parafusado ele está?

CUIDADO

Grande parte dos amadores aperta demais os parafusos, ou o que quer que seja que prendia as peças, para que elas não escapem. No entanto, coisas como os parafusos que prendem as ***juntas*** não devem ser apertadas demais porque, por exemplo, podemos espanar a rosca do parafuso ou deformar a junta, fazendo, assim, com que o que quer que eles estejam segurando se solte. É útil anotar o quão apertado as coisas estavam antes de soltá-las. "Não estava tão apertado" ou "Certificar-se de que esteja bem preso". Algumas peças exigem as especificações exatas de ***torque***, mas não trataremos delas neste livro.

3. **Ao remover cada peça, coloque-as *no sentido horário* no pano, *com cada peça na posição em que estava antes de ser removida.***

   Este é o segredo de tudo. Quando estivermos prontos para montar as coisas de novo, a posição e a direção de cada peça nos dirão não apenas quando colocá-las de volta, mas também qual era a sua posição.

4. **Caso esteja fazendo anotações, designe um número para cada peça indicando a ordem em que elas foram removidas — Peça 1, Peça 2 e assim por diante.**

   Você pode optar por prender os números nas peças com fita adesiva caso esteja receoso que o pano saia do lugar acidentalmente. É necessário anotar também onde cada peça estava encaixada; por exemplo, "Peça 6: Prender as presilhas da esquerda nas presilhas da direita da Peça 7". Se ajudar, pode também fazer um desenho simples disso.

   Trabalha de modo sistemático, entendendo a função de cada peça, não terminará com roscas e parafusos a mais no fim de um serviço.

5. **Quando estiver pronto para montar tudo de novo, comece com a última parte desmontada, seguindo o sentido anti-horário das peças no pano. Caso as tenha numerado, elas devem seguir a ordem decrescente.**

Agora está pronto para começar o nosso primeiro serviço onde poderá aplicar essa técnica: usar um macaco e trocar um pneu. Talvez nunca precise fazer isso, mas, se acabar com um pneu furado, é bom que saiba como trocá-lo.

Como Usar Um Macaco Com Segurança

O motivo mais óbvio para usar um macaco é trocar um pneu, mas outros serviços, como inspecionar os freios, também podem exigir uma olhada debaixo do carro (mesmo que seja magrinho o bastante para entrar debaixo do carro, ainda precisará de espaço para se mover e usar as ferramentas). O Capítulo 3 contém informações detalhadas sobre os diferentes tipos de macacos e também sobre itens como ***cavaletes*** (essenciais) e ***esteiras*** (não essenciais, mas interessantes). Esta seção explica como usar um macaco com segurança e de maneira eficiente. A seção seguinte nos mostra como trocar um pneu depois que o carro for erguido.

CUIDADO

Antes de erguer o carro com um macaco, siga as seguintes regras de segurança:

- **Os macacos só devem ser usados para erguer um carro. Eles *nunca* devem ser usados para manter o carro no lugar.**
- **Deve-se usar cavaletes ao trabalhar debaixo de um carro.**
- **Nunca erga um carro com o macaco sem calçar as rodas para impedi-las de girar.**
- **Evite trocar um pneu na estrada ou na rodovia.**
- **Sempre estacione num lugar plano antes de usar um macaco.**
- **Certifique-se de que a sua marcha esteja no modo P (ou em ponto morto no caso de *câmbio manual*) e que o *freio de mão* esteja puxado *antes* de erguer o carro.**

Depois de tomar *todas* as medidas de segurança, siga estes passos para erguer um carro:

1. **Se for tirar uma roda para trocar um pneu ou verificar os freios, tire a *calota* (se houver) e solte as *porcas das rodas*.**

   Depois que o carro for erguido, a roda vai girar sem impedimento, o que dificulta tirar a calota e faz com que soltar as porcas das rodas seja quase impossível. As instruções para tirar a calota e soltar as porcas das rodas estão na próxima seção, "Como Trocar Um Pneu."

2. **Posicione o macaco sob a parte do carro em que ele deve tocar ao ser erguido. Se estiver usando cavaletes, posicione-os próximos ao macaco.**

   O lugar onde posiciona o macaco dependerá do que pretende: se vai fazer um serviço em uma única roda, como trocar um pneu ou verificar o freio, ou se vai fazer um serviço em duas ou talvez todas as rodas. Muitos veículos possuem locais planos na parte de baixo, especialmente projetados para o uso de macacos.

Se posicionar o macaco de maneira errada, pode danificar o carro. Para encontrar o lugar certo de posicionar o macaco no carro, consulte o ***manual do proprietário***. Caso não tenha um manual, peça ao departamento de serviços de sua concessionária que lhe mostre onde fica o lugar apropriado para posicionar o macaco. Em todo caso, é necessário seguir estas instruções:

- Nunca posicione o macaco de modo que o peso do veículo esteja apoiado em algo que possa torcer, quebrar ou ceder.
- Caso o manual seja incompreensível ou não tenha informações sobre o posicionamento do macaco, tente posicionar o macaco de modo que ele toque o chassi do veículo ou a barra que apoia a ***suspensão*** das rodas da frente.
- Também é possível posicionar o macaco perto do eixo das rodas traseiras, mas, até que tenha mais prática em fazer isso, aconselho que continue erguendo uma roda por vez.

3. **Erga o carro usando o macaco. Como isso será feito dependerá do tipo de macaco usado (veja a Figura 1-1):**

   - No caso de macaco *tesoura*, insira a haste ou a chave no orifício e comece a girar.
   - No caso de macaco *hidráulico*, insira o cabo no local apropriado e comece a bombear movimentando o cabo para cima e para baixo. Faça movimentos iguais e suaves, levando o cabo do macaco do seu ponto mais baixo para o seu ponto mais alto a cada bombeada a fim de ser mais eficiente.

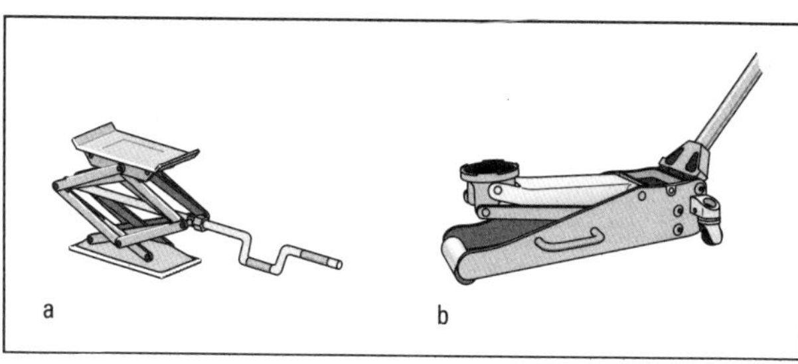

Figura 1-1: Um macaco tesoura (a) e um macaco hidráulico (b).

4. **Posicione os cavaletes debaixo do carro, próximos ao local tocado pelo macaco (veja a Figura 1-2). Erga os cavaletes até que eles estejam altos o suficiente para caber debaixo do carro e travá-lo. Abaixe o macaco até que o carro se apoie nos cavaletes.**

CUIDADO

Usar caixas, pedras ou tijolos no lugar de cavaletes é muito perigoso. Eles podem se quebrar ou escorregar enquanto estiver debaixo do carro. O mesmo pode acontecer com um macaco. Por isso, certifique-se de comprar um par de cavaletes e guardá-los no porta-malas caso viaje para um local isolado, onde não possa pedir ajuda caso acabe um pneu furado.

5. **Antes de começar a trabalhar, balance o carro um pouco para se certificar de que ele está bem apoiado nos cavaletes. Então, tire o macaco.**

   Balançar o carro também vai mostrar se as rodas estão bem calçadas. É bem melhor que o carro caia enquanto ele ainda está com as quatro rodas no lugar (ele só dará um pulinho).

Figura 1-2: Os cavaletes seguram o carro com segurança.

6. **Quando concluir o serviço, reposicione o macaco, remova os cavaletes e abaixe o carro.**

   Se estiver usando um macaco tesoura, basta girar a haste para o outro lado. Se estiver usando um macaco hidráulico, utilize o cabo para ativar a válvula que alivia a pressão. O macaco fará o resto.

Como Trocar Um Pneu

Nos dias de hoje, trabalhar no nosso carro no acostamento pode ser perigoso. Sendo assim, a melhor coisa a se fazer é ligar para uma companhia de seguros ou pedir a ajuda de alguma outra pessoa ou organização. No entanto, se o pneu furar em uma área sem sinal de celular, estará perdido se não souber trocar um pneu sozinho. Por isso, *todo mundo* deveria pelo menos ter uma ideia do que envolve trocar um pneu. A tarefa é bem simples:

1. **Calce o carro para que ele não saia andando sozinho.**
2. **Erga o carro, seguindo as instruções da seção anterior, "Como Usar Um Macaco Com Segurança".**
3. **Tire o pneu furado.**
4. **Coloque o pneu novo.**
5. **Guarde as coisas usadas para erguer o carro e o pneu furado.**

Esses podem ser os passos básicos para se trocar um pneu, mas o serviço pode ser bem complicado em alguns lugares caso não esteja preparado. As seções a seguir explicam os passos envolvidos na troca de um pneu em mais detalhes e em ordem.

DICA

Visto que a localização e o tipo de estepe mudam de um carro para outro, seria uma boa ideia verificar o estepe (bem como o macaco e a ***chave de roda***) *antes* que haja algum problema. Ao realizar essa verificação, certifique-se de que há ar suficiente no estepe. É necessário fazer essa verificação periodicamente.

Como tirar a calota

A primeira tarefa no desafio de trocar um pneu é tirar a ***calota*** do pneu furado. Os passos a seguir nos mostram como fazer isso:

1. **Se o carro tiver uma calota padrão, use uma chave de fenda ou a parte plana de uma chave de roda (veja a Figura 3-16 no Capítulo 3) para tirá-la.**

   Apenas insira a ponta da ferramenta onde a borda da calota se encontra com a roda e forçe um pouco (veja a Figura 1-3). A calota vai se soltar. Talvez tenha de fazer isso em mais de um ponto da calota, como se fosse a tampa de uma lata de tinta.

CUIDADO

Se a calota tiver um acabamento especial, consulte o manual do proprietário para obter as instruções de como removê-la sem danificá-la. Talvez tenha que removê-la pelo método já descrito ou talvez seja preciso desrosquear.

Figura 1-3: Podemos usar uma chave de fenda para tirar uma calota.

2. **Coloque a calota com as costas voltadas para o chão para fixar as *porcas das rodas* nela e evitar que elas saiam rolando e acabem caindo no esgoto mais próximo.**

   Para evitar estragar o acabamento, coloque a calota sobre um pano.

Depois de retirar a calota, o próximo passo é soltar as porcas das rodas.

Como soltar as porcas das rodas

As porcas das rodas mantêm as rodas no lugar. Como soltamos as porcas do nosso carro depende se temos ***rodas de liga leve***, que são presas com porcas especiais, ou calotas com porcas normais por trás delas.

Porcas especiais

CUIDADO

As porcas de alumínio delicado ou cromadas em rodas de liga leve precisam de cuidados especiais. Elas *nunca devem ser soltas ou substituídas com ferramentas elétricas que possam arranhar o acabamento.* Muitos mecânicos preferem soltá-las manualmente, usando um bocal especial para evitar arranhar o acabamento ou arredondar os cantos das porcas. Podemos encontrar estes bocais em muitas lojas de peças e em borracharias.

DICA

Algumas rodas de liga leve vêm com uma ou mais porcas em cada roda para desencorajar ladrões de rodas. Neste caso, é necessário usarmos uma "chave" especial que vem com o carro para destravá-las antes de soltá-las. As pessoas que possuem esse tipo de carro devem procurar saber onde ficam essas travas de rodas.

Porcas padrão

Algumas oficinas reapertam porcas padrão com uma ferramenta elétrica. A menos que nós mesmos as tenhamos apertado manualmente, elas estarão apertadas demais para que as soltemos por conta própria.

1. **Encontre o bocal que sirva na porca da roda do carro e encaixe-o nela.**

   Sempre solte as porcas em uma ordem para não esquecer de apertá-las depois.

2. **Apoie todo o seu peso na barra da *esquerda*.**

Isso faz com que a porca gire no sentido *anti-horário*, soltando-a.

Não é aconselhável usar a tática de força bruta em porcas especiais, mas, se uma porca padrão foi apertada com uma ferramenta elétrica e não conseguir soltá-la, encaixe um cano na extremidade do braço esquerdo da chave de roda cruzada, o que acrescenta força o suficiente para começar a soltar uma porca num passe de mágica (veja a Figura 1-4). Depois de reapertar a porca, isso não será mais necessário. No entanto, lembre-se que, quanto maior for o braço da chave de roda cruzada, mais força teremos.

Figura 1-4: Um cano e uma chave de roda cruzada podem soltar as porcas mais bem apertadas do mundo.

Nunca suba na chave de roda para soltar parafusos presos demais. Você pode se machucar seriamente se seu pé ou a chave de roda escaparem.

A troca do pneu

Antes de erguer o carro, pegue o estepe no porta-malas. Depois de erguer o veículo com segurança e de tirar as porcas, é necessário seguir estas instruções para trocar o pneu:

1. **Traga o estepe para o local da troca, caso já não o tenha feito.**

2. **Segure o pneu furado com ambas as mãos e puxe-o em sua direção.**

3. **Role o pneu furado para a parte de trás do carro a fim de tirá-lo do caminho.**

4. **Ponha o estepe nos parafusos.**

5. **Depois de colocar o estepe no lugar, aperte as porcas manualmente.**

6. **Usando o macaco, erga o carro para retirar os cavaletes e, então, baixar o carro.**

7. **Depois que o carro estiver no chão, use a chave de roda para apertar as porcas o máximo possível.**

Se o carro tiver rodas de liga leve, aperte as porcas até que a chave não se mova mais e, então, apoie todo o seu peso no braço da chave, mas não devemos dar solavancos, chute ou pule sobre ela, pois isso pode danificar o acabamento das porcas.

Porcas padrão são mais resistentes do que as que vêm com rodas de liga leve, mas tenha cuidado para não espanar ou danificar a porca. Por outro lado, não desejamos que a roda caia. Se a nossa preocupação for apertá-las o suficiente, é possível usar a técnica do cano no braço direito da chave de roda cruzada depois que a porca estiver apertada.

Em alguns carros as rodas são presas com parafusos, em vez de porcas. Neste caso, ao soltar o último parafuso você já precisará segurar a roda e ao colocar o estepe no lugar do pneu furado você precisará alinhar os furos para que os parafusos voltem a entrar nos seus lugares.

8. **Coloque a calota de volta.**

O manual do proprietário contém as instruções necessárias para colocar as calotas especiais de volta na roda, se esse for o caso. Se não, basta relembrar como retirou a calota e fazer tudo ao contrário (se tivemos de usar uma chave de fenda para tirá-la, então, provavelmente ela volta a se encaixar se dermos uma pancada seca com a mão; se ela foi desrosqueada como uma tampa de um jarro gigante, basta rosqueá-la novamente).

No caso de calotas simples, posicione a calota contra a roda e bata nelas com o punho. É bom passar um pano em volta dela para não machucar a mão. Não bata na calota com uma chave ou com um martelo — isso vai amassá-la. Bata em vários lugares da calota para se certificar de que ela está bem encaixada e segura.

9. **Coloque o pneu furado no porta-malas no lugar do estepe e guarde as suas ferramentas (incluindo os calços).**

CUIDADO

Mande consertar o pneu furado imediatamente; nunca se sabe quando precisará dele de novo! Além disso, certifique-se que ele seja consertado direito. Em vez de tirar o pneu do aro, inspecioná-lo, consertá-lo e montá-lo novamente, algumas oficinas o consertam sem desmontá-lo. Remendos nunca devem ser usados se o furo estiver na lateral do pneu e não na banda de rodagem. Em todo caso, *nunca* permita que uma oficina tente consertar o nosso carro assim, afinal, você quer que os pneus do seu carro sejam consertados do jeito certo.

DICA

Caso o pneu fure no meio do nada e não seja possível pedir ou esperar por ajuda, e não se sinta seguro — ou capaz — o suficiente para trocar o pneu sozinho, uma lata de inflador/selante não inflamável de pneus pode lhe colocar de volta na estrada em alguns poucos minutos. Basta rosquear o bocal da lata no bico do pneu furado. Ele vai encher o pneu com ar e com um tipo de gosma que vedará o furo temporariamente. Visto que ainda há algumas dúvidas sobre quão permanente é essa solução e sobre seus efeitos no pneu, é bom procurar por uma boa marca que não seja prejudicial ao meio ambiente e que possa ser lavada do pneu com água e sabão por um borracheiro profissional. Esse produto deve ser utilizado *apenas* em casos de emergência. Após o seu uso, é necessário levar o carro a uma borracharia o mais rápido possível e contar ao borracheiro que usou um inflador/selante em lata e que este deve ser removido antes de começarem a consertar o pneu.

Como Entrar no Carro Quando nos Trancamos do Lado de Fora

Felizmente, muitos carros novos vêm com travas eletrônicas ou "chaves digitais" que não nos permitem fechar as portas com as chaves dentro do carro. A parte ruim é que, se perdermos esse aparelho, pode levar dias e uma boa quantidade de dinheiro para substituí-lo, e provavelmente vamos precisar que alguém reboque o nosso carro para uma concessionária que fará o pedido de uma chave nova.

Siga estes passos para tentar entrar no carro sem a chave:

- **Se o carro possuir travas embutidas na maçaneta da porta**, busque ajuda profissional.
- **Se o carro for de um modelo mais antigo, com pinos nas laterais do vidro**, estique um cabide de ferro e dobre a ponta para fazer um gancho. O cabide deve ser inserido entre a borracha da janela e a janela de modo a alcançar o pino da porta, puxando-o para cima.
- **No caso de pinos lisos**, tente a técnica do cabide mas, nesse caso, o mais provável é que não funcione.
- **Se ficar trancado do lado de fora de um carro com o porta-malas aberto**, tente tirar o assento traseiro do caminho e entrar pela parte de trás do carro.

Capítulo 2

Manutenção Preventiva: Uma Verificação Mensal Debaixo do Capô

Neste Capítulo

- A prevenção de 70% das causas dos problemas do carro na estrada
- A verificação do filtro de ar, das correias de transmissão, da bateria e das mangueiras
- A quantidade certa de fluidos
- A verificação da fiação, dos limpadores e dos pneus

Todo mundo conhece aqueles chutadores compulsivos de pneus. Antes de entrarem no carro e dirigir, essas pessoas têm o hábito de dar uma volta no carro chutando os pneus para se certificarem de que eles não estão murchos. Você pode até achar engraçado. No entanto, essas pessoas, muito provavelmente, não serão surpreendidas com um pneu murcho. Por que, então, não aprender algo com essas pessoas e ter o hábito de verificar algumas coisinhas debaixo do capô do nosso carro? — ao menos uma vez por mês e antes de viagens longas.

O que precisamos verificar com frequência é qualquer coisa que possa ficar sem fluidos, perder ar, soltar-se ou se desgastar pelo uso — em outras palavras, coisas como o ***líquido de arrefecimento***, a pressão dos pneus, as mangueiras e as ***correias de transmissão***. Este capítulo explica o que devemos procurar, como procurar e proceder se encontrarmos algo que precise ser substituído ou reabastecido.

Onde Estão As Coisas Debaixo do Capô

Uma vez por mês, de manhã, antes de sair de carro por aí, pegue um pano limpo, sem fiapos e as ferramentas caseiras mencionas neste capítulo e, por fim, abra o capô do carro. Depois, verifique os itens das seções a seguir. Essa verificação talvez demore um pouco mais da primeira vez, mas, depois disso, não levará mais de 15 minutos. Na verdade, talvez seja uma boa ideia apanhar este livro e o seu ***manual do proprietário*** (se tiver um), ir até o carro e localizar cada peça à medida que continuarmos a leitura. A Figura 2-1 ajuda a encontrar cada peça.

DICA

Se os níveis do ***líquido de arrefecimento***, do óleo, do fluido de ***transmissão***, de freio ou da ***direção hidráulica*** estiverem baixos no caso de uma verificação real, reabasteça-os até os seus níveis apropriados e faça uma outra verificação depois de alguns dias. Se algum deles apresentar um nível baixo novamente, procure um mecânico para descobrir o porquê da perda de fluidos e corrigir o problema.

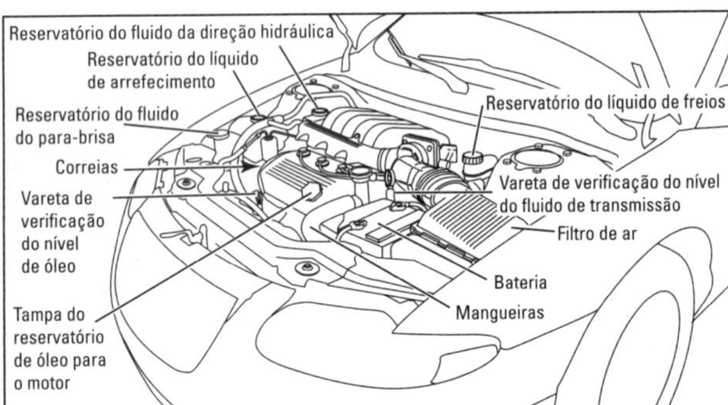

Figura 2-1: Onde encontrar as peças debaixo do capô.

ECO-LÓGICO

O descarte de materiais como óleo lubrificante, bateria ou combustíveis é uma tarefa importante, já que são itens perigosos e prejudiciais ao meio ambiente. Oficinas mecânicas, borracharias e postos possuem meios de destinar corretamente estes materiais para o descarte ou para a reciclagem. Sempre que precisar se desfazer destes produtos, atente para suas formas de armazenamento e procure um estabelecimento que possa fazer o descarte correto por você.

O Filtro de Ar

Na maioria dos carros mais novos, que usam injeção eletrônica, o filtro de ar está dentro de uma caixa chamada de ***caixa coletora de ar*** (veja a Figura 2-2). Ela geralmente se localiza na frente do carro perto da parte de dentro de um dos para-lamas. O ar que vem pela frente do carro se move por um tubo de coleta até o filtro de ar dentro da caixa (veja a Figura 2-2). No caso dos carros de injeção eletrônica mais antigos e os que usam carburador, o filtro é encontrado no ***purificador de ar***, localizado em cima do motor. Como vemos na Figura 2-3, o purificador é grande e redondo com um tubo saindo dele pelo lado a fim de facilitar a entrada de ar fresco. O manual do proprietário deve ter as instruções necessárias para encontrar o filtro de ar. Na falta do manual, o Capítulo 8 nos fornece as instruções gerais.

Para saber se o filtro de ar precisa ser substituído, basta removê-lo (ele não está preso) e segurá-lo contra o sol ou contra qualquer luz forte. Se conseguirmos ver a luz passando pelo filtro, tudo bem. Se não, tente bater *suavemente* a sua base em uma superfície dura para tirar um pouco da sujeira (não sopre o filtro, pois ele pode se estragar). Se após algumas vezes fazendo isso ainda não conseguir ver através dele, precisará de um filtro novo.

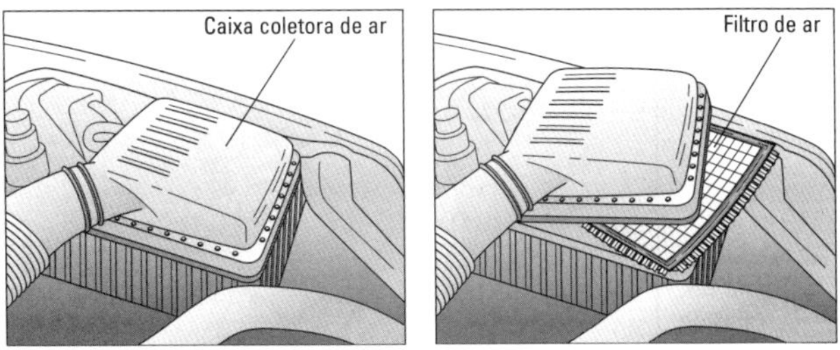

Figura 2-2: O filtro de ar está dentro do coletor de ar.

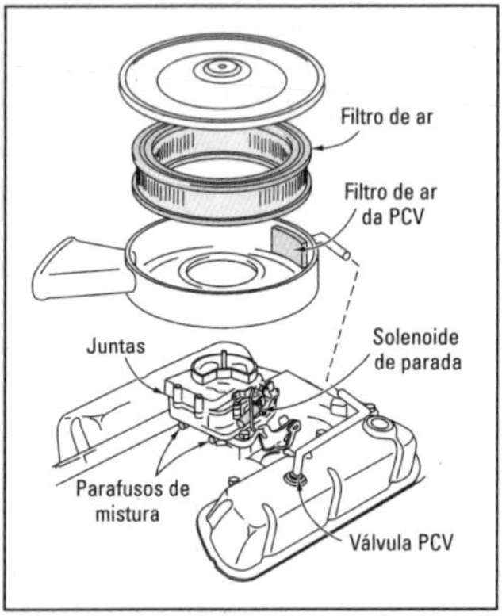

Figura 2-3: Em carros que usam o carburador, o filtro de ar se encontra dentro do purificador de ar.

As Correias de Transmissão

Se seu carro não tem qualquer proteção ou cobertura sobre o motor, basta levantar o capô para verificar as ***correias de transmissão***, que são o que faz o ***alternador***, a *bomba da direção hidráulica*, o compressor do ar-condicionado, em muitos casos a bomba de água e outras peças de um carro moderno funcionarem (no caso de carros mais antigos, haverá correias separadas). As Figuras 2-4 e 2-5 mostram como são os dois tipos de correias.

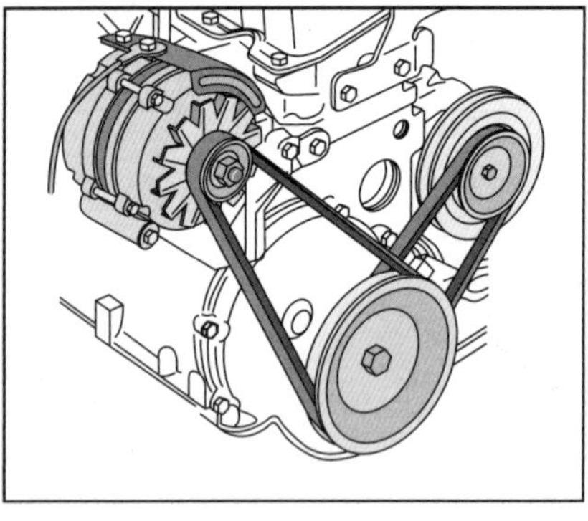

Figura 2-4: Correias de transmissão

DICA

Se não for possível alcançar uma correia de transmissão com facilidade sozinho, certifique-se de que elas sejam verificadas quando levar o carro ao mecânico ou caso uma correia comece a ficar barulhenta ou uma das peças que ela faz funcionar não estiver funcionando bem.

Se conseguirmos ver uma correia de transmissão sem dificuldades, devemos verificar o seguinte:

- **Se a correia "ceder" mais do que 1,2 cm quando pressionada, mas estiver em boas condições,** talvez ela só precise de um ajuste.
- **Se ela estiver suja com óleo ou outra substância,** a superfície lisa escorregará quando der a volta nas polias e, consequentemente, não conseguirá operar eficientemente as peças ligadas a ela. É possível que o motor superaqueça porque a bomba de água não está funcionando de modo correto ou pode ser que o ar-condicionado não esfrie o interior do carro. É melhor substituir essa correia.
- **Se faltarem pedaços da correia, se ela estiver trincada, gasta ou rasgando,** pode ser que haja detritos presos nela ou que uma das polias esteja desalinhada. A ação mais inteligente nessas situações é substituir a correia.

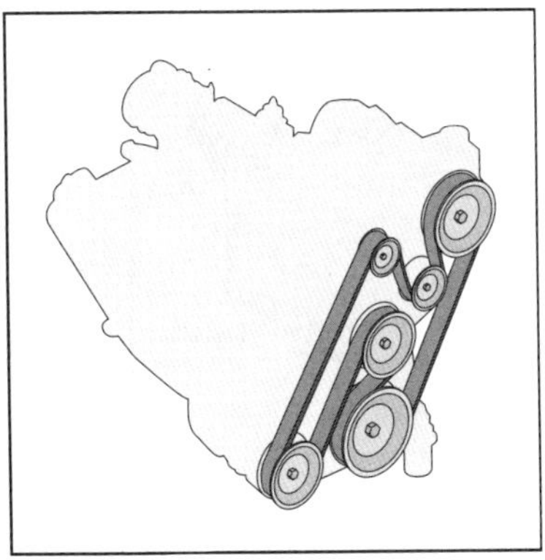

Figura 2-5: Correia de transmissão única.

A Bateria

A ***bateria*** armazena a corrente elétrica que o carro usa para dar a partida e transmite eletricidade a todas as peças do carro que precisam dela para funcionar, tais como os ***sistemas de ignição***, as luzes, o rádio e assim por diante.

A bateria, como outras partes do carro, está sujeita a desgaste e danos e deve ser verificada com regularidade. Em especial, devemos dar atenção àquelas partes que mais dão problemas, conforme ilustradas na Figura 2-6. Além disso, uma bateria mantida limpa deve durar mais do que uma abandonada.

CUIDADO

Antes de mexer em uma bateria, certifique-se de ler *todas* as medidas de segurança envolvidas nisso. Vejamos um resumo delas:

- **Nunca trabalhe em uma bateria com um cigarro aceso na boca.** As baterias estão cheias de ácido sulfúrico, o que gera gás hidrogênio. Assim, tome cuidado ao mexer nelas. Além disso, caso caia ácido em sua pele ou roupa, limpe essas partes com água imediatamente.

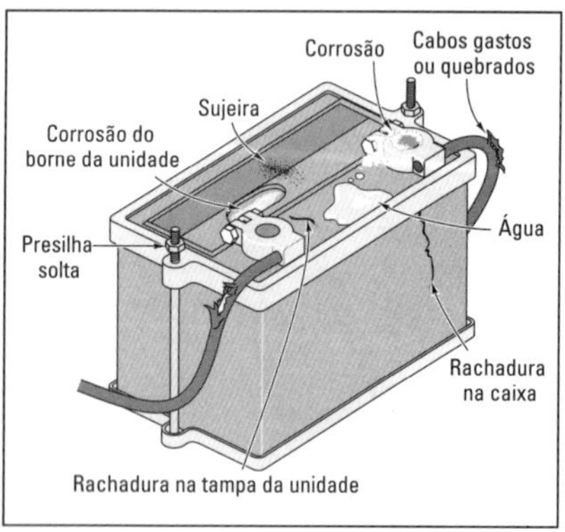

Figura 2-6: As partes da bateria que devem ser checadas.

- **Desconecte a bateria sempre que for trabalhar nela, mas *certifique-se primeiro de que o motor esteja desligado!*** Nos carros mais modernos, são computadores que controlam o motor, o ***combustível***, os ***sistemas de ignição*** e de ***transmissão automática,*** entre outros. Assim sendo, ao mexer com baterias e com os seus cabos, é necessário ser extremamente cuidadoso para não mandar inadvertidamente um pulso de uma voltagem indesejada a um desses computadores e destruir um deles. Por isso é de grande importância desconectar a bateria antes de começar a trabalhar nela.
- **Sempre desconecte o cabo negativo da bateria antes de trabalhar com a fiação debaixo do capô.** Isso evitará danificar algum componente elétrico ou receber um choque.
- **Ao tirar e colocar os cabos da bateria, sempre tire o cabo *negativo* primeiro e coloque-o por último.** Se tentarmos tirar o cabo positivo primeiro e nossa chave escorregar e encostar em alguma parte metálica, ela se fundirá a essa parte como se fora soldada.
- **Amarre os cabos enquanto estiver trabalhando na bateria para que eles não caiam de volta nos terminais.** Não deixe que nada metálico entre em contato com os terminais, pois isso pode danificar a bateria. Se os cabos estiverem conectados aos terminais quando alguma coisa interferir, é capaz que isso destrua os ***computadores de bordo***.

Não permita que todas essas precauções listadas aqui o desencorajem a verificar a bateria do carro. Esse processo é fácil se seguir estes passos:

1. **Localize a bateria.**

2. **Se houver montes de pó nos *terminais positivos* e *negativos*, limpe-os.**

   Esses montinhos (também conhecidos como zinabre) que se acumulam sobre os terminais são formados pelo ácido da bateria. Antes de limpá-los, é necessário tirar os cabos dos dois terminais soltando a porca da presilha de cada cabo e chacoalhando o cabo até que a presilha saia do terminal.

Para limpar os bornes e os conectores, derrame um pouco de bicarbonato de sódio em cada terminal, mergulhe uma escova de dentes velha ou uma escovinha descartável na água e esfregue até que os resíduos desapareçam.

Se os cabos e as presilhas não ficarem completamente limpos com o banho de bicarbonato de sódio e água, use uma escova de terminais de bateria (veja a Figura 2-7) em cada terminal para limpá-los e garantir uma conexão elétrica boa e segura. Limpe também o interior das presilhas com o limpador de presilhas, geralmente vendido junto com a escova. Uma escova de aço também pode dar conta do recado *sem o uso de sabão.*

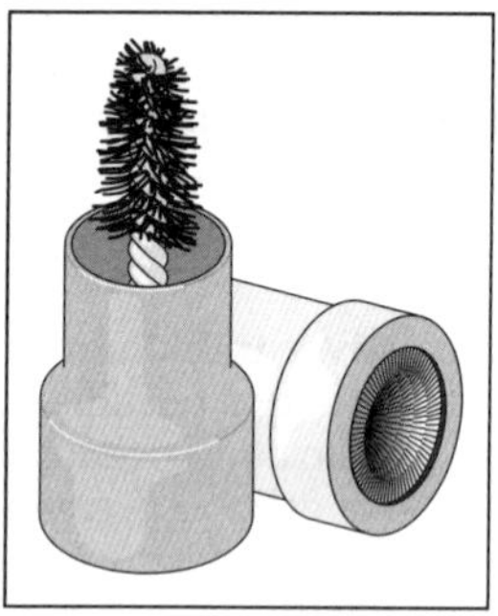

Figura 2-7: Uma escova de terminais de bateria (dentro da caixa) e o limpador de presilhas.

3. **Seque tudo com um pano limpo, descartável e sem fiapos.**

   É bom evitar que o pó caia em suas mãos e roupas. Entretanto, caso isso aconteça, lave as partes afetadas *imediatamente* com água para evitar danos às roupas ou à pele. Tome cuidado também com a pintura do seu carro, ela também pode ser danificada com a sujeira que se acumula nos pólos da bateria.

4. **Reconecte os terminais à bateria, colocando o cabo positivo primeiro e o negativo por último.**

Depois de religar os terminais da bateria, cubra-os com uma graxa automotiva grossa ou vaselina para evitar que os depósitos corrosivos se formem novamente.

5. **Examine os cabos da bateria e as presilhas para verificar se eles estão gastos ou corroídos.**

   Se os cabos e as presilhas estiverem muito danificados, é necessário substituí-los, senão, pode haver um curto-circuito na bateria, o que, por sua vez, pode danificar os computadores de bordo. Esse trabalho deve ser realizado por um mecânico profissional.

6. **Se estiver com problemas para ligar o carro, se os faróis altos estiverem fracos ou se a bateria for antiga, verifique se o eletrólito da bateria é forte o suficiente. Se for fraco, a bateria talvez precise ser recarregada ou substituída antes que pare de funcionar, deixando-o parado na estrada.**

7. **Verifique a caixa da bateria e os terminais.**

   Se perceber grandes rachaduras na caixa da bateria ou danos óbvios nos terminais, substitua a bateria independentemente da sua performance elétrica.

O Líquido de Arrefecimento

O ***radiador*** do carro esfria o motor e precisa de água e do ***líquido de arrefecimento*** (também conhecido como *anticongelante*) para funcionar. Esta seção mostra como verificar o nível do líquido de arrefecimento e a completá-lo, se necessário.

Tenha em mente os seguintes pontos ao verificar o nível do líquido do sistema de arrefecimento e reabastecer, se preciso:

- **Em vez de abrir a tampa do radiador, é mais fácil verificar se o líquido está no nível de "Cheio" ao lado do reservatório do líquido de arrefecimento.** É o frasco de plástico preso ao radiador que guarda um suprimento extra do líquido, conforme ilustrado na Figura 2-1. Ele faz parte do ***sistema de recuperação do líquido de arrefecimento***. Se o líquido não está na linha de "Cheio", é só abrir o frasco e acrescentar uma mistura de 50/50 de água e de líquido de arrefecimento até que ele esteja completo.

Devemos sempre usar uma mistura 50/50 de líquido de arrefecimento e de água para reabastecer o sistema de arrefecimento. Água pura deve ser usada apenas em caso de emergência. A maioria dos motores modernos possui cabeças de cilindros de alumínio, as quais exigem a proteção anticorrosiva dos anticongelantes. Para ser breve, este livro passará a se referir a essa mistura de 50/50 simplesmente como "líquido" a partir de então.

Alguns sistemas de recuperação de líquidos são pressurizados e têm uma ***tampa de pressão do radiador*** em vez de uma tampa comum. Alguns carros antigos não possuem um reservatório de líquido e, em função disso, para verificá-lo e reabastecê-lo, é preciso abrir a tampa do radiador.

Nunca abasteça um motor *quente* com líquido! Se precisar fazer isso, espere o motor esfriar para evitar a possibilidade de queimaduras ou de trincar o ***bloco do motor***. Não abra as tampas de nenhum desses sistemas enquanto o motor estiver quente, caso contrário, pode haver um esguicho do líquido quente. Leia as instruções de segurança no Capítulo 10 sobre como tirar uma tampa de pressão e sobre como verificar e reabastecer com mais líquido antes de realmente tentar fazer isso.

- **O líquido é geralmente vermelho, verde, azul ou amarelo.** Caso ele esteja descolorado, pareça enferrujado ou possua coisas flutuando nele, é necessário esvaziar o sistema de arrefecimento e abastecer com um líquido novo.
- **Se o líquido estiver com uma superfície lamacenta e oleosa, leve o seu carro imediatamente a um mecânico para procurar por vazamentos internos na *junta do cabeçote.***
- **Enquanto estiver brincando com o sistema de arrefecimento, aproveite para verificar como estão as mangueiras do radiador.** São mangueiras grandes que entram pela parte de cima do radiador e saem pela parte de baixo. Se elas estiverem vazando, estiverem trincadas, inchadas ou jorrando, devem ser substituídas. A seção a seguir nos mostra como verificar todas as mangueiras debaixo do capô. O Capítulo 10 nos explica mais sobre como trocá-las.

As Mangueiras

Há vários tipos de mangueiras debaixo do capô. Algumas delas transportam água ou ar; as mangueiras de vácuo têm, bem, nada dentro. Que tal explorar toda essa área debaixo do capô e apertar todas as mangueiras que encontrar? Caso encontre uma vazando, inchada, macia e úmida ou dura e quebradiça, terá de trocá-las, o que será fácil e barato. O Capítulo 10 mostra como fazer isso.

As Varetas de Nível

A verificação das varetas de nível envolve a maior parte da manutenção mensal. É simples de fazer e fornece informações valiosas, não apenas no que se refere a se os fluidos estão num nível apropriado, mas também indica a condição de vários sistemas vitais do carro. As seções a seguir mostram como verificar cada vareta.

Caso tenha alguma dificuldade para encontrar uma vareta, verifique o manual do proprietário ou peça ao frentista de um posto de gasolina que faça a verificação prestando atenção para ver onde ficam.

O Óleo

O óleo reduz o atrito no motor, permitindo que ele funcione suavemente. Desse modo, você deve verificar o óleo pelo menos uma vez por mês para se certificar de que há óleo suficiente e que ele não esteja sujo.

DICA

Alguns carros europeus não têm vareta de óleo. Se não conseguir encontrá-la, consulte o manual do proprietário para encontrar a maneira certa de fazer essa verificação.

Estes são os passos a serem seguidos para saber se seu carro precisa de óleo:

1. **Quando o motor estiver frio (ou se ele estiver desligado por pelo menos dez minutos), tire a vareta (aquela com um anel ou outro tipo de puxador na ponta saindo do motor) e limpe-a com um pano limpo, sem fiapos.**

   A localização da vareta de óleo depende se o carro tem um ***motor em linha (tração traseira)*** ou um motor ***transversal (tração dianteira)***, como mostram as Figuras 2-8 e 2-9.

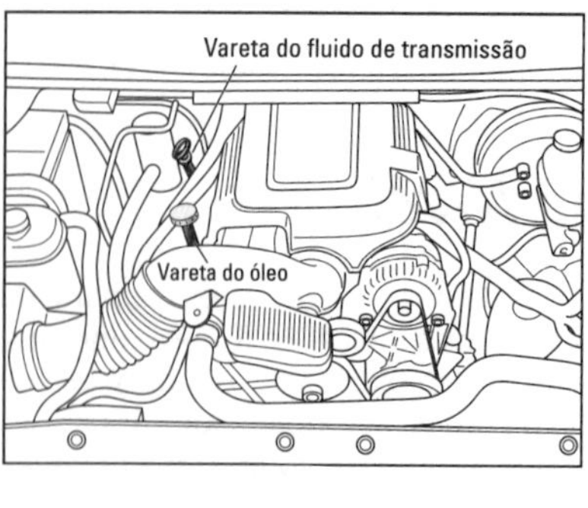

Figura 2-8: Onde encontrar a vareta do óleo e do fluido de transmissão em um motor em linha.

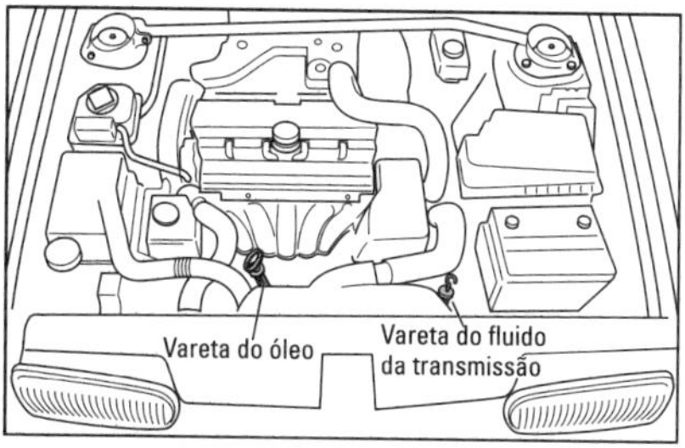

Figura 2-9: Onde encontrar a vareta do óleo e do fluido da transmissão em um motor transversal.

2. **Coloque a vareta de volta no cano.**

   Se a vareta ficar travada no meio do caminho, gire-a. Ela entra num cano curvo e a vareta de metal se dobra naturalmente na direção da curva se a colocarmos de volta do mesmo jeito em que ela saiu.

3. **Tire a vareta de novo e veja onde está a marca de óleo nela (veja a Figura 2-10). Avalie a posição dessa marca e em que condições está o óleo, acrescentando mais ou trocando-o conforme a necessidade.**

DICA

O óleo se torna preto em pouco tempo, mas isso não afeta a sua qualidade. Se esfregarmos um pouco dele entre o polegar e o indicador e ele deixar uma mancha de sujeira, provavelmente está na hora de trocá-lo.

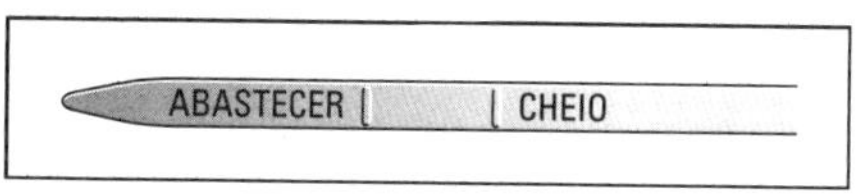

Figura 2-10: Verifique o óleo na vareta.

Se o óleo possuir uma boa aparência, mas estiver no nível "Abastecer" da vareta, será necessário fazer isso. Podemos comprar óleo da próxima vez em que formos colocar combustível no posto ou em alguma loja de peças ou hipermercados.
O Capítulo 11 nos ajudará a escolher a viscosidade do óleo apropriado para o nosso carro; fornecerá também mais informações sobre como achar o lugar para reabastecer o óleo.

O óleo deve ser trocado caso esteja sujo ou cheirando a gasolina. Podemos pagar a um mecânico ou a um posto para trocá-lo, mas por que não irmos direto para o Capítulo 11 para descobrir como podemos trocá-lo? É uma tarefa fácil de se fazer e que pode nos economizar algum dinheiro.

4. **Ponha a vareta de volta no cano e pronto!**

O fluido de transmissão automática

Para verificar o nível do fluido de ***transmissão automática***, procure pelo puxador da vareta que sai da transmissão em direção à parte de trás de um ***motor de linha*** em carros com ***tração traseira*** (veja a Figura 2-8) ou saindo do ***eixo de transmissão*** no caso de carro com ***tração dianteira*** (veja a Figura 2-9).

LEMBRE-SE

Se tiver um carro com ***transmissão manual***, você não precisa seguir essa parte da manutenção preventiva. O nível do fluido em uma transmissão manual deve ser verificado com o carro erguido para permitir que o técnico alcance a tampa na parte de baixo da transmissão. É melhor não tentar fazer isso sozinho, assim, da próxima vez que levar o carro no posto ou ao mecânico, peça ao técnico que verifique o nível do ***fluido de transmissão***. É bom saber que tipo e qual a ***viscosidade*** do fluido de sua transmissão e se certificar de que esse é o tipo que o técnico pretende usar. Alguns manuais mais novos de transmissão usam fluidos de transmissão automática; outros usam óleo de motor.

Estes são os passos para verificar o fluido de transmissão automática:

1. **Dê a partida com a marcha em N (Neutro) ou em P (Estacionar) e com o *freio de mão* puxado. Quando o motor estiver quente, puxe a vareta de nível. Não desligue o carro.**

2. **Passe a ponta do indicador no fluido da vareta e esfregue-o entre o indicador e o polegar.**

O fluido de transmissão deve estar rosado e quase totalmente limpo. Se ele parece ou tem cheiro de queimado, ou se houver partículas nele, leve o carro a um mecânico e peça a ele que troque o fluido. O cheiro do fluido da transmissão, em geral, é bem ruim, portanto, preste atenção se está mesmo sentindo o cheiro de queimado.

3. **Limpe a vareta com um pano limpo e sem fiapos; coloque-a no lugar e tire-a novamente.**

4. **Se o fluido de transmissão estiver limpo, mas não alcançar o nível "Cheio" da vareta, use um funil para abastecer o recipiente da vareta com a quantidade necessária de fluido de transmissão. Ele deve ficar na linha de "Cheio". Cuidado para não transbordar!**

DICA

Uma transmissão defeituosa e uma que está funcionando com pouco fluido apresentam sintomas parecidos! Se o carro engasga quando o câmbio automático troca de marcha, é bom dar uma olhada no nível do fluido *antes* que os mecânicos comecem a falar sobre orçamentos, ajustes ou compra de uma nova transmissão. É óbvio que abastecer com mais fluido de transmissão é muito mais barato do que substituir todo um sistema de transmissão!

O fluido da direção hidráulica

Para verificar o fluido da ***direção hidráulica***, localize a bomba da direção hidráulica no carro (veja a Figura 2-11). Se não encontrá-la, consulte o manual do proprietário que lhe informará onde ela está e se é necessário realizar essa verificação com o carro ligado ou desligado. Desse modo, abra a tampa da bomba e veja se o fluido alcança a marca "Cheio" na vareta. Se o nível estiver baixo, consulte o manual do proprietário ou a concessionária para saber que tipo de fluido a bomba de direção hidráulica exige.

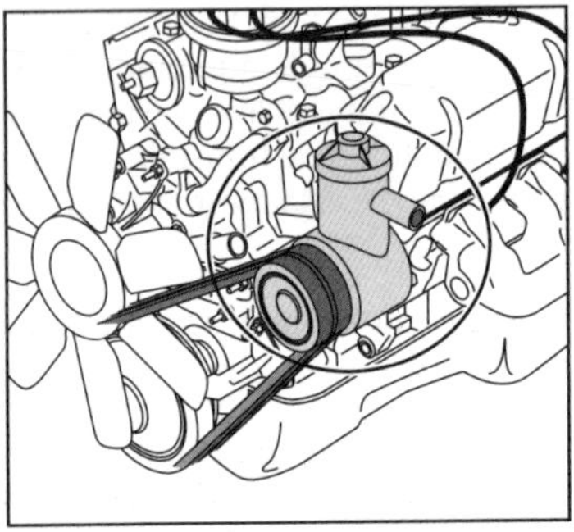

Figura 2-11: A bomba da direção hidráulica.

O Fluido de Freio

No carro, o ***servo freio*** é encontrado no lado do motorista, em geral perto da ***parede corta-fogo***. O reservatório do ***fluido de freio*** está bem na frente dele, conectado na parte de cima do ***cilindro mestre*** de freio, em geral, um recipiente de plástico que contém (quem diria?) o fluido de freio (veja a Figura 2-12). Os carros mais antigos não possuem um reservatório de plástico; em vez disso, o cilindro mestre é uma caixinha de metal com uma tampa de metal que deve ser removida para verificar o nível do fluido (veja a Figura 2-13).

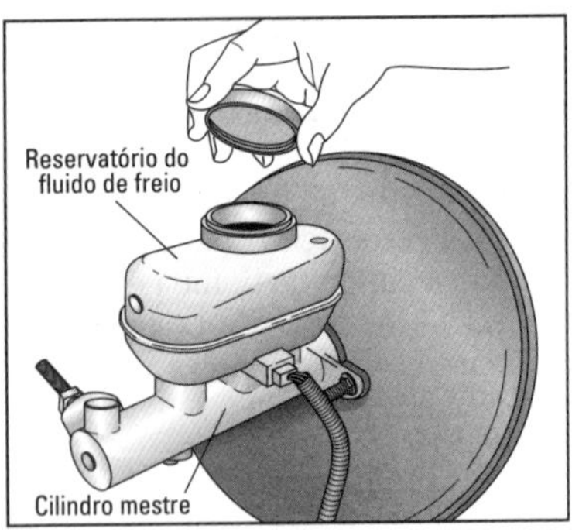

Figura 2-12: O cilindro mestre em muitos carros populares.

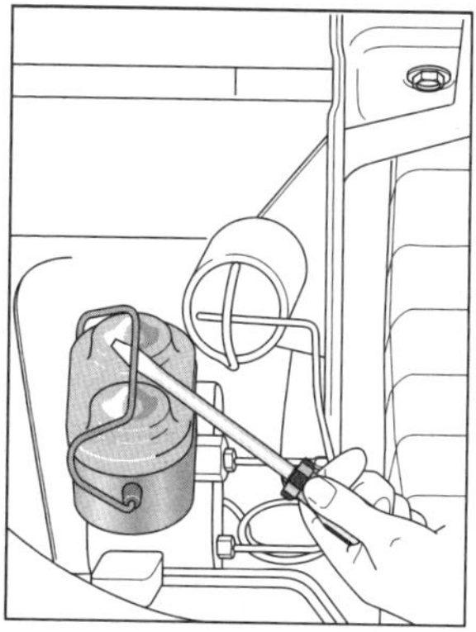

Figura 2-13: Soltando a tampa de um cilindro mestre de metal com uma chave de fenda.

Se o carro possuir um ***sistema antibloqueio de frenagem (ABS)***, consulte o manual do proprietário antes de verificar o nível do fluido de freio. Alguns sistemas ABS exigem que bombeemos o pedal do freio aproximadamente 25 a 30 vezes antes de abrirmos e inspecionarmos o reservatório.

Isto é o que deve ser feito para verificar o fluido de freio:

1. **Limpe a parte de cima do reservatório com cuidado.**

   Uma quantidade pequena de sujeira pode cair no fluido, o que talvez faça com que as vedações internas do cilindro mestre falhem. Os freios começarão a perder eficiência e, por fim, falhar por completo.

2. **Abra a tampa do reservatório do fluido de freio.**

   Se houver um tipo de reservatório de plástico em cima, desrosqueie a tampa do reservatório conforme ilustrado da Figura 2-12. No caso de um cilindro mestre de metal que leva o reservatório, é possível utilizar uma chave de fenda para tirar a trava de retenção de cima dele (veja a Figura 2-13).

CUIDADO

Não devemos deixar o cilindro mestre descoberto ou uma lata de fluido de freio aberta por muito tempo, pois este absorve a umidade para evitar ficar preso nos componentes hidráulicos e corroê-los. Se o ar úmido entrar no fluido de freio nem que seja por 15 minutos, ele não servirá mais. Assim, não perca tempo, deixe a lata bem fechada até que esteja pronto para usá-la.

3. **Veja onde o nível do fluido está entre as marcações de "Vazio" e "Cheio" no reservatório de plástico para se certificar de que o nível do fluido de freio esteja a cerca de 1,20 cm da tampa.**

   Se não houver uma quantidade suficiente, basta abastecer com o fluido de freio apropriado para o carro. Caso o reservatório do fluido de freio esteja vazio ao fazer a verificação, talvez seja preciso ***sangrar*** o sistema de freio. O Capítulo 12 traz instruções passo a passo de como fazer isso.

4. **Verifique a cor do fluido de freio.**

   Considerando que o fluido de freio se deteriora com o uso, ele deve ser trocado por um mecânico quando apresentar uma cor escura.

DICA

O fluido de freio deve ser trocado a cada dois anos. Isso protege não apenas os componentes hidráulicos de corrosão interna, mas também os freios de falharem prematuramente.

Tenha em mente os seguintes pontos ao verificar o sistema de freio:

ECO-LÓGICO

- **O fluido de freio é tóxico. Assim sendo, panos com mais do que algumas poucas manchas de fluido e quaisquer latas usadas devem ser levadas a um centro de lixo tóxico para serem descartadas.**
- **Não derrame fluido de freio em algo pintado, pois ele corrói a pintura.** Se isso acontecer, limpe o local com um pano imediatamente e descarte o pano ecologicamente.

CUIDADO

- **Não derrame graxa ou óleo no fluido de freio; qualquer um dos dois pode danificar o sistema hidráulico de freio.**

A Fiação

Sinta-se à vontade para tocar nos fios que encontrar na manutenção preventiva. Caso encontre fios duros e inflexíveis, fios de metal brilhante aparecendo pela camada isolante ou se os fios parecerem corroídos ou muito bagunçados de tal modo que possam se enroscar em outros equipamentos, será preciso trocá-los antes que haja um curto-circuito. Um profissional deve ser contratado para trocar a fiação.

O Para-brisa e o Seu Fluido

Existe um recipiente de plástico debaixo do capô, que contém o fluido para os limpadores do para-brisa. Ele está cheio? Se não, abasteça-o com um dos vários tipos de soluções usadas como limpadores de para-brisa — é possível até usar uma versão caseira. O que *não devemos usar é detergente*, pois esse produto pode deixar resíduos capazes de entupir os tubos que espirram o produto.

A Verificação e a Troca dos Limpadores de Para-brisa

Se os limpadores não estiverem tratando bem o para-brisa, é hora de comprar novos suportes ou novas borrachas. As borrachas não são caras e, em geral, são fáceis de colocar. Os suportes nos quais encaixamos as borrachas são um pouco mais caros, mas, se os que temos agora parecem corroídos ou se, de forma geral, já não possuem mais a mesma eficiência também devem ser trocados. Consulte o manual do proprietário ou uma loja de peças para saber qual é o tipo e o tamanho dos limpadores de que precisa e quais são as instruções para instalá-los, caso não consiga entender as instruções da embalagem. É bom saber que alguns carros apresentam um limpador de um tamanho para o lado do motorista e outro de tamanho diferente para o lado do passageiro, enquanto outros carros têm limpadores do mesmo tamanho para ambos os lados. Não esqueça de verificar também o limpador traseiro caso o carro possua um.

Os Pneus

Os pneus rodando com pouca pressão se gastam mais rápido, aumentam o consumo de combustível e tornam a direção mais instável. Os pneus rodando com muita pressão são mais fáceis de estourar e também tornam a direção instável. Por isso, devemos manter os pneus dentro dos padrões de pressão especificados pelo fabricante. A pressão de cada pneu deve ser feita com regularidade, acrescentando ou liberando ar conforme a necessidade. Não se esqueça de verificar as laterais e o estepe.

Capítulo 3

O Caminho Para o Coração de Um Carro É Uma Caixa de Ferramentas

Neste Capítulo

- As melhores ferramentas que o seu dinheiro pode comprar
- Equipando uma caixa de ferramentas

Antes de sequer pensar em devolver este livro por não estar pronto para gastar muito dinheiro em ferramentas que, provavelmente, nunca mais usará após estragar o motor e cortar o dedão, deixe-me lhe dizer que tudo de que vamos realmente precisar são algumas ferramentas básicas, que não são caras. (Falaremos sobre o seu motor e dedão depois.) Este capítulo lista e descreve as ferramentas básicas de que precisará para trabalhar em um carro. Talvez se surpreenda ao descobrir que já possui várias delas. Se precisar comprar mais algumas, este capítulo traz algumas dicas que podem ajudar a economizar dinheiro.

Comprando Ferramentas

DICA

Os preços das ferramentas variam muito, mas, se ficar de olhos abertos e souber aonde ir, com quem falar e o que procurar, poderá comprar uma boa ferramenta a um preço justo. Estas são algumas instruções gerais:

- Compre as ferramentas em uma loja de peças grande e de marcas conhecidas. Ferramentas de baixa qualidade podem se quebrar e machucá-lo.
- Fique de olho nos anúncios dos jornais; muitas lojas fazem esses anúncios regularmente, o que pode lhe ajudar a economizar dinheiro.
- Compre cada tipo de ferramenta num conjunto de tamanhos diferentes em vez de comprar cada tamanho de peça em várias ocasiões. Esse também é um jeito de economizar.
- Procure por ferramentas de aço de alta qualidade, sem arestas.
- Procure por vendedores amigáveis e pergunte que ferramentas eles compram. Muitos deles são amantes de carros e se alegrarão ao saber que você planeja consertar o próprio carro (talvez isso represente um futuro cliente), o que fará com que lhe indiquem com prazer quais as melhores ferramentas que pode comprar.

Já que estamos falando nisso, caixas de ferramentas vazias não são caras e vale muito a pena comprar uma, pois elas mantêm as ferramentas limpas, em bom estado e, o mais importante, em apenas um lugar. Procure por caixas de ferramentas leves e de plástico, que podem ser levadas no porta-malas do carro. Embora as ferramentas sejam úteis em casa, é melhor que elas estejam à mão caso surja algum problema na estrada.

Chaves de Fenda

Existem dois tipos básicos de chaves de fenda: *chaves de fenda padrão* (o tipo mais comum) e a *chave de fenda do tipo Phillips*. A diferença entre a chave de fenda padrão e a Phillips é o formato da cabeça da chave, conforme ilustrado na Figura 3-1.

As chaves de fenda offset, que apresentam um formato de "S" e pontas diferentes em cada lado, são muito úteis porque facilitam o serviço quando não há muito espaço sobre a cabeça de um parafuso. As chaves de fenda offset vêm nos formatos padrão e Phillips e algumas, inclusive, com um desses formatos em cada ponta (veja a Figura 3-2).

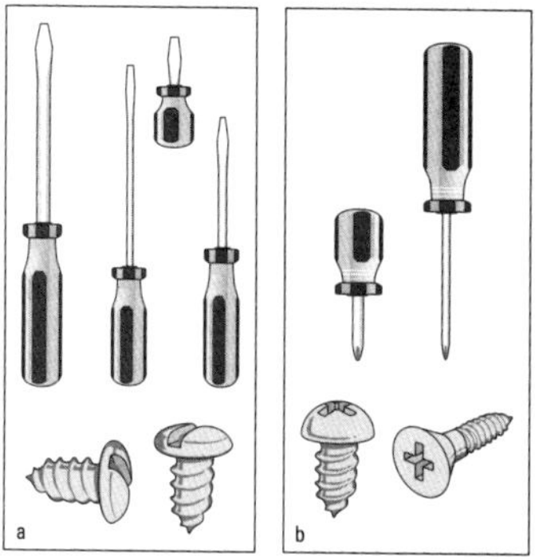

Figura 3-1: Chaves de fenda padrão (a) e Phillips (b) e seus respectivos parafusos.

Considerando que, em geral, não é possível usar uma chave de fenda padrão num parafuso Phillips ou vice-versa (embora haja algumas exceções), e visto que o carro é montado com os dois tipos de parafusos, nos mais variados tamanhos, precisaremos de várias chaves de fenda do mesmo tipo (não só para o carro, mas também para qualquer outro serviço em casa).

Os cabos das chaves de fenda também variam de tamanho. Isso é muito útil, já que um cabo maior nos proporciona um maior acesso a parafusos "enterrados" na superfície de algumas peças, em vez de estarem nivelados com a superfície; um cabo mais curto entra em lugares mais estreitos com mais facilidade. A parte do cabo usada para segurar também varia. É importante que ela seja grande e fácil de se segurar a fim de lhe ajudar a soltar os parafusos bem apertados.

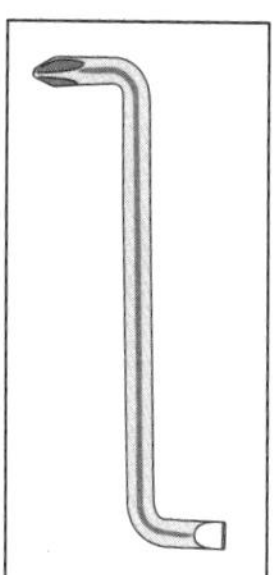

Figura 3-2: Uma chave de fenda offset.

DICA

É possível comprar todas as chaves de fenda de que precisa por relativamente pouco dinheiro. É necessário procurar por chaves de fenda com cabos de plástico ou borracha de vários tamanhos. É possível também procurar equipamentos que contêm vários tipos de cabeças de chaves de fenda Phillips e padrão em uma única catraca magnetizada. É só colocar a cabeça do tipo certo no lugar e torcer o cabo para girar a chave de fenda automaticamente. Essa ferramenta magnetizada serve ainda como *chave segura parafuso* (veja a seção a seguir).

Chaves Segura Parafuso

As chaves segura parafuso são muito úteis, pois seguram os parafusos que devem ser rosquedos em lugares apertados. Em vez de segurar um parafuso em um lugar com os dedos enquanto seguramos a chave de fenda com a outra mão, basta encaixar o parafuso na ponta da chave e a usar para inserir e apertar o parafuso. Um tipo de chave segura parafuso possui uma ponta magnética; uma outra (veja Figura 3-3) tem um aparelhinho que agarra o parafuso quando giramos a chave. Ambos os tipos são ótimos e funcionam bem. Essas chaves vêm nas versões padrão e Phillips.

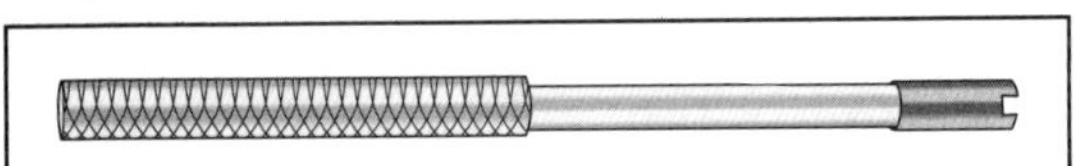

Figura 3-3: Uma chave segura parafuso nos ajuda em casos de lugares difíceis de alcançar.

Outras Chaves

Existem outras chaves que não são usadas com fendas, sendo as ferramentas mais básicas para o conserto de carros. Você precisará de algumas de tipos e tamanhos diferentes. Há vários tipos de chaves, sendo que algumas possuem objetivos muito especiais. No entanto, as seções a seguir abordarão os tipos de chaves que você utilizará na maior parte dos serviços.

Chaves de soquete

Um bom conjunto de ***chaves de soquete***, ilustrado na Figura 3-4, pode realmente fazer a diferença entre se divertir trabalhando e se matar de trabalhar. As chaves de soquete vêm em conjuntos com uma ampla variedade de preços, dependendo da qualidade e de quantas chaves o conjunto contém. Esses conjuntos podem incluir uma mistura de soquetes SAE e de soquetes métricos, ou com todos os soquetes SAE ou com todos os soquetes métricos. A menos que tenhamos decidido nos tornar mecânicos, podemos comprar um conjunto que não seja caro demais com chaves de soquete básicas, adequadas para o nosso serviço no carro e em casa. Se não tiver certeza de que vai fazer algo mais do que apenas mexer no carro, é possível começar com uma chave de vela, uma ***catraca*** e um cabo de extensão que nos permite introduzir o soquete mais fundo no compartimento do motor com mais facilidade, por exemplo, em algumas trocas de vela (veja a Figura 3-5).

Figura 3-4: Um conjunto de chaves de soquete.

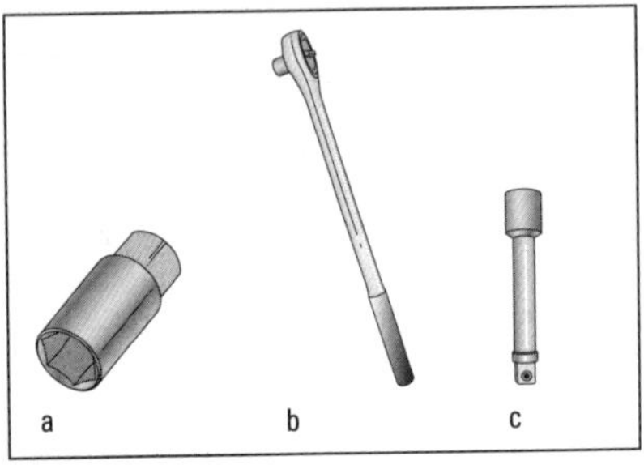

Figura 3-5: Uma chave de vela (a), uma catraca (b) e um cabo de extensão (c).

Um bom conjunto de chaves de soquete deve conter os seguintes itens básicos:

- **Vários soquetes de ¼, de ⅜ ou de ½ polegada.**
- **Uma chave de vela:** Esta chave comprida tem um revestimento macio para segurar a ***vela*** direito sem danificar sua cobertura na hora de colocá-la ou removê-la. As velas vêm em dois tamanhos. Assim sendo, certifique-se de comprar uma chave que sirva nas velas do seu carro. O manual do proprietário talvez indique o tamanho das velas. Você também pode perguntar na concessionária ou na loja de peças que frequenta.
- **Pelo menos uma catraca, que possibilite girar um soquete quantas vezes forem necessárias sem precisar tirar o equipamento do soquete depois de cada virada:** A catraca deve servir em qualquer soquete. A maioria dos conjuntos tem duas ou três catracas com pelo menos um adaptador. Se quiser, compre extensões adicionais para aumentar a catraca e adaptá-la para soquetes diferentes.
- **Uma catraca de cabeça flexível:** Embora não seja extremamente necessário, uma catraca de cabeça flexível nos permite segurar a ferramenta em qualquer ângulo quando estivermos trabalhando em lugares estreitos — e os motores possuem muitos lugares estreitos.
- **Extensores de soquetes:** Estes itens indispensáveis ajudam a enfiar os soquetes lá nas entranhas do motor para alcançar as roscas e os parafusos "inalcançáveis".

Chaves de boca combinada

Ao comprar chaves, você encontrará *chaves de boca aberta* e *fechada*, mas o melhor tipo que é a *chave de boca combinada*, que apresenta tanto a boca aberta como a fechada (veja a Figura 3-6). Essas chaves vêm em conjuntos de vários tamanhos. Cada chave é feita para se encaixar em uma rosca de determinado tamanho, independentemente do lado da chave que use.

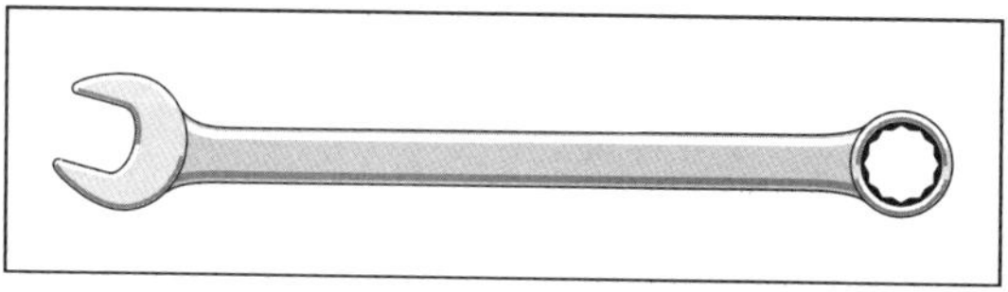

Figura 3-6: As chaves de boca combinada têm uma boca aberta e uma fechada.

Chaves de torque

Uma ***chave de torque*** ou torquímetro (os dois tipos são ilustrados na Figura 3-7) é feita para apertar uma rosca ou um parafuso a um determinado grau a fim de evitar que se aperte de menos ou demais.

CUIDADO

Se estivermos trocando uma vela e não a apertarmos o suficiente, ela se soltará e não gerará uma faísca. Se a apertarmos demais, podemos espaná-la ou quebrá-la. Da mesma forma, peças que têm ***juntas*** podem vazar se os parafusos não estiverem bem apertados. Porém, se as apertarmos demais, as juntas serão esmagadas, o que também resultará no vazamento de fluidos.

A maioria das chaves de torque boas é cara, mas uma mais barata é boa o suficiente para o que temos em mente. Caso não queira gastar o seu dinheiro até ter certeza mesmo de que gostará de trabalhar no seu carro, pegue uma chave de torque emprestada apenas para saber como é apertar uma rosca, um parafuso ou qualquer outra peça com ela. Ou simplesmente esqueça tudo isso — eu nunca usei uma chave de torque; apenas o bom senso.

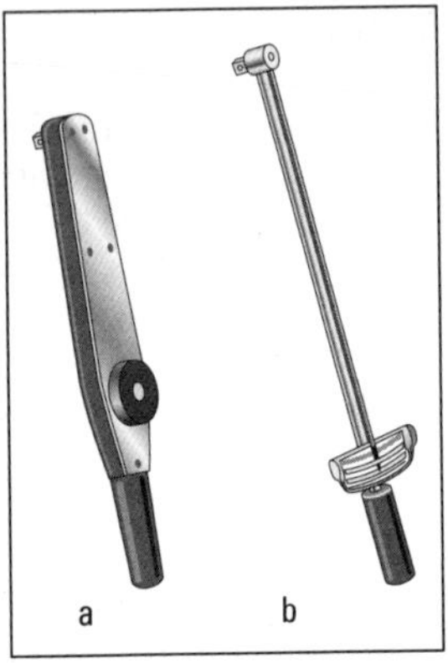

Figura 3-7: Uma chave de torque digital (a) e uma chave de torque de escala (b).

Ao usar uma chave de torque, tenha o seguinte em mente:

- Segure a chave de torque pela parte de baixo do cabo (não perto do mostrador), e use-a de forma gentil.
- Aperte uma série de roscas e parafusos com o torque especificado na sequência indicada, o que distribuirá igualmente a pressão em vez de sempre seguir um padrão horário ou anti-horário.

Chaves inglesas

Uma chave inglesa é muito útil para acrescentar à sua caixa de ferramentas (veja a Figura 3-8). Provavelmente você já tem uma dessas em casa. Elas permitem o ajuste do tamanho da boca para se encaixar em vários tipos de roscas e parafusos apenas girando o seu regulador. Gosto das que são bem pequenas e das médias porque elas entram em lugares pequenos com facilidade.

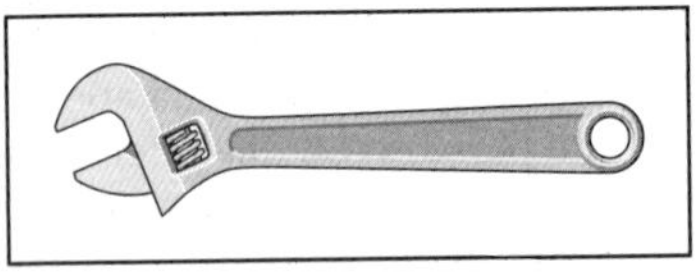

Figura 3-8: Uma chave inglesa.

Alicates

Quase todo o mundo possui um *alicate de bico* e um *alicate regulável* (veja a Figura 3-9); se procurar na caixa de ferramentas de sua casa, provavelmente descobrirá que também tem algum desses. Os dois tipos são muito úteis no conserto de automóveis.

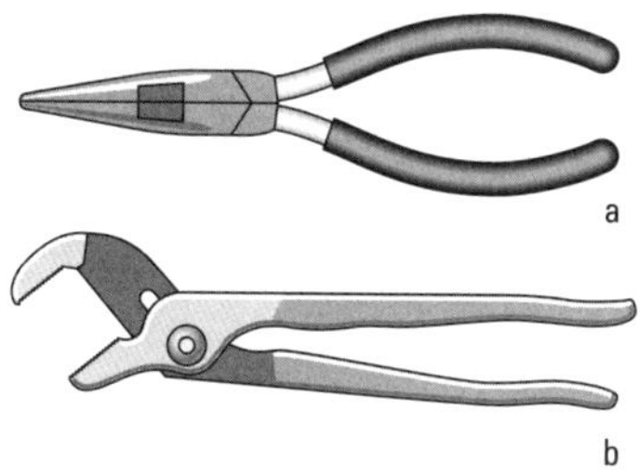

Figura 3-9: Um alicate de bico (a) e um alicate regulável (b).

Caso esteja *realmente* gostando de ferramentas, pode comprar também **Alicates de pressão,** embora possa se virar muito bem sem eles, são úteis na hora de tirar ou torcer aquelas peças teimosas, em especial quando as pontas das roscas já foram arrendadas de modo que as ferramentas normais não funcionam nela. Quando ajustados corretamente, a boca fica bem travada na peça de metal e, assim, podemos puxar, empurrar ou torcer quase qualquer coisa com eles.

O uso seguro dos alicates

Estas são algumas dicas na hora de usar os alicates:

- Se estiver trabalhando com fiação elétrica e não quiser tomar um choque, certifique-se de que os cabos do alicate com que está trabalhando possua um revestimento de borracha para isolá-lo.
- Nunca use alicates reguláveis em roscas e parafusos — eles arredondam os cantos, o que torna difícil trocá-los depois.

Calibradores e Medidores

Embora os princípios por trás do funcionamento de um motor sejam simples (veja mais sobre isso no Capítulo 4), muitas tarefas envolvidas na manutenção de um automóvel exigem ajustes bem precisos: colocamos a quantidade certa de óleo no motor, apenas a quantidade suficiente de ar nos pneus, apertamos as roscas e os parafusos no grau devido, e deixamos uma folga exata entre os eletrodos de uma vela usando os *cálibres de lâminas*. Existem várias ferramentas para lhe ajudar a determinar a quantidade certa de óleo, de fluidos, de ar, de pressão ou o que quer que seja. Esta seção destaca os calibradores mais úteis.

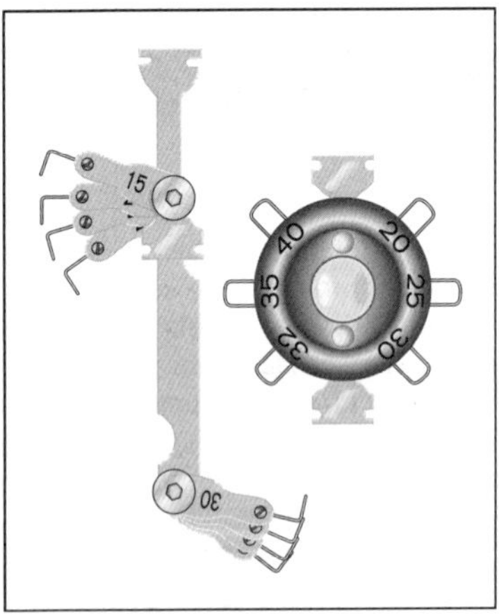

Figura 3-10: Calibradores de folga do tipo cabo.

Calibradores de pressão dos pneus

Caso nunca tenha feito verificação alguma no carro, é bom adquirir o hábito de verificar a pressão dos pneus; isso é indispensável para a segurança e para a economia de combustível. Existem vários tipos de calibradores de pressão dos pneus. O mais básico, ilustrado na Figura 3-12, assemelha-se a uma grande caneta cromada com uma ponta arredondada que se encaixa no bico do pneu e uma vareta de metal ou de plástico, que marca a pressão em libras por polegada quadrada, que sai para mostrar a pressão do pneu.

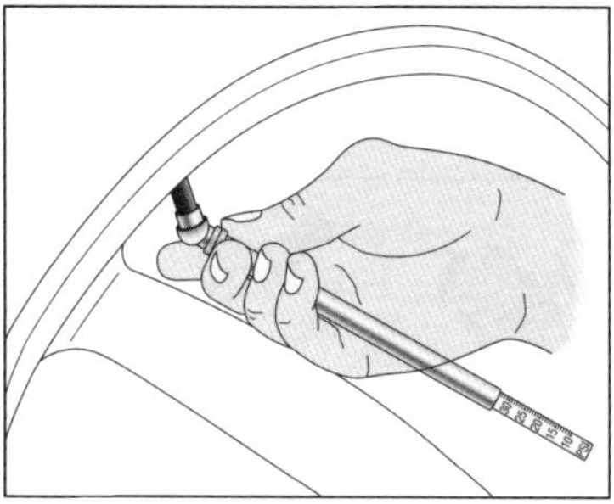

Figura 3-11: Um calibrador de pressão dos pneus.

Medidores de compressão

Os ***medidores de compressão*** são usados, conforme ilustrados na Figura 3-13, para verificar a pressão gerada em cada ***cilindro*** ao ligar o motor. Esses medidores também mostram se há ***anéis de pistão*** e ***válvulas*** gastas ou danificadas. No caso de um carro novo, provavelmente não terá esse problema por algum tempo, mas nos carros mais antigos ou os de segunda mão, seria bom comprar um bom medidor fácil de usar para lhe ajudar a identificar problemas e economizar dinheiro. O medidor de rosca ilustrado na Figura 3-13 é mais fácil de usar, mas custa um pouco mais.

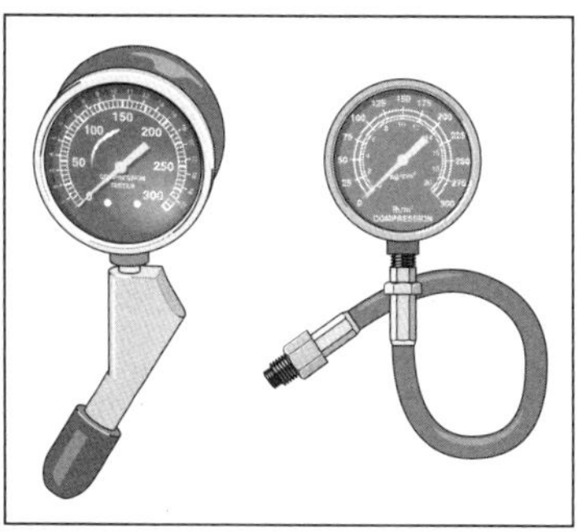

Figura 3-12: Medidores de compressão.

Luzes de Trabalho

Uma ***luz de trabalho*** fornece toda a iluminação de que precisa e lhe permite direcionar o feixe de luz diretamente à área de trabalho e não em seus olhos.

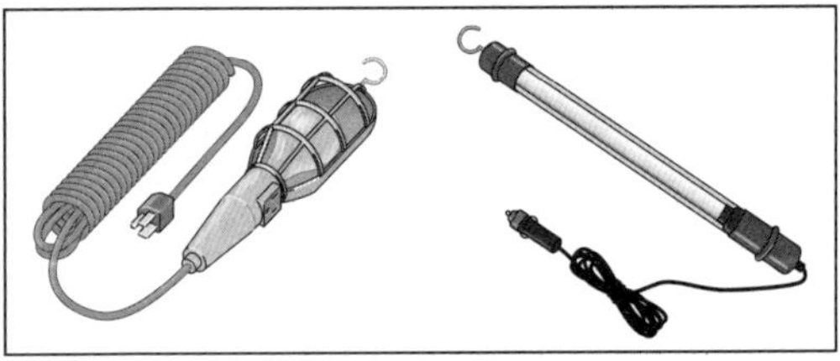

Figura 3-13: Luzes de trabalho.

Ao comprar uma luz de trabalho, certifique-se de que elas tenham:

- Uma proteção em volta de, pelo menos, metade da lâmpada.
- Um fio longo o suficiente e isolado corretamente. É bom comprar uma luz que possua um fio de pelo menos 7,5m. Luzes com fios menores são mais baratas, mas se precisar comprar uma extensão para trabalhar no carro, talvez gaste mais no final. (Luzes de trabalho que podem ser ligadas à bateria também estão disponíveis e não exigem fios de eletricidade.)

CUIDADO

A proteção típica das luzes de trabalho têm um gancho na parte de cima para que a penduremos na parte de dentro do capô ou em algum lugar próximo. O gancho é muito útil, mas *não devemos pendurá-la em nada elétrico* ou em qualquer coisa possível de se soltar caso puxemos a luz forte demais!

Macacos

A maioria dos carros vêm com um ***macaco*** que pode ser usado para trocar um pneu. No caso de um carro de segunda mão, ou se o seu macaco estiver parado em um lugar por muito tempo, negligenciado, talvez seja preciso comprar um macaco novo. Na hora da compra prefira o ***macaco hidráulico***, pois ele é mais rápido e mais seguro e não muito mais caro do que o do tipo tesoura. O Capítulo 1 traz ilustrações de diferentes tipos de macacos. É claro que, ao comprar um macaco, você deve se assegurar que ele aguente o peso do carro.

CUIDADO

Verifique o estado do macaco periodicamente, nunca o utilize sem os pratos de base, e nunca erga um carro sem que as rodas estejam apropriadamente calçadas. O Capítulo 1 traz instruções e dicas de segurança de como usar um macaco e trocar um pneu.

Cavaletes

Se estiver planejando trocar um pneu, independentemente do motivo, precisará de um par de ***cavaletes***, bem como de um macaco. Os cavaletes mantêm o carro erguido, diminuindo a possibilidade de ele escorregar, e permite erguer mais de um lado do carro de uma só vez. Compre dois cavaletes — você precisará dos dois.

Esteiras

Uma esteira é basicamente uma tábua com rodinhas, que pode nos levar a qualquer direção debaixo do carro (veja a Figura 3-15). Se tiver espaço suficiente debaixo do carro para usar uma esteira sem precisar erguê-lo, ganhará tempo usando a esteira em vez de ter de remover a sujeira dos detritos que estão debaixo do carro.

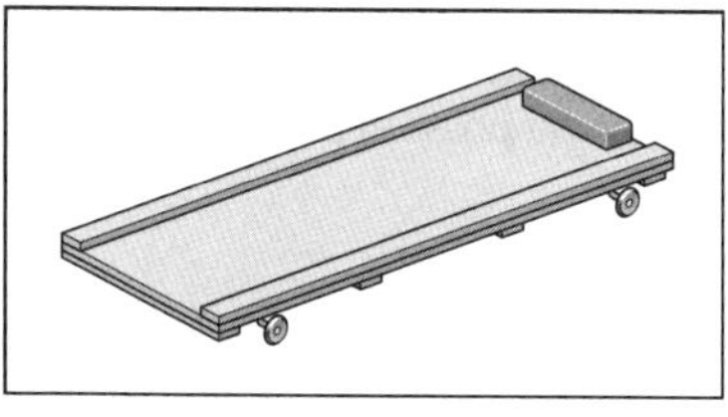

Figura 3-14: Uma esteira.

Extintores de Incêndio

Um extintor de incêndio não é realmente uma ferramenta, mas *deve* estar dentro do carro. Você pode comprar um extintor de pó químico ABC de 1Kg.

Um incêndio no motor não necessariamente destruirá o carro — se conseguir apagá-lo depressa. É possível que um vazamento de gasolina entre em combustão com uma faísca da fiação das velas. O incêndio resultante é terrível, mas queima mesmo *do lado de fora* do motor. Se for apagado rapidamente, o carro talvez sofra pouco ou nenhum dano.

DICA

Já que os tanques de combustível estão, em geral, na parte de trás do carro, guarde o extintor debaixo do assento *dianteiro* para que seja possível apanhá-lo se houver necessidade. Ele deve estar em um suporte apropriado para que não role pelo assoalho.

Funis

Eles podem ser usados para encher o ***recipiente de recuperação do líquido de arrefecimento*** e para abastecer com ***óleo***, ***fluido de freio***, fluido limpador do para-brisa e com ***fluido de transmissão***. Roube um funil da cozinha e use-o apenas para serviços automotivos, ou compre um em uma loja de peças ou de ferramentas. Não importa se ele é de metal ou de plástico, desde que sejam bem limpos após o uso.

DICA

Alguns funis automotivos vêm com uma pequena mangueira fixa neles para que seja possível passá-la em espaços em que os funis não entram.

Mais Coisas para Levar no Carro

Você pode equipar a sua caixa de ferramentas com as melhores ferramentas que o dinheiro é capaz de comprar, mas elas não terão utilidade alguma se estiverem em casa quando o carro quebrar a 50km da civilização. Não se arrisque: *Mantenha sempre suas ferramentas básicas e materiais no carro.*

Além das ferramentas já mencionadas neste capítulo, certifique-se de que os itens a seguir também estejam no carro :

- **Panos:** devem estar limpos e sem fiapos. É necessário que estejam no carro para limparmos as ***varetas de nível*** ou para limpar a parte de dentro do para-brisa se ele ficar embaçado.

  CUIDADO

  Jogue fora panos encharcados de gasolina, pois são altamente inflamáveis. Não os deixe em locais fechados. Não utilize panos sujos de óleo para mexer com qualquer outra coisa que não seja óleo. O carro tem muitas outras substâncias que devem ser mantidas separadas de outras. Assim, é necessário descartar ou lavar os panos sujos. Use um pano limpo sempre que for começar um serviço novo.

- **Peças sobressalentes:** ao trocar ***velas***, guarde as antigas caso não estejam muito gastas. Guarde-as na caixa de ferramentas mantida no porta-malas para trocas rápidas caso surja algum problema com as que estão no motor. Se precisar usar velas antigas em uma emergência, troque-as assim que possível porque elas não estarão funcionando muito bem. O mesmo vale para ***filtros de ar*** que não estejam muito ruins e outras peças menores. Porcas e parafusos a mais também são úteis no caso de perdermos ou danificarmos os que temos acidentalmente.

- **Peças de emergência:** Guarde um jogo de borrachas de para-brisa, uma ***tampa de radiador*** e ***fusíveis*** a mais. Se estiver planejando uma viagem em um clima quente e em uma região isolada, é uma boa ideia levar mangueiras extras que vão na parte de cima e de baixo do radiador. Esses itens não são caros e podem nos livrar de vários problemas na estrada. Embora custem mais, também seria bom levar ***correias de transmissão*** extras. Serviços de auxílio a motoristas podem não trocar essas partes na estrada, e, se as peças de que precisa não estiverem disponíveis na região, terá estas à mão até chegar a uma oficina.
- **Estepe:** sempre verifique o estepe. É uma humilhação realizar todas as etapas para se trocar um pneu só para descobrir que o estepe também está vazio. Caso o estepe esteja extremamente gasto, a maioria das oficinas pode nos vender um estepe de segunda mão que não esteja tão feio por um preço baixo. Basta se certificar de que ele seja do tamanho certo.
- **Chave de roda:** às vezes vem junto com um macaco em carros novos (veja a Figura 3-16). São usadas para soltar as ***porcas das rodas*** ao trocar um pneu. Se for comprar uma chave de roda, prefira a do tipo cruzeta, que aproveita melhor a nossa força. No caso de carros com ***rodas de liga leve*** com lindas porcas cromadas, é necessário usar uma chave do tamanho e do tipo certo para não danificá-las.
- **Uma lata de inflador/selante:** pode lhe salvar dos muitos problemas — e, possivelmente, dos perigos — envolvidos ao trocar um pneu na estrada. Ele se encaixa com facilidade no bico do pneu furado e o enche com uma gosma que veda temporariamente o furo. Escolha as marcas que permitam andar pelo menos 80km — a distância em que a oficina mais próxima pode estar. É necessário mencionar que usou o inflador/selante e pedir que o removam do pneu ao consertá-lo.

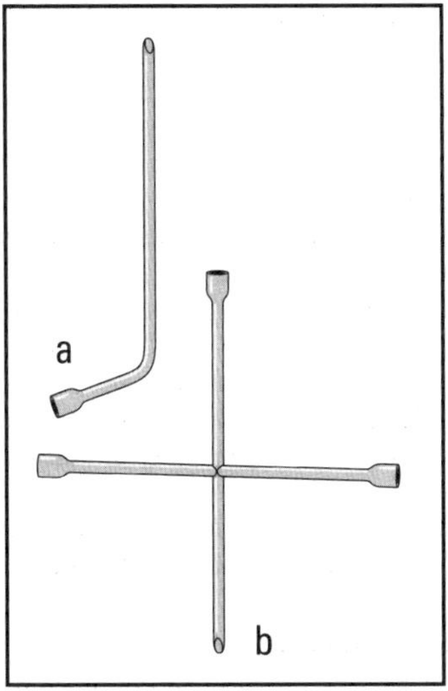

Figura 3-15: Chaves de roda: Tipo "L" (a) e cruzeta (b).

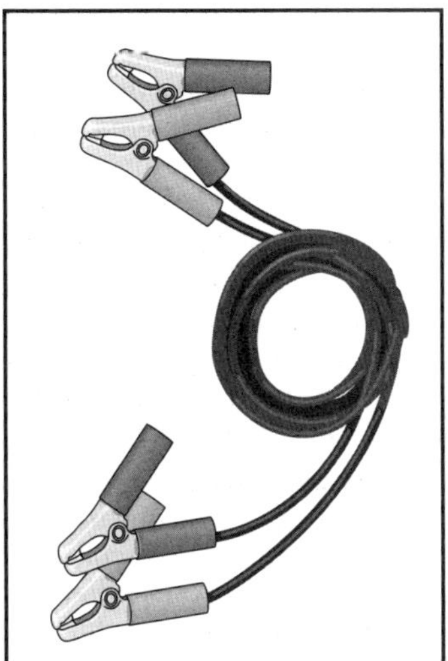

Figura 3-16: Cabos de transmissão de carga.

- **Cabos de transmissão de carga:** um dos problemas mais comuns dos carros é a perda de energia, que lhe impede de ligar o carro. O motivo pode ser uma falha na bateria ou ter deixado as luzes do carro acesas por engano. Se passar por essa situação, *e se o manual do proprietário indicar que pode fazer uma transferência de carga no carro sem danificar os* ***computadores de bordo***, espere pela ajuda da seguradora (se tiver seguro) ou de alguma oficina; ou, *se estiver em uma área segura e bem povoada*, também é possível pedir a um motorista que pare e usar os seus ***cabos de transmissão de carga*** (ilustrados na Figura 3-17), conectá-los em segundos, e "fazer uma chupeta" no carro do "bom samaritano" que parou. A alternativa, é claro, é usar o celular para ligar para a assistência aos motoristas ou para a patrulha da estrada a fim de recebermos ajuda.

- **Lanternas e refletores:** ter uma lanterna no porta-luvas pode não apenas ajudar as crianças a encontrarem brinquedos perdidos no piso do carro, como também lhe possibilita ver debaixo do capô caso ele quebre, e servir como uma luz de emergência para alertar o tráfego caso tenha de parar na estrada para consertar o carro. Uma lanterna com um pisca-pisca vermelho é o tipo mais seguro para esse último propósito. É claro que precisará colocar baterias novas de vez em quando e levar algumas baterias extras.

  DICA

  Um jogo simples de refletores triangulares pode salvar sua vida por tornar o carro parado na estrada visível. Os carros já vêm equipados com triângulos de sinalização, mas será preciso verificar seus estados de conservação e saber como montá-los.

- **Kit de primeiros socorros:** é bom manter um kit de primeiros socorros no local em que trabalha no carro e no próprio carro. É necessário escolher um equipado com várias ataduras, pinças, esparadrapos, pomadas antibióticas, algo que alivie queimaduras e um bom antisséptico.

- **Algo para limpar as mãos:** a maioria dos limpadores de mãos é, basicamente, solvente de graxa. O uso deles vai desde limpeza pesada, que remove a pele junto com a graxa, até limpadores mais leves, cremes cheirosos que deixam a nossa pele como nova, e pré-limpadores que usados *antes* de começar a trabalhar, responsáveis por fazer com que a graxa saia da mão com mais facilidade depois. Alguns desses limpadores também podem ser esfregados nas roupas a fim de tirar as manchas de graxa e de óleo antes de colocá-las na máquina de lavar.
- **Luvas:** é bom ter um par de luvas no carro para casos de emergência. Luvas industriais de borracha, disponíveis em lojas de materiais de piscina, não são afetadas por gasolina, solventes ou ácido de bateria. Elas são sua melhor escolha. Aquelas usadas para lavar louça são finas, resistentes e confortáveis, e estão disponíveis em qualquer hipermercado ou supermercado. São baratas e evitam que a graxa acabe debaixo das unhas. Um problema, porém, é que a gasolina ou os solventes podem derretê-las.
- **Ferramentas extras:** se não for possível deixar a caixa de ferramentas no carro o tempo todo, ou se ela for muito grande ou muito pesada para desperdiçar combustível andando com ela por aí, é possível deixar algumas chaves de fenda, ou outras chaves de tamanho padrão, uma chave ajustável e um frasco de óleo em uma caixa de ferramentas mais leve no porta-malas.
- **Chapéu ou prendedor de cabelos:** para evitar sujar a cabeça com poeira e graxa, e para evitar que um cabelo longo fique preso em peças em movimento, use um chapéu. Você pode usar um gorro de lã ou um boné velho virado ao contrário. É aconselhável pelo menos deixar um prendedor de cabelo no porta-luvas para de prender o cabelo para trás. Nesse caso, é melhor escolher a segurança à vaidade.

- **Celular:** ele pode salvar a sua vida se o carro quebrar no meio da estrada ou em caso de acidente. Com ele, é possível ligar para alguém pedindo ajuda em vez de simplesmente confiar na bondade de estranhos.
- **Miscelânea:** rolos de fita adesiva e de fita isolante, uma faca bem afiada e tesouras também vêm a calhar. Uma câmera descartável nos permite coletar evidências para a seguradora caso venhamos a nos envolver em algum acidente. Mantenha também uma caneta, um bloco de anotações e alguns trocados no carro para pagar os flanelinhas.

Capítulo 4

O Que Faz Um Carro Andar? Os Segredos Internos dos Carros Revelados!

Neste Capítulo

- Localizando as peças do carro
- Usando os manuais de proprietário e de serviço
- As funções da unidade de controle do motor (UCM)
- Como o carro dá a partida, anda e para

O ***motor de combustão interna (MCI)***, ainda é o coração da maioria dos carros, trata-se de uma máquina eficiente e relativamente descomplicada. Ele funciona com a mistura de combustível e ar a fim de gerar energia suficiente para girar um eixo que faz as rodas girarem. Os aparelhos básicos dos carros são simplesmente as coisas que juntam o combustível e o ar na quantidade certa, fazendo-os entrar em ignição e levando a energia resultante para as rodas. O restante existe para fazer com que essa tarefa aconteça com facilidade e eficiência, para proporcionar certo controle do que está acontecendo, e para nos proporcionar um lugar para sentar e levar nossas compras para casa.

Levando em conta que a maioria dos ***veículos que usam combustíveis alternativos*** tem, praticamente, os mesmos sistemas básicos dos MCIs — com exceção do ***sistema de combustível*** — e visto que os MCIs ainda formam a maior parte dos veículos na estrada, este capítulo traz apenas uma explicação breve sobre como os sistemas automotivos básicos funcionam e sobre como esses sistemas trabalham juntos para fazer um carro andar. O tipo de carro não importa; com exceção dos sistemas de combustível, todo carro funciona baseado nos mesmos princípios.

O Manual do Proprietário

Embora você não precise deles para ler este livro, é bom possuir um ***manual do proprietário*** e um ***manual de serviço*** para cada um dos nossos veículos. Caso não tenha um manual do proprietário, peça um à concessionária solicite informação de como o fabricante pode lhe fornecer um. Se o seu carro for mais antigo, é possível encontrar manuais de serviço novos e usados ou livros de instruções em livrarias. Manuais de serviços de muitos carros também estão disponíveis por meio de editoras automotivas em formas de brochuras, de CDs ou na Internet.

Introdução À Unidade de Controle do Motor — (UCM)

A UCM é o computador mais poderoso nos carros modernos. Ela utiliza vários ***sensores*** para monitorar e controlar a maior parte das funções do motor, incluindo os ***sistemas elétrico, de combustível*** e o ***de controle de emissões***. Entre outras funções, a UCM controla os ***injetores de combustível*** em carros que exigem isso, aciona as ***velas*** e controla o ***tempo das válvulas***, a ***mistura de ar/combustível***, o ***carregamento da bateria*** e até mesmo a ***ventoinha***. Ela é a chave para diagnosticar aquele probleminha chato. É também a principal responsável por gerenciar a eficiência do combustível e a performance do carro. Em geral, se a UCM começar a funcionar mal, precisa ser trocada.

O Que Faz O Carro Dar A Partida?

Embora as pessoas em geral achem que a maioria dos carros é totalmente alimentada pelo combustível, muitas peças — como o rádio, os faróis, o ar-condicionado, os limpadores de para-brisa, os bancos e as janelas elétricas, o relógio e assim por diante — na verdade funcionam à base de eletricidade, providenciada pelo ***sistema elétrico***. Esse sistema inclui vários subsistemas que fornecem a centelha de vida de que o carro precisa para dar a partida e continuar funcionando, além de alimentar os aparelhos elétricos. Esse é um dos muitos sistemas do carro monitorado e controlado pela UCM (veja a seção anterior). A Figura 4-1 mostra como é o sistema elétrico.

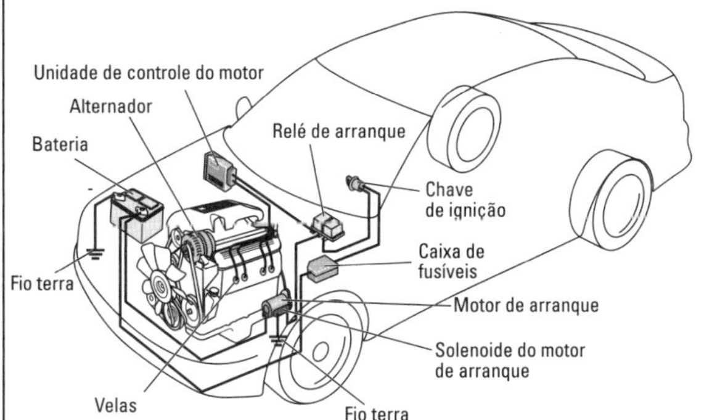

Figura 4-1: O sistema elétrico.

A seguir, veremos uma descrição bem detalhada do que acontece desde quando damos a partida até que o motor esteja roncando e o carro esteja pronto para andar:

1. Quando giramos a ***chave de ignição*** ou damos a partida apertando um botão, fechamos um ***circuito*** que permite a passagem da corrente que vai da ***bateria*** para o ***motor de arranque*** por meio do ***interruptor do solenoide do motor de arranque*** (veja a Figura 4-2).

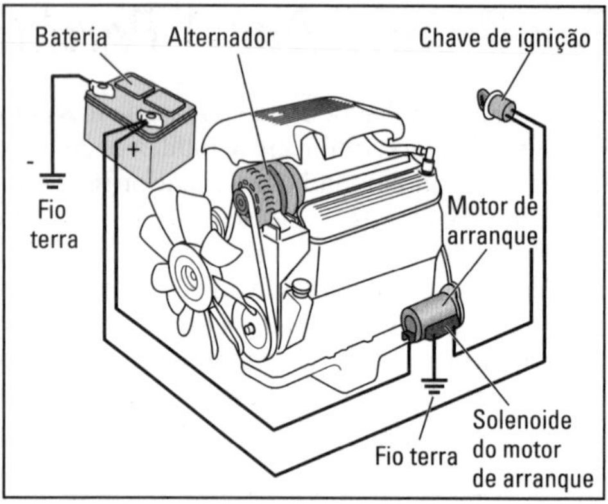

Figura 4-2: O sistema de arranque.

2. O motor de arranque faz o motor ***girar*** (este é o rosnado que escutamos antes de o motor começar a funcionar suavemente).

3. A corrente elétrica para de ir para o motor de arranque, mas continua fluindo pelo ***sistema de carga*** (que usa o ***alternador*** a fim de gerar energia e carregar a bateria) e do resto do sistema elétrico.

4. Agora, o ***sistema de combustível*** entra em ação (veja a Figura 4-3). Em carros com ***motor de combustão interna*** (MCI), independentemente de ele ter mais de 20 anos ou só 20 dias, ou de ter um ***injetor de combustível*** ou um ***carburador***, provavelmente ele possuirá as mesmas peças básicas no seu sistema de combustível com uma exceção: nos carros modernos, o sistema de combustível — o mesmo se aplicando à maioria dos outros sistemas — é controlado pela ***UCM***.

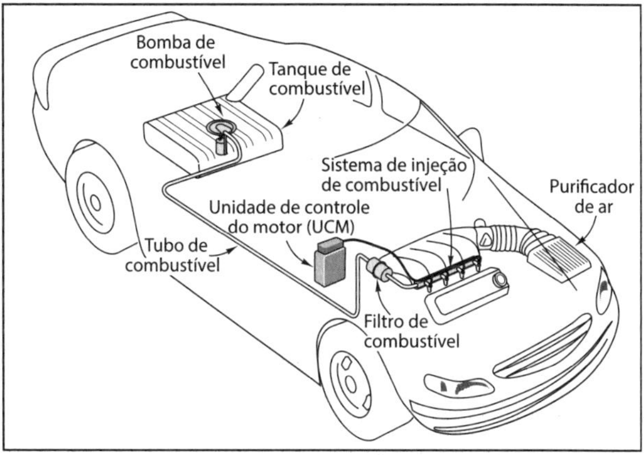

Figura 4-3: O sistema de combustível.

5. Quando o motor está funcionando, o combustível sai da ***bomba de combustível*** (em geral, localizado dentro do ***tanque de combustível*** na parte de trás do carro), passando pelo ***filtro de combustível***, indo para os ***injetores de combustível***, depois para o ***coletor de admissão*** e, por fim, para a ***câmara de combustão***.

6. A mistura de ar mais combustível funciona na proporção de 15 partes de ar para 1 de combustível. Juntos, eles formam uma mistura vaporizada, como uma névoa. Levando em conta que o combustível é muito mais pesado do que o ar, essa mistura seria como usar uma lata de combustível para umas 2.000 latas de ar (o que é o equivalente a uma lata de gasolina para um cômodo cheio de ar). Em outras palavras, o motor realmente funciona a ar, com uma ajudinha do combustível!

7. A ***mistura de ar/combustível*** passa pelos ***cilindros*** do motor. Um cilindro, ilustrado na Figura 4-4, é um tubo oco com uma ponta aberta e a outra fechada. Dentro de cada cilindro, há um ***pistão***, que se encaixa perfeitamente ali, movendo-se para cima e para baixo. O pistão sobe, encurralando a mistura de ar/combustível na parte de cima do cilindro, comprimindo-a num espaço bem apertado.

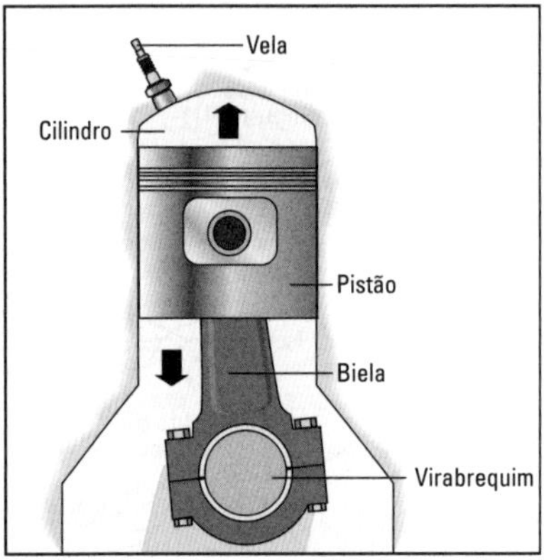

Figura 4-4: Um cilindro e um pistão.

8. Uma faísca da ***vela*** faz a mistura de ar/combustível entrar em combustão, resultando em uma rápida expansão.

9. Essa expansão de gases força o pistão para baixo novamente, com mais força do que quando havia subido.

10. Na parte de baixo do pistão, há uma ***biela*** que, por sua vez, está conectada ao ***virabrequim***, que nos leva, eventualmente, às ***rodas motrizes*** do carro. O virabrequim gira toda vez que o pistão e a biela sobem e descem. Como ilustrado na Figura 4-5, este é, praticamente, o mesmo movimento das bicicletas: nossos joelhos vão para cima e para baixo enquanto os pedais giram e giram.

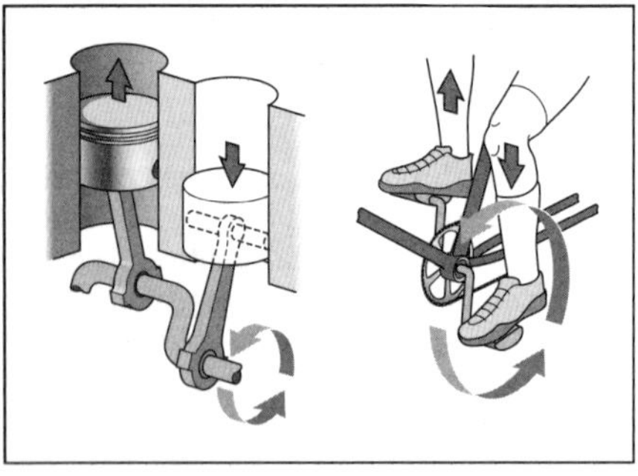

Figura 4-5: Os pistões e as bielas sobrem e descem para girar o virabrequim.

11. Na parte de trás do virabrequim, está a ***transmissão***, também conhecida como ***caixa de transmissão*** nos carros com ***tração dianteira***. No caso de carros com ***tração traseira*** (veja a Figura 4-6), a transmissão fica debaixo do piso, na frente dos bancos dianteiros. No caso de o carro ter um ***motor transversal*** e ***tração dianteira*** (veja a Figura 4-7), a transmissão está debaixo do motor. Nos carros com motor traseiro, tanto o motor como a transmissão ficam debaixo do capô traseiro, onde geralmente encontraríamos o porta-malas.

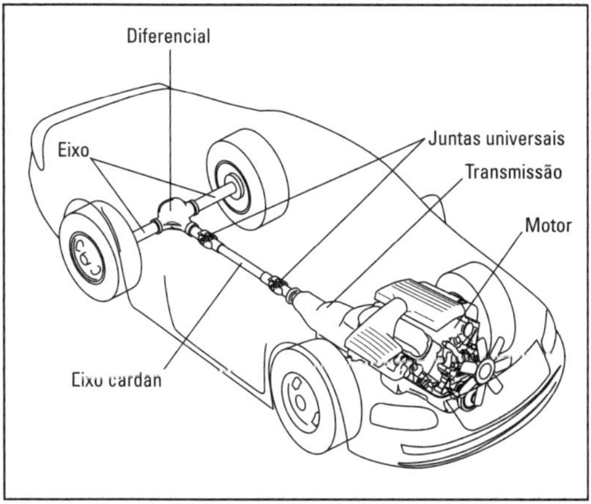

Figura 4-6: Estrutura de um carro com tração traseira.

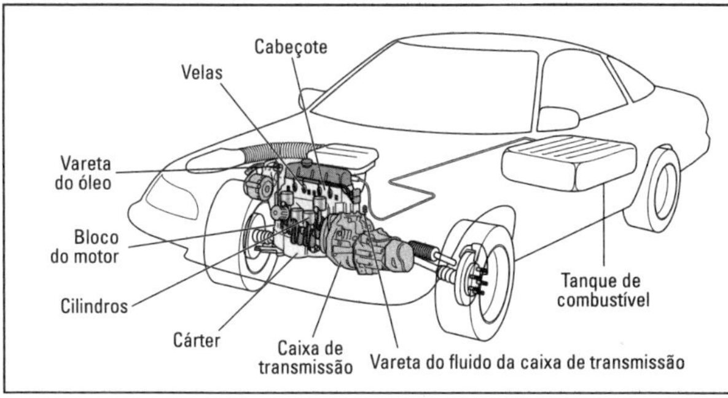

Figura 4-7: Estrutura de um carro com tração dianteira.

12. No caso de carros com ***transmissão manual***, encontraremos também a ***embreagem***, localizada entre o virabrequim e a transmissão, a qual conecta e desconecta o motor do resto do ***sistema de transmissão***. Já que as peças estão todas dispostas uma do lado da outra, não sendo difícil identificá-las, a Figura 4-8 mostra o sistema de transmissão de um carro com tração traseira e transmissão manual. Lembrando que, em um carro com ***transmissão automática***, a ação da embreagem é realizada automaticamente.

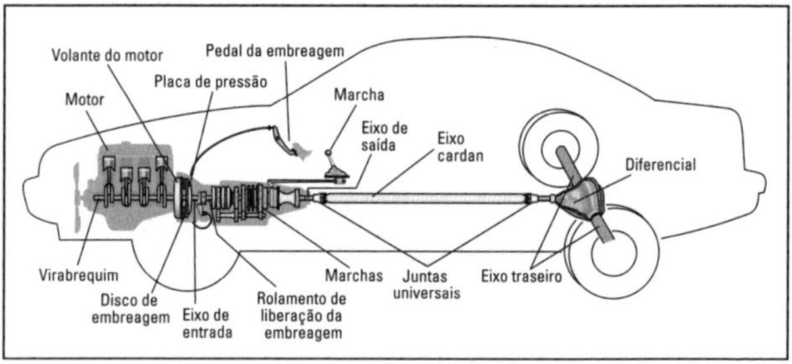

Figura 4-8: O sistema de transmissão em um carro com tração traseira e transmissão manual.

13. Quando passamos a marcha para Drive (Dirigir [ou Primeira, no caso de uma transmissão manual]), um conjunto de engrenagens faz com que o resto do virabrequim (chamado de ***eixo cardan*** depois que sai da transmissão) gire em uma velocidade específica.

14. O eixo cardan chega até as rodas traseiras, no caso dos carros convencionais de tração traseira, e acaba em outro conjunto de engrenagens conhecido como ***diferencial***. Este faz com que a energia gerada pelo motor e pela transmissão gire 90 graus, passando para os ***eixos***, que estão ligados às ***rodas motrizes***. Já que, na maioria dos carros, o eixo se encontra num ângulo reto em relação ao eixo cardan, podemos perceber que o que o diferencial realmente faz é mudar a direção da energia transmitida para as rodas girarem.

CURIOSIDADES

Carros com ***tração dianteira*** ou com motores traseiros não precisam de um eixo cardan muito longo, considerando que a fonte de energia do carro está justamente entre as rodas motrizes, que movem o carro. Nesses casos, a transmissão e o diferencial são combinados em uma única peça chamada ***eixo de transmissão***, conectada diretamente às rodas motrizes, fornecendo-lhes energia. A Figura 4-9 ilustra como o eixo de transmissão fornece energia.

15. As rodas motrizes giram empurrando o carro para frente (ou para trás) e pronto. E tudo o que tivemos de fazer foi girar a chave e acelerar!

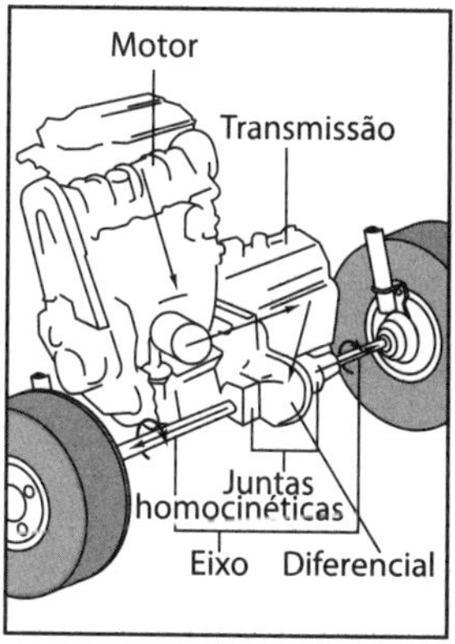

Figura 4-9: O fluxo de energia através de um eixo de transmissão.

O Que Faz O Carro Andar?

O sistema de ignição

Depois de darmos a partida no motor, o ***sistema de ignição*** continua a prover uma alta voltagem para as ***velas*** a fim de que elas continuem a gerar faíscas que resultam na queima da mistura ar/combustível. Para que isso ocorra em carros modernos com ***sistemas de ignição sem distribuidor***, a UCM ou um ***módulo de controle de ignição (ICM)*** específico recebe sinais dos ***sensores*** e controla quando as velas gerarão uma faísca e queimarão a ***mistura ar/***

combustível nos ***cilindros***, o que fornece a energia necessária para fazer o motor funcionar. A Figura 4-10 ilustra um sistema de ignição sem distribuidor.

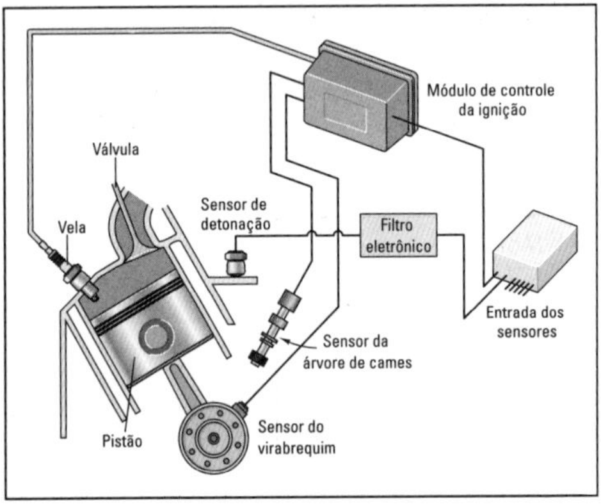

Figura 4-10: O sistema de ignição eletrônica sem distribuidor.

O sistema de arrefecimento

A ***combustão*** do combustível e do ar acontece em torno dos 2482ºC. Assim sendo, o excesso de calor deve ser retirado, caso contrário, o motor pode fundir. Esse resfriamento é realizado pela circulação do ***líquido de arrefecimento*** através de ***camisas d'água***, que cobrem os cilindros, levando o calor para o radiador e, dissipando-o. Uma ***bomba d'água*** mantém o líquido circulando, ao passo que uma ***ventoinha*** mantém o ar circulando pelo radiador quando o carro está ***parado*** no trânsito. Podemos ver todo o sistema de arrefecimento na Figura 4-11. Carros modernos também possuem um *arrefecimento da transmissão* para evitar que ela superaqueça.

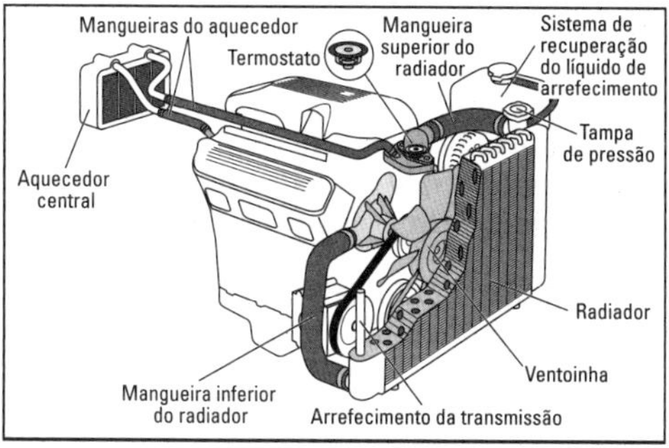

Figura 4-11: O sistema de arrefecimento.

O sistema de lubrificação

O ***óleo*** circula constantemente pelo motor para garantir que as peças que se movem (os pistões, as bielas, o virabrequim e similares) estejam lubrificadas a fim de poderem se mover sem problemas e para reduzir o atrito que resulta no superaquecimento do motor. A ***bomba de óleo*** mantém o óleo circulando e o ***filtro de óleo*** o mantém limpo. A Figura 4-12 traz uma ilustração do sistema de lubrificação.

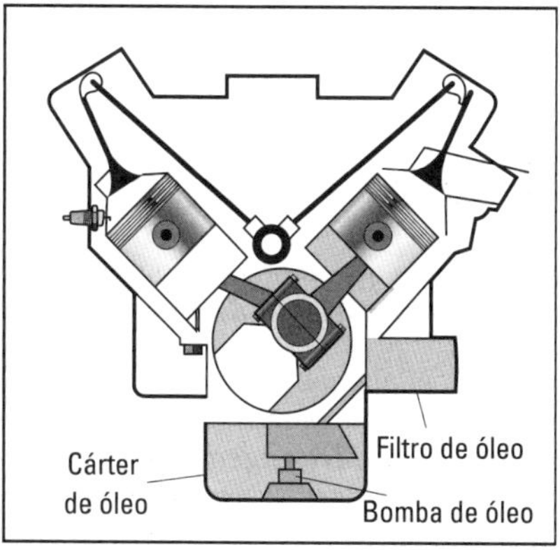

Figura 4-12: O óleo esfria o motor como parte do sistema de lubrificação.

O sistema de escape

O sistema de escape, ilustrado na Figura 4-13, é o sistema que cuida da eliminação de resíduos. Os ***gases de escape*** gerados pela queima da ***mistura de ar/combustível*** nos ***cilindros*** passam pelos ***tubos de escape*** até o ***escapamento***, na parte de trás do carro.

O ***silencioso*** controla o ruído da emissão de gases; se ele falhar, provavelmente tomaremos uma multa por perturbar a paz! O silencioso também tem um efeito na pressão exigida para a passagem dos gases de escape através dele: cria a "pressão traseira" que o motor exige para funcionar de modo eficiente. Além disso, também afeta a temperatura e, consequentemente, a eficiência do conversor catalítico.

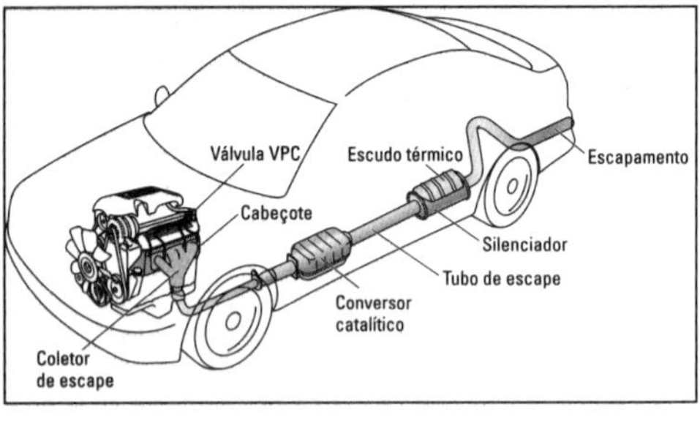

Figura 4-13: O sistema de escape.

O Que Faz O Carro Parar?

Agora o que precisa saber é o que acontece com o carro quando ele para. Esse é um serviço para o ***sistema de freio***.

Hoje, os carros não possuem apenas freios ***hidráulicos*** — muitos têm sistemas eletrônicos também. Muitos carros modernos vêm com ***sistema antibloqueio de frenagem (ABS),*** que mantém o motorista no controle do carro caso o veículo derrape em condições escorregadias, até que seja possível pará-lo ***Veículos elétricos (VE)*** e ***híbridos*** apresentam ***sistemas de freios regenerativos*** que geram uma corrente elétrica que aciona os motores elétricos.

A Figura 4-14 nos mostra as maiores peças de um sistema de freios com ***freios a tambor*** nas rodas traseiras e com ***freios a disco*** nas dianteiras.

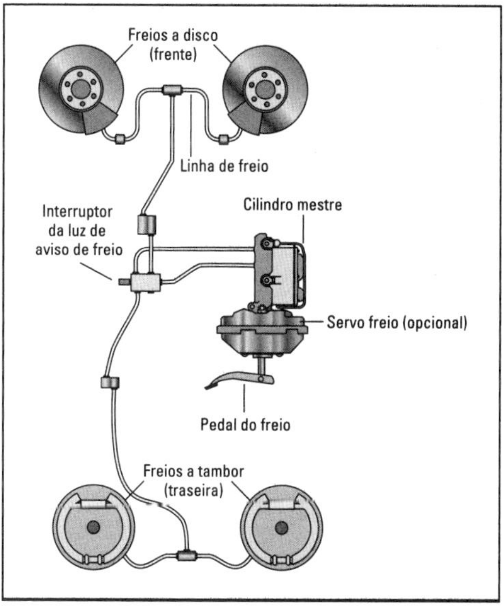

Figura 4-14: Um sistema de freio.

1. Para fazer o carro parar, usamos o ***pedal do freio***.

2. O pedal do freio empurra um pistão em um cilindro que está debaixo do capô. Essa peça é chamada de ***cilindro mestre***, e está cheia de um líquido chamado de ***fluido de freio***.

3. Quando empurramos o pistão do cilindro mestre com o pedal, o fluido de freio é forçado para fora do cilindro mestre para uns tubos chamados de ***linhas de freio***, que vão para cada uma das rodas. (o ***servo freio***, localizado entre o pedal do freio e o cilindro mestre, aumenta a força aplicada sobre o pistão do cilindro mestre, o que diminui o esforço necessário para parar um carro.)

4. Cada roda tem um ***freio a disco*** ou um ***freio a tambor***. Para manter a simplicidade, falo apenas sobre os freios a disco. Os freios a tambor possuem os mesmos princípios básicos. Um freio a disco é formado por um disco de ferro achatado (que grande surpresa!) e por um par de ***pastilhas de freio*** que envolvem o disco com uma ***pinça***, conforme ilustrado na Figura 4-15. A pinça contém um, dois ou quatro pistões que forçam o material de fricção das pastilhas no disco.

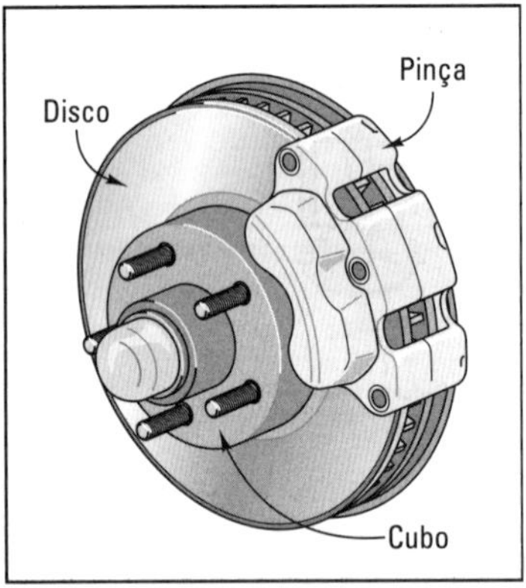

Figura 4-15: Um freio a disco.

5. As ***pastilhas de freio***, localizadas dentro da pinça e dos dois lados do disco, agarram-no e o forçam a parar de girar. Isso força a roda a parar de girar, e, quando elas param, o carro para.

6. Quando tiramos o pé do pedal, o mesmo processo acontece ao contrário: as pastilhas de freio soltam o disco, o fluido volta para o cilindro mestre por meio das linhas de freio, e as rodas podem voltar a girar novamente, sem nenhum impedimento.

Parte II

Abastecendo com Ar, Combustível e Fogo

A 5ª Onda Por Rich Tennant

"Sim, eu trabalho com veículos a diesel. Entre com ele na oficina para que possa erguê-lo com o elevador e dar uma olhada."

Nesta parte...

Na Parte I, mostro como os vários sistemas do carro trabalham juntos para que possa dirigir por aí. Esta parte analisa os sistemas elétrico e de combustível mais detalhadamente. Depois do básico sobre cada sistema, conheça detalhes sobre como mantê-los em ordem ou para se certificar de que os profissionais façam o máximo para que eles continuem funcionando.

Esta parte também abrange uma variedade de veículos inovadores e que respeitam o meio ambiente por utilizarem combustíveis alternativos que aumentam a eficiência do combustível, reduzem a poluição do ar e diminuem a ameaça do aquecimento global ao nosso planeta.

Capítulo 5

O Sistema Elétrico: A Fagulha de Vida do Carro

Neste Capítulo

- Como manter os sistemas em sincronismo com a unidade de controle do motor (UCM)
- Os maiores subsistemas elétricos: arranque, carga e ignição
- As luzes de alerta no painel
- O trabalho dos fusíveis, das luzes de setas e das lanternas

O ***sistema elétrico*** inclui vários outros subsistemas que dão aquela fagulha vital de que o carro tanto precisa para dar a partida e continuar funcionando. Esse é um dos muitos sistemas de um carro monitorado e controlado por um tipo de "supercomputador" chamado de ***unidade de controle do motor***, ou ***UCM*** para abreviar.

A Unidade de Controle do Motor (UCM)

A ***unidade de controle do motor (UCM)*** é o computador mais poderoso do carro. Ele usa vários ***sensores*** para monitorar e controlar a maior parte das funções de um carro, incluindo os sistemas elétrico, de combustível e do ***controle de emissões***. Entre outros fatores, a UCM ativa os ***injetores de combustível*** em carros que os utilizam, ativa as ***velas*** e controla o ***tempo das válvulas***, os ***controles de emissões***, a ***mistura de ar/combustível*** e até a ventoinha. É muito difícil que a UCM venha a funcionar mal, ela é a chave para o diagnóstico de certos problemas, sendo a principal responsável por gerenciar a eficiência do combustível e a performance do carro.

Passemos para o sistema elétrico (veja a Figura 5-1). Estas são algumas das funções realizadas pelos sistemas individuais e pelas peças maiores envolvidas no sistema elétrico:

- O ***sistema de arranque*** provê a energia inicial para fazer o carro pegar.
- O ***sistema de ignição*** ativa as ***velas*** para que elas queimem o combustível e o ar a fim de que o motor funcione.
- O ***sistema de carga*** gera energia elétrica para os muitos sistemas do carro que dependem dela, e regula o fluxo de energia da bateria para evitar que ela acabe.
- A ***bateria*** armazena o excesso de energia para necessidades futuras.
- Muitos ***circuitos*** fazem os vários aparelhos elétricos funcionarem, como a buzina, os faróis e assim por diante. Muitos desses são protegidos por ***fusíveis***.

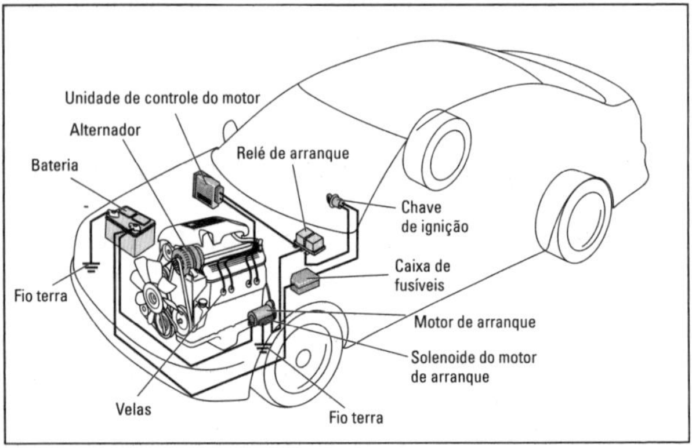

Figura 5-1: O sistema elétrico.

O Sistema de Arranque

O sistema de arranque, ilustrado na Figura 5-2, é a parte do sistema elétrico que faz o carro começar a funcionar. Ao girarmos a ***chave de ignição*** para "Arrancar" (ou ativar a ignição apertando um botão), um circuito é fechado, levando uma corrente elétrica da ***bateria*** para o ***motor de arranque***. No meio do caminho, a corrente passa por uma peça chamada ***solenoide do motor de arranque***. Basicamente, tudo o que o solenoide faz é passar essa corrente para frente e juntar as engrenagens do motor de arranque com o volante do motor. Não devemos ajustá-lo ou trocá-lo a menos que ele quebre.

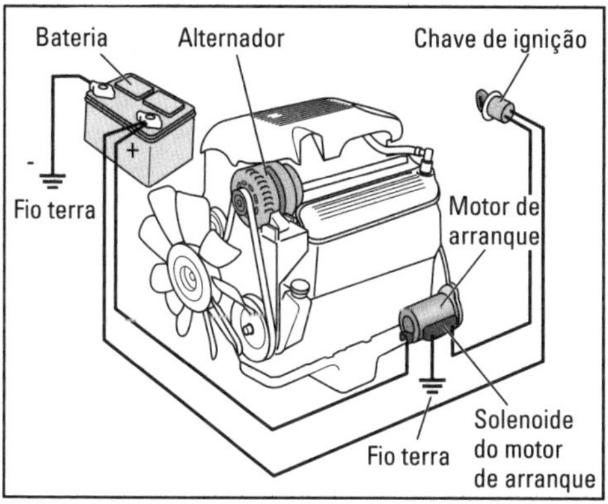

Figura 5-2: O sistema de arranque.

A bateria

A bateria é uma caixa que está debaixo do capô, em geral, na parte da frente do carro. Ela está cheia de ácido, água destilada e um jogo de placas que formam "células" (veja a Figura 5-3) responsáveis por produzir a corrente elétrica necessária para dar a partida no carro, ligar os faróis e alimentar o sistema de ignição. A bateria também estabiliza a voltagem do sistema elétrico e provê energia sempre que a exigência elétrica for maior do que a produção do sistema de carga.

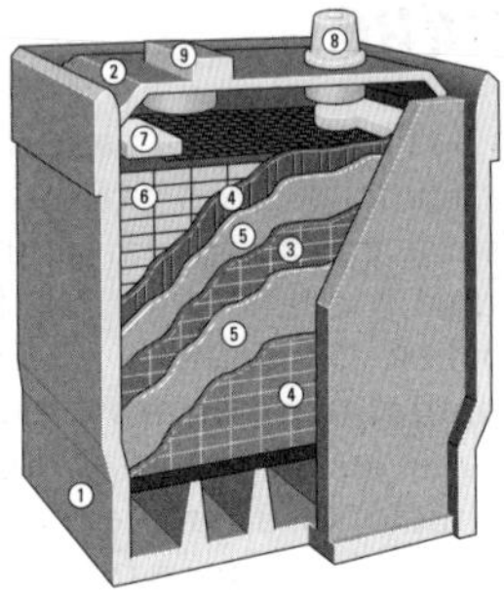

Figura 5-3: Uma visão em corte da bateria.

DICA

Em muitos carros, há uma tampa vermelha sobre o terminal positivo, assim como o cabo da bateria ligado nele também pode ser vermelho. Já o cabo do terminal negativo costuma ser preto. As garras dos cabos usados para transferir energia para uma bateria sem carga também costumam ter as cores vermelha e preta com o intuito da fácil identificação e conexão nos terminais corretos.

A maioria dos carros usa o negativo como fio terra por ligar o fio do terminal negativo na carroceria do carro; o fio do terminal positivo está ligado com o arranque, com a ignição e assim por diante.

O motor de arranque

Depois de a bateria ter mandado a energia para o ***solenoide do motor de arranque*** (veja a Figura 5-2), ela passa para o ***motor de arranque***. Esta é a peça que faz o motor ***girar*** (a Figura 5-4 mostra como é um motor de arranque. A Figura 5-5 mostra como ele funciona). Ele é um motor elétrico com um instrumento chamado *pinhão* em uma das pontas, que se acopla à *cremalheira* do ***volante do motor,*** soldado na parte de trás do ***virabrequim*** do motor. Quando viramos a ***chave de ignição*** (ou, no caso de alguns carros, apertamos um botão), o pinhão deslisa no eixo e se liga com a cremalheira. Isso faz o volante do motor girar, o que, por sua vez, faz o virabrequim girar para que os ***pistões*** subam e desçam, a fim de que as velas possam gerar faíscas e o motor comece a funcionar. Assim que o motor começa a funcionar, o motor de arranque não é mais necessário.

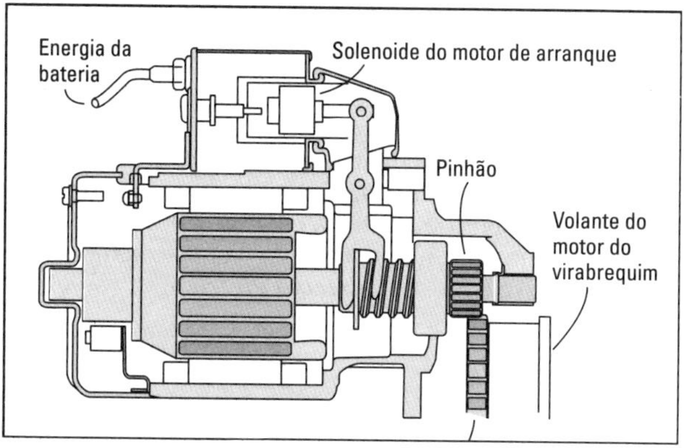

Figura 5-4: A anatomia de um motor de arranque.

Se mantivermos a chave na posição de arranque, mesmo depois de o motor ter começado a funcionar, escutaremos um barulho estranho, caracterizado como a trava da unidade de partida que permite ao motor rodar mais rápido do que o motor de arranque. Embora essa trava de mão única evite danos ao motor de arranque depois que o motor começou a funcionar, não é uma boa ideia segurar a chave na posição de arranque por mais do que dez segundos depois que o motor estiver funcionando sozinho. Se o carro não funcionar, devemos deixar o motor de arranque esfriar por um ou dois minutos antes de tentar novamente. Não fazer isso pode resultar no superaquecimento do motor de arranque, o que pode danificá-lo. Além disso, *não devemos virar a chave para a posição de arranque enquanto o motor estiver funcionando*. Se fizermos isso, podemos acabar danificando a engrenagem do motor de arranque e a cremalheira do volante do motor.

O Sistema de Carga

Depois que o motor estiver ligado, ele (em geral) roncará agradavelmente, a menos que tenhamos um ***híbrido*** ou um ***veículo elétrico (VE)***. Os VEs são silenciosos, e os híbridos são silenciosos apenas quando estão funcionando com o motor elétrico. O ronco em um veículo convencional é possível porque, assim que os pistões nos ***cilindros*** começam a subir e a descer, o motor passa a funcionar à base da sua dieta normal de combustível e ar. Quando soltamos a chave, e a ***chave de ignição*** passa da posição de arranque para de funcionamento do motor, a corrente elétrica não mais flui para o motor de arranque, mas continua a fluir pelo ***sistema de carga*** (veja a Figura 5-5) e o resto do ***sistema elétrico***.

O alternador

O motor em funcionamento faz uma correia girar, o que permite ao ***alternador*** produzir corrente elétrica pelo resto da viagem. É isso o que ele faz: o alternador (veja as Figura 5-6) repõe a eletricidade que foi tirada da bateria quando demos a partida no carro. Assim, toda vez que a bateria gasta um pouco do seu "produto" o alternador repõe.

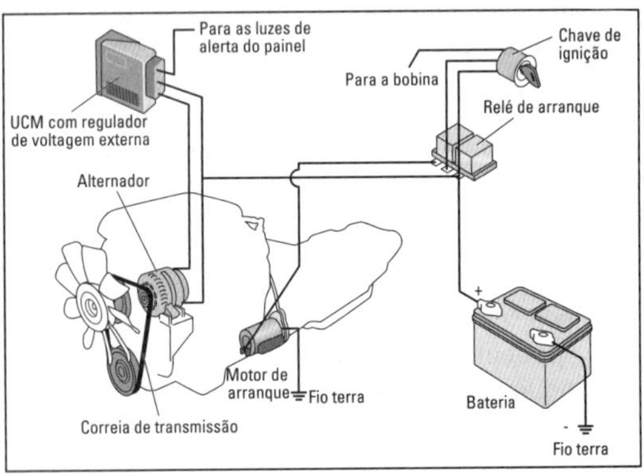

Figura 5-5: O sistema de carga.

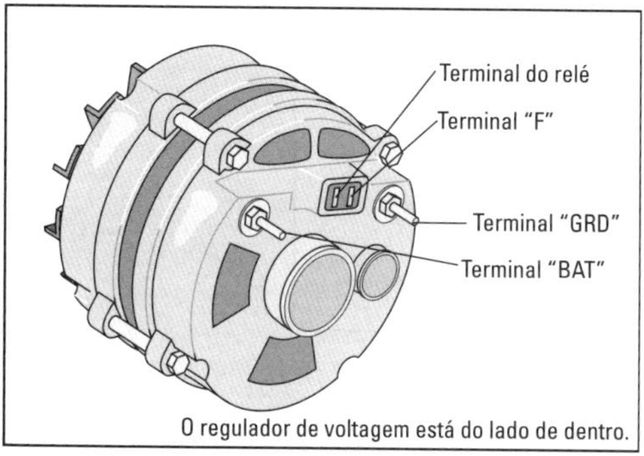

Figura 5-6: O alternador.

Quando o alternador está gerando corrente elétrica, dizemos que ele está *carregando*. Embora a maioria dos carros tenha painéis que piscam se o alternador não estiver funcionando corretamente, alguns carros possuem medidores chamados de *voltímetros*, que mostram se um sistema está carregando ou descarregando. Eles podem apresentar ou um "C" e um "D" em cada ponta da escala ou um nível de voltagem (em geral, de 8 a 18).

DICA: Quando o motor estiver funcionando com todos os acessórios desligados, o sistema pode estar de 13,5 a 14,5 volts. Se não estiver, talvez haja algo errado com o sistema de carga.

O alternador também alimenta o sistema elétrico com a energia necessária para fazer o rádio, as lanternas e outras coisas similares funcionarem.

O regulador de voltagem

O ***regulador de voltagem*** (veja a Figura 5-7) é um aparelho que controla o *alternador*. Em carros mais antigos, ele é uma caixinha presa em algum lugar debaixo do capô. Em carros mais novos, ele pode estar preso dentro do alternador ou da ***UCM***. Se o regulador de voltagem quebrar, o alternador não vai funcionar.

Figura 5-7: Um tipo de regulador de voltagem.

O Sistema de Ignição

O objetivo do ***sistema de ignição*** é fazer as ***velas*** funcionarem para gerar energia suficiente para que o motor funcione. Para isso, a bateria manda uma corrente para a ***bobina de ignição***. Depois, essa voltagem alta vai para as velas — isso por meio de um ***distribuidor***, no caso de carros mais velhos, ou diretamente às velas, no caso de carros mais novos.

Ambos os tipos de *sistemas eletrônicos de ignição* usam peças eletrônicas. Diferentemente de outros sistemas, com exceção das velas, as suas peças não precisam ser trocadas, a menos que quebrem. A boa notícia é que elas não costumam gerar problemas. A má notícia é que, se elas quebrarem, teremos de pagar um profissional para trocá-las.

As velas

As ***velas*** estão dentro dos ***cilindros*** do carro (veja mais adiante a Figura 5-17). Elas geram uma faísca na ***câmara de combustão*** quando a ***mistura de ar/combustível*** está no ponto de maior compressão. A combustão resultante gera a energia necessária para que o carro ande. A Figura 5-8 mostra as várias partes da vela. Precisamos saber quais são elas se quisermos mexer nelas sozinhos.

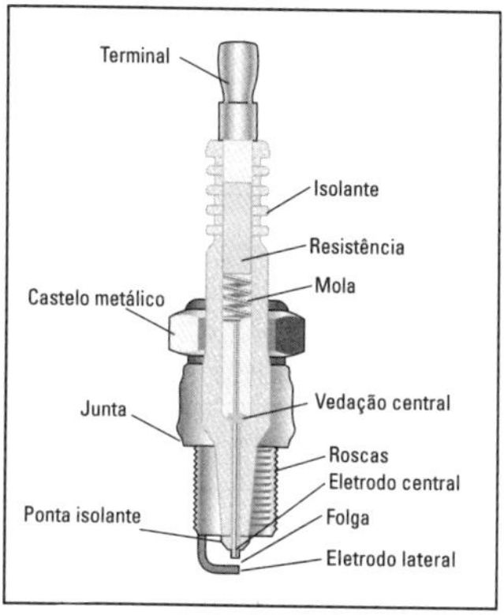

Figura 5-8: A anatomia de uma vela.

A localização dos cilindros varia de um carro para outro; a ordem em que as velas queimam o combustível nos cilindros também muda de um motor para outro. As duas seções a seguir tratam da ***sequência de cilindros*** e da ***ordem de queima***. É bom saber como essas coisas funcionam porque, se as velas não estão gerando faíscas direito, o motor estará "fora de tom", assim como os músicos de uma orquestra podem não conseguir manter o ritmo.

A sequência de cilindros

A sequência de cilindros em um motor é a ordem em que os cilindros são numerados. Essa sequência varia de um tipo de carro para outro, dependendo se ele possui ***tração dianteira*** ou ***tração traseira*** e se tem um ***motor em linha***, com os cilindros posicionados em uma fila, ou um ***motor em V***, com os cilindros em duas fileiras paralelas.

Estas são as sequências de cilindros para vários tipos de motores:

- Carros com ***tração dianteira*** têm um ***motor transversal***. Tanto nos motores em linha como nos em V, os cilindros funcionam de um lado para o outro. Apesar de estarem dispostos transversalmente, eles têm a mesma sequência e ordem de queima que as suas versões de motor em linha e em V dos carros com ***tração traseira*** (veja a Figura 5-9).

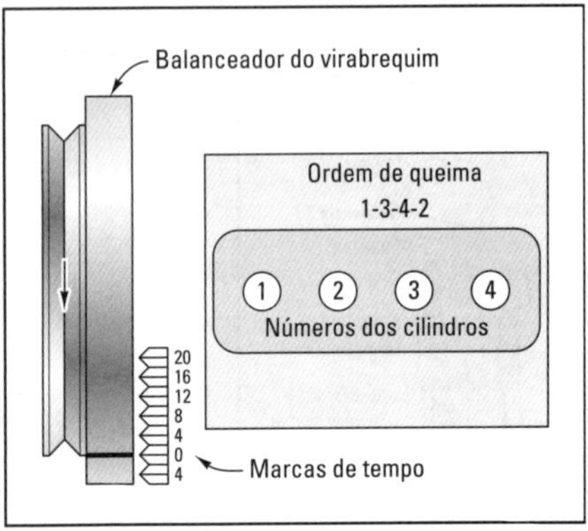

Figura 5-9: A sequência de cilindros e a ordem de queima de um motor transversal em linha de quatro cilindros.

- **Em todos os carros feitos nos E.U.A. com motor em linha de 4 e de 6 cilindros com tração traseira, o cilindro que estiver mais na frente do carro é chamado de cilindro 1.** A numeração do resto dos cilindros (2, 3, 4 e assim por diante) é feita da frente para trás, em direção da ***parede corta-fogo*** na parte de trás do compartimento do motor (veja a Figura 5-10).

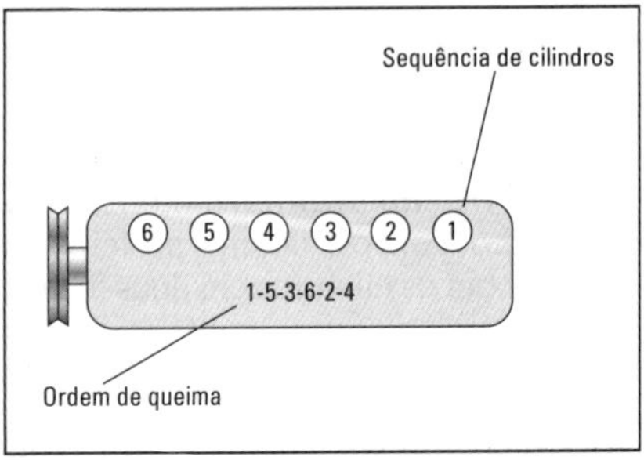

Figura 5-10: A sequência de cilindros e a ordem de queima em um motor em linha de seis cilindros dos E.U.A. com tração traseira.

DICA

Alguns fabricantes de automóveis *de outros países* invertem a sequência de cilindros. Tal como mostra a Figura 5-11, o cilindro 1 está na parte de trás, perto da parede corta-fogo. Caso tenha um carro desses, mas não o manual do proprietário, pergunte à concessionária onde está o cilindro 1.

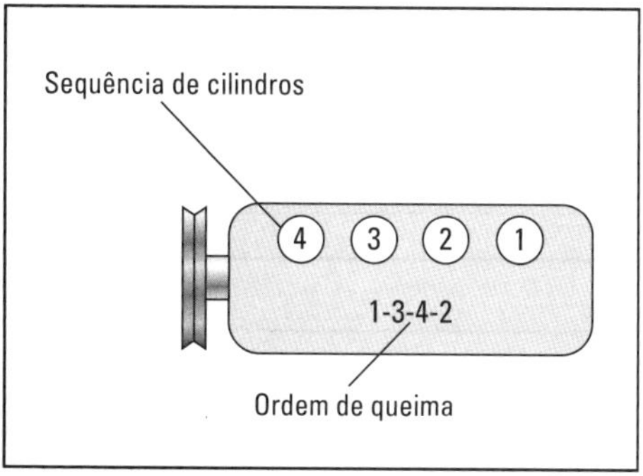

Figura 5-11: A sequência de cilindros e a ordem de queima em um carro fabricado fora dos E.U.A. com um motor em linha de quatro cilindros.

- **Motores V8 não são tão simples de compreender. A maioria dos Fords V8 com tração traseira têm o cilindro 1 na parte da frente do carro, no lado do passageiro.** Desse modo, os cilindros 2, 3 e 4 seguem até a parede corta-fogo, na parte de trás. O cilindro 5 está na frente, do lado do motorista, com os cilindros 6, 7 e 8 continuando até a parte de trás (veja a Figura 5-12).
- **Na maioria dos outros carros com motores V8 e tração traseira, o cilindro 1 está na frente, no lado do motorista, com os cilindros 3, 5 e 7 acompanhando-o até a parte de trás.** Assim, o cilindro 2 está na frente, no lado do passageiro, com os cilindros 4, 6 e 8 acompanhando-o (veja a Figura 5-13).

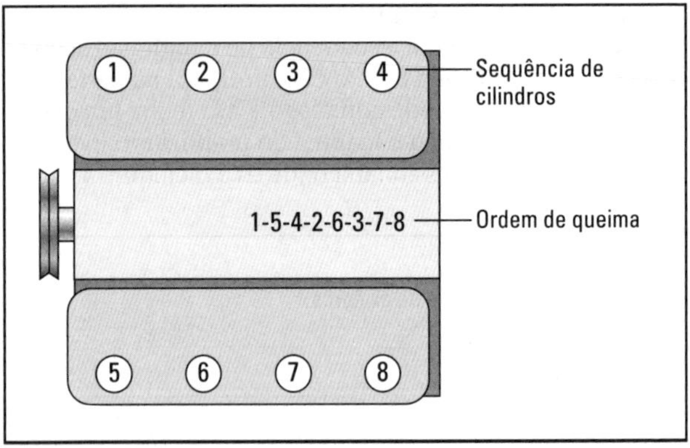

Figura 5-12: A sequência de cilindros e a ordem de queima na maioria dos Fords com motores V8.

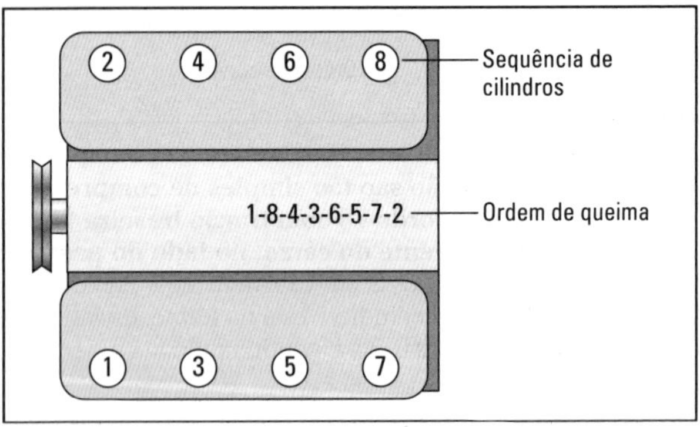

Figura 5-13: A sequência de cilindros e a ordem de queima em muitos outros motores V8.

Ordem de queima

CUIDADO

Não devemos confundir a sequência de cilindros com a ***ordem de queima***. Embora o motor possa ter cilindros com uma sequência numérica simples, se eles forem queimados nessa ordem, o motor vai chacoalhar violentamente, à medida que os cilindros de um lado (ou os da frente) forem queimados primeiro, em uma rápida sucessão, seguidos pelas mesmas ações por parte dos cilindros restantes. Para evitar isso, a ordem de queima é cuidadosamente coordenada para distribuir o choque da ***combustão*** de modo igual pelo motor inteiro.

Os cilindros queimam em uma sequência muito rápida, resultando em um motor consideravelmente estável. A ordem de queima é impressa no interior de cada motor ilustrado desde a Figura 5-9 até a 5-15.

Agora que vimos o básico, as seções a seguir tratam dos dois tipos de sistemas eletrônicos de ignição: os modernos, que não têm mais ***distribuidores***, e as ignições eletrônicas mais antigas, com distribuidores.

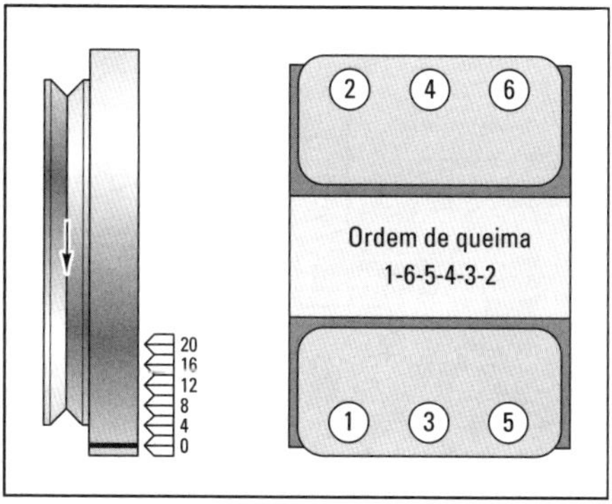

Figura 5-14: A sequência de cilindros e a ordem de queima de um motor V6 transversal.

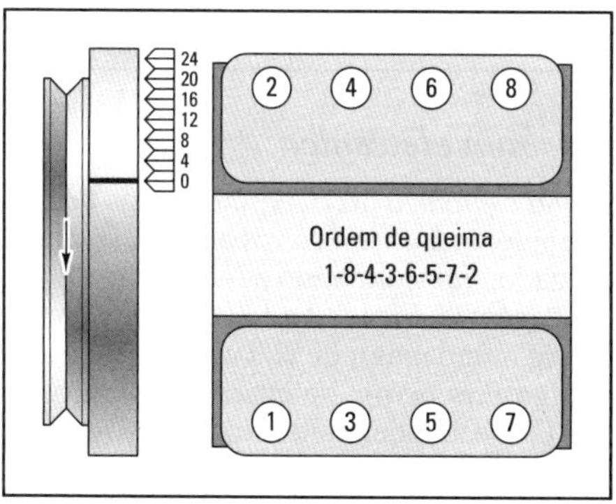

Figura 5-15: A sequência de cilindros e a ordem de queima de um motor V8 transversal.

Sistemas modernos de ignição sem distribuidor

Os ***sistemas de ignição sem distribuidor*** (veja a Figura 5-16) são encontrados na maioria dos carros fabricados desde meados da década de 1990. Eles possuem menos peças que se movem e são muito mais eficientes para economizar combustível e tendem a ter menos problemas do que os sistemas com ***distribuidores***. Em todos os sistemas de ignição sem distribuidor, a ***UCM*** ou um ***módulo de controle de ignição (ICM)*** controla quando as velas geram faíscas e queimam a ***mistura de ar/combustível*** nos cilindros, o que gera a energia necessária para o carro andar.

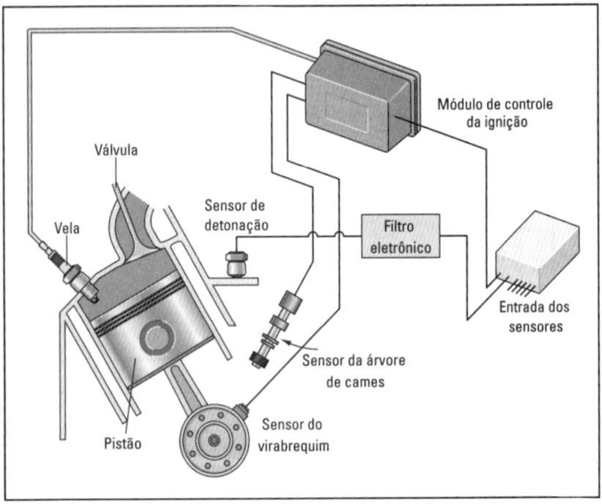

Figura 5-16: Um sistema de ignição sem distribuidor.

O módulo de bobina eletrônica

O *módulo de bobina eletrônica* faz o mesmo que as ***bobinas*** de ignição e o distribuidor faziam em carros antigos, só que de um jeito muito mais sofisticado: transformando a relativamente pequena quantidade de *voltagem* elétrica (12 a 14 volts) que recebe da bateria em uma quantidade muito maior de voltagem (15.000 a 60.000 volts) para que passe ***folga das velas***. Na maioria dos carros, um conjunto de *cabos de velas* (às vezes chamado de *cabos de ignição*) levam a alta voltagem para cada vela.

Sensores do sistema de ignição

Um sistema eletrônico de ignição depende de vários sensores eletrônicos que enviam informações para a UCM ou para um ***módulo de controle de ignição*** (ICM) (veja a Figura 5-16), que envia sinais com o intuito de que cada vela gere faíscas no momento certo.

Um ***sensor de posição do virabrequim*** (veja a Figura 5-16) é fixado no bloco do motor e pode ler a posição, como é de se esperar, do ***virabrequim***. É um desses ***sensores*** que informa o ICM quando ativar as velas ao manter o registro de que posição o virabrequim está e do quão rápido ele está girando em qualquer momento.

Um ***sensor de posição da árvore de cames*** encontrado em ***sistemas de ignição sem distribuidor*** (veja a Figura 5-16) é um outro gatilho. Ele ajuda as ***velas*** a gerarem faíscas no momento certo, fornecem informação para sincronizar os ***injetores de combustível*** e identificam os ***cilindros*** que não queimaram.

Ignições eletrônicas com um distribuidor

Embora os carros mais modernos não tenham um ***distribuidor***, muitos dos carros que foram construídos desde meados da década de 1970 até meados da década de 90 têm. Em sistemas de ignição com distribuidor, ele funciona do mesmo modo que os antigos distribuidores mecânicos funcionavam, mas sem aquelas peças móveis que sempre precisavam de ajustes. Ele continua a receber energia de uma bobina e a distribuí-la a cada uma das velas. As boas notícias são que os distribuidores eletrônicos praticamente não dão problemas. A má notícia é que, se ele quebrar, é preciso pagar um profissional para trocá-lo. Eles apresentam as seguintes peças, conforme podemos ver na Figura 5-17:

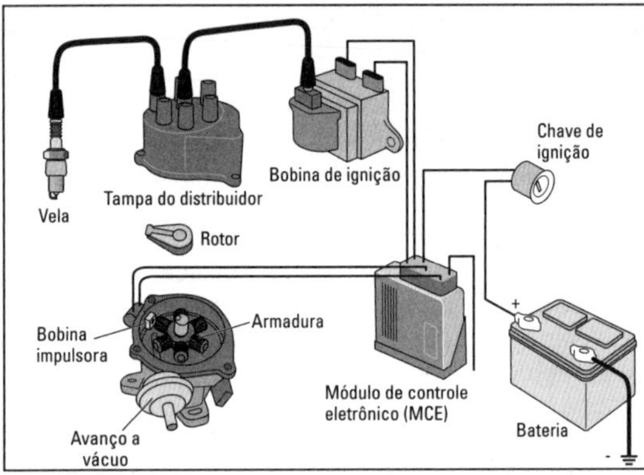

Figura 5-17: Um sistema eletrônico de ignição com um distribuidor.

- A ***tampa do distribuidor*** (veja a Figura 5-18) cobre o distribuidor para proteger as peças dentro dele contra os elementos ao redor. A eletricidade entra e sai do distribuidor por meio da bobina e dos cabos das velas que saem dos orifícios da tampa para cada uma das velas.

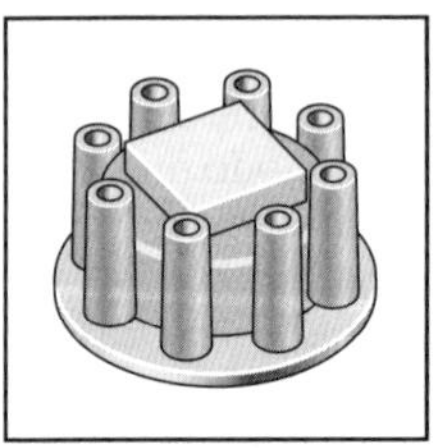

Figura 5-18: Uma tampa de distribuidor para um distribuidor eletrônico.

- O ***rotor*** está acima do eixo do distribuidor, dentro dele. O rotor gira à medida que o eixo gira e aponta para o terminal na base de cada um dos cabos das velas a fim de que cada uma das velas gere faíscas na ordem certa. Por exemplo, quando o rotor apontar para o terminal do cabo que leva à vela nº1, ele manda a energia para essa vela no exato momento em que a ***mistura de ar/combustível*** no cilindro 1 estiver esperando para ser queimada.

- O ***induzido*** está dentro do distribuidor, girando diante de um ***sensor*** chamado *estator*. Cada vez que um dos dentes da armadura passa no sensor, gera energia que sinaliza ao ***módulo de controle de ignição (ICM)*** para desligar o circuito primário na bobina. Isso manda um salto de alta voltagem para o circuito secundário da bobina, que o envia por meio do rotor para a vela apropriada. Um circuito em um módulo eletrônico religa o circuito primário após cada envio de energia.
- O ***módulo de controle de ignição*** é um componente transistorizado que ativa a bobina de ignição para gerar alta voltagem. Esse módulo não se desgasta, substituindo, assim, as antigas "escovas" usadas na primeira metade da década de 1970.
- Um ***estator*** é um gerador de pulso magnético que diz ao módulo de controle de ignição quando ativar as velas. Alguns carros usam um interruptor de *efeito Hall* ou um sensor fotoelétrico para isso.

Luzes de Alerta e Luzes de Indicação de Falhas (LIF)

Até bem pouco tempo, os carros eram equipados com mostradores no painel, que monitoravam a temperatura do carro, a pressão do óleo, o ***sistema de carga*** e o nível de combustível; ou eram equipados com *luzes de alerta* que nos informavam se algo estava errado com algum desses campos.

Os sistemas de alerta nos carros de hoje em dia são muito mais eficientes. As luzes de alerta mostram também quanto combustível temos; se o capô, o porta-malas ou se alguma porta está aberta; ou se o ***freio de mão*** está puxado. Elas apitam com insistência quando alguém não afivela o cinto de segurança. E as ***luzes de indicação de falha*** (LIF) verificam quase todo o sistema para nos avisar sobre os problemas que precisam ser corrigidos.

O único problema é que as LIFs podem ser tão enigmáticas sobre qual é o problema — em especial quando a temível luz de "Verifique o Motor" acende — que são capazes de nos levar à loucura. Esse aviso pode se aplicar ao motor, a emissões ou acessórios. Assim, não saberemos se ela está nos alertando que a tampa do tanque de combustível está meio solta ou se alguma coisa mais complicada está envolvida.

No entanto, considerando que as LIFs transmitem as informações que os sensores eletrônicos encontraram nas suas constantes monitorações dos airbags, ***controle de tração***, ***sistema ABS***, ***UCM***, ***transmissão*** e outros sistemas vitais — coisas nas quais não podemos trabalhar sozinhos mesmo —, a melhor opção é levar o carro ao médico caso alguma dessas luzes continue acesa. Deixar de fazer isso pode anular a nossa ***garantia*** ou resultar em um dano mais sério ao carro.

Outros Aparelhos Eletrônicos

Além do que já foi dito na seção sobre o ***alternador***, neste capítulo, por manter a bateria carregada, o alternador também fornece indiretamente a corrente elétrica para o sistema sonoro, os faróis dianteiros e traseiros, as luzes de seta, o desembaçador/aquecedor/ar-condicionado e outros aparelhos eletrônicos. Embora a maioria desses aparelhos exija os serviços de um profissional, as peças mencionadas a seguir são muito fáceis de serem consertadas sozinhas:

- Os **fusíveis** protegem os componentes elétricos da mesma maneira que fazem em casa. Eles estão dentro de uma caixa de fusíveis em geral localizada debaixo ou perto do painel e, possivelmente, debaixo do capô. O manual do proprietário deve informar onde a caixa de fusíveis está no carro ou você pode verificar debaixo do painel e seguir os fios que saem do sistema sonoro até encontrar a caixa de fusíveis.
- Os **limpadores de para-brisa** precisam ser verificados e os seus suportes trocados periodicamente.

- As **luzes de seta** no painel fazem mais do que apenas nos informar se as setas estão piscando. Elas também foram projetadas para nos dar dicas de se alguma outra coisa no carro está quebrada!
- Os **faróis** se aprimoraram nos últimos anos. Embora ainda haja veículos com ***unidades seladas*** e lâmpadas antigas na estrada, os carros modernos possuem faróis de halogênio ou gás Xenon. Os faróis Xenon também são conhecidos como ***faróis DAI (Descarga de Alta Intensidade)***. Eles são mais brilhantes e usam menos energia do que os faróis de halogênio.

Capítulo 6

Como Manter o Sistema Elétrico Em Ordem

Neste Capítulo

- Como saber se é hora de fazer ajustes
- Como analisar, ajustar e trocar as velas
- Como trocar a bateria do carro
- Como encontrar e trocar os fusíveis
- Como ajustar, alinhar e trocar os faróis e as luzes de seta

Diferentemente de outros veículos, que precisam de ajustes de ignição pelo menos uma vez por ano, a maioria dos veículos de hoje tem ***sistemas eletrônicos de ignição,*** projetados para passar anos sem ajustes. O termo "ajuste" ainda é usado para se referir a uma manutenção de rotina, mas varia com o tipo, com o modelo e com o ano do veículo. Assim, devemos consultar o manual do proprietário para saber quais são as recomendações de programação para manutenções.

Há vários serviços que envolvem o sistema elétrico, que você pode executar sozinho. O primeiro envolve verificar, avaliar e reinstalar ou trocar as velas caso a performance do carro tenha diminuído de repente e o carro esteja configurado de modo que possamos mexer nas velas sem danificar o motor. Também é possível consertar e trocar ***fusíveis***, além de trocar e ajustar os faróis.

CUIDADO

Antes de começar a trabalhar no sistema elétrico, por favor, lembre-se de que você não deve mexer em alguns aparelhos por conta própria a menos que já tenha trabalhado com eles antes. Se encontrar algum problema com o desembaçador, com o aquecedor, com o sistema antifurto ou com o sistema de som, procure ajuda profissional. Então, se depois confirmar que se tornou alguém que definitivamente consegue fazer as coisas sozinhos, é possível encontrar livros que mostram como lidar com essas peças.

Não devemos tentar mexer no ar-condicionado sob nenhuma circunstância. Ele contém um fluido refrigerante sob pressão que pode cegar caso escape. Para realizar serviços ou consertos, é necessário levarmos o carro para a concessionária ou para um local especializado no conserto de ar-condicionado automotivo. Agora, vejamos no que *podemos* trabalhar!

Como Saber Quando O Carro Precisa de Um Ajuste

O intervalo dos ajustes varia de um carro para outro. A maioria dos carros mais antigos, sem ignição eletrônica, deve ser ajustada a cada 16.000 a 19.000km ou uma vez por ano, o que vier primeiro. Carros mais novos com sistemas de ignição e ***injeção eletrônica*** são desenvolvidos para rodarem de 40.000 a 160.000km sem precisar de maiores ajustes.

CUIDADO

Consulte o ***manual do proprietário*** para saber quais são os intervalos recomendados entre cada ajuste. No entanto, esteja ciente de que, mesmo que o manual diga que o carro não exige ajustes *programados* com muita frequência, será do seu interesse avaliar periodicamente se está tudo bem com o carro. Se as viagens têm muitas paradas ou se o carro leva muito peso (como itens de acampamento ou carretas), o ***sistema de ignição*** talvez tenha de ser ajustado com mais frequência. Estes são alguns sintomas que indicam que o sistema de ignição deve ser ajustado ou regulado:

- **O carro para muito.** As ***velas*** podem estar sujas ou gastas, a ***folga*** entre os ***eletrodos das velas*** ou um ***sensor eletrônico*** precise ser ajustado. Essas paradas podem ocorrer por problemas com o ***sistema de combustível*** (veja os Capítulos 7 e 8).

  Se não conseguir descobrir o porquê de o carro estar parando, ajude o mecânico a diagnosticar o problema observando se o motor para quando está quente, frio ou quando o ar-condicionado está ligado.

- **O motor não está funcionando muito bem quando estamos *parados* ou quando aceleramos.** Há grandes chances de que o carro precise de ajustes.
- **O carro demora a pegar.** O problema pode estar no ***sistema de arranque*** (por exemplo, uma bateria fraca), no sistema de combustível (por exemplo, uma bomba de combustível fraca), no sistema de ignição ou por causa de algum componente eletrônico, como a ***unidade de controle eletrônica (UCE)***.

Como Trocar As Velas

A frequência com que trocamos as velas depende do tipo de velas de que dispomos. Elas podem ser de 48.000km ou ter pontas de platina, podendo durar por uns 160.000km, embora alguns profissionais recomendem a troca a cada 96.000km para evitar danificar o motor. No entanto, se as velas ficarem sujas de óleo, ou começarem a apresentar defeitos, elas devem ser trocadas antes dessa programação.

Onde estão as velas

Para encontrar as velas, procure por fios grossos (ou cabos finos) que entram no ***bloco do motor*** em fileiras — em ambos os lados no caso de um ***motor em V*** ou em um único lado no caso de um ***motor em linha*** de quatro ou seis cilindros (também conhecido como motor *linear*). Esses fios das velas vêm da ***bobina de ignição*** (ou do distribuidor, em caso de carros mais antigos) para as velas. É possível vermos onde os cabos das velas se conectam às velas em vários tipos de motores nas Figuras 5-9 até a 5-15 no Capítulo 5.

Não consegue encontrar as velas? Elas devem estar escondidas ou em uma posição difícil de alcançar, o que indica que talvez você precise reavaliar o seu plano de trabalhar com elas.

Em outros casos ainda, as velas podem estar escondidas atrás de uma tampa de metal que cobre o motor inteiro. A remoção dessa tampa pode exigir desconectar alguns cabos que talvez danifiquem a UCM. É por isso que essa tampa existe! No caso de alguns motores mais antigos, e na maioria dos motores modernos importados, e em um número crescente de motores americanos modernos, há sistemas que possuem uma ***bobina de ignição*** bem em cima de cada vela. Não há fios de velas e não podemos ver as velas até que tenhamos removido a tampa de alumínio parafusada em cima do motor.

Creio ser melhor deixar que os profissionais cuidem de casos assim, pois eles têm guinchos e instrumentos especiais que os permitem realizar esses trabalhos com segurança e com relativa facilidade.

O que é preciso trocar e como calibrar a folga das velas

Caso tenhamos decidido que podemos trabalhar com as velas do carro sem danificá-lo, é necessário juntarmos as ferramentas de que vamos precisar *antes* de começar o trabalho:

DICA

- **Um cobertor velho, um colchão ou um protetor de carro acolchoado para colocar no para-lama em que vai trabalhar para protegê-lo contra arranhões**
- **Roupas de trabalho**
- Algo para limpar as mãos
- Panos limpos, sem fiapos

- Uma luz de trabalho (ou pelo menos uma lanterna)
- Um novo jogo de velas

  CUIDADO

  Nunca troque apenas algumas velas; visando a uma performance por igual do motor, é tudo ou nada. Se estiver se sentindo rico, pode comprar uma vela a mais no caso de alguma delas estar defeituosa, ou no caso de estragar uma acidentalmente ao deixá-la cair, rachá-la ou, ainda, por danificar a rosca na hora de instalá-la. Se não a usar, deixe-a junto com o nosso kit de ferramentas de emergência, no porta-malas. As velas não se estragam com o tempo.

- **Um produto antiaderente e um lubrificante de silicone (opcional)**
- ***Cálibre de lâminas***
- **Um pequeno jogo de chaves, que inclui uma *catraca* e uma *chave de velas***

Como comprar as velas certas

Para comprar as velas certas para o carro, é preciso saber quais são as suas ***especificações***. O nosso manual do proprietário deve ter as especificações para comprar e ajustar as folgas das velas do carro. Caso não tenha o manual do proprietário, ou se não houver as informações necessárias nele, é possível encontrar o tipo certo de velas e a ***folga*** delas em um "Manual de Especificações para Ajustes" (conhecido como "tabela de especificações" para encurtar) em uma loja de peças.

ESPECIFICAÇÕES DE IGNIÇÃO

Toyota Prius 2004 L4-1.5L (1NZ-FXE) (Híbrido)

INFORMAÇÃO DE SERVIÇO

Vela Vela recomendada	DENSO	SK16R11
	NGK	IFR5A11
Folga do eletrodo	Padrão	1.0 a 1.1 mmin.
	Maximo	1.0 mm
Posição do sensor do virabrequim Resistência	1 (G+)-2(G-)	1,630 to 2,740 Ω (Quente) 2,065 to 3,225 Ω (Frio)
Posição do sensor do virabrequim Resistência	1 (NE+)-2(NE-)	965 to 1,600 Ω (Quente) 1,265 to 1,890 Ω (Frio)

Cortesia de ALLDATAdiy

Figura 6-1: Especificações de ignição para um Toyota Prius 2004.

Procure o carro pelo tipo e modelo e pelo ano certo na tabela de especificações da loja.

Como tirar as velas usadas

Uma maneira de se confundir mesmo e tornar um serviço simples, como trocar as velas, em um pesadelo é tirar todas as velas de uma só vez. Concentre-se em uma vela de cada vez: é só tirá-la, inspecioná-la, limpá-la e — se ainda der para usá-la — ajustar a sua folga. Depois, coloque a peça de volta *antes de começar a mexer com a próxima vela na ordem da* ***sequência de cilindros***. Para manter a ***ordem de queima*** certa, cada cabo de vela deve vir da fonte de energia para a vela certa. Assim sendo, *só tire um cabo de cada vez da vela, e não desconecte as duas pontas do cabo*! Se fizer assim, nunca terá problema algum — a menos que um segundo cabo se desconecte acidentalmente.

Estes são os passos a serem seguidos para tirar cada vela:

1. **Agarre gentilmente o cabo de uma vela pela luva (a parte onde ela se conecta à vela), gire-o e puxe-o.**

   Nunca puxe o próprio cabo (isso pode danificar a fiação). A coisa brilhante que está saindo do ***bloco do motor*** depois que o cabo da vela foi retirado é o *terminal* da vela. A Figura 6-3, mais adiante neste capítulo, mostra todas as partes da vela, incluindo o terminal.

2. **Use um pano macio e limpo ou um pincel pequeno para limpar cuidadosamente a área onde a vela entra no motor. Também é possível soprar a sujeira com um canudo.**

   Limpar a área evita que a sujeira caia no buraco do cilindro ao remover a vela.

3. **Coloque a *chave de vela* (aquela grande com um revestimento de borracha) na vela; faça alguma pressão ao girar a chave gentilmente para se certificar de que a vela entrou por completo.**

4. **Coloque a ponta quadrada da *catraca* no buraco quadrado da chave de vela.**

   Você pode trabalhar de modo mais confortável acrescentando algumas extensões entre a catraca e a chave para conseguir mover a catraca mais livremente de um lado para o outro, sem bater em nada. Elas são acrescentadas do mesmo jeito que a chave à catraca.

5. **Solte a vela girando-a no sentido anti-horário.**

   Para usar melhor a força com a catraca, coloque a mão livre sobre a cabeça dela, agarrando-a com força, e puxando o cabo da catraca usando a palma da mão para soltá-la (veja a Figura 6-2).

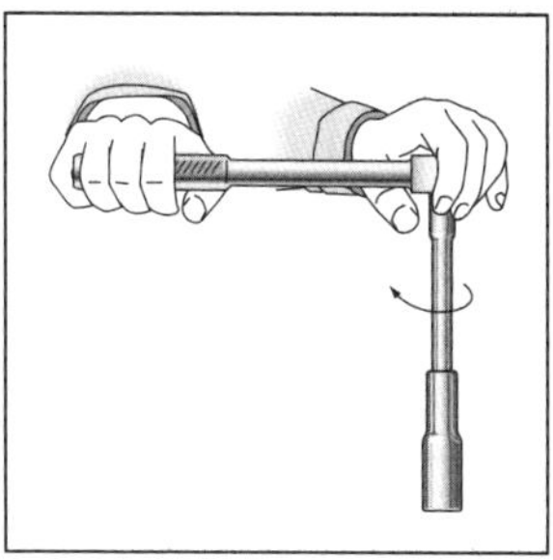

Figura 6-2: Usando uma catraca.

CUIDADO

Tudo bem forçar um pouco; só devemos ter certeza de que a chave está bem encaixada na vela e que a catraca está no mesmo ângulo da vela para evitar danificar a rosca da vela ou da entrada da vela na cabeça do motor.

6. **Quando sentir que não precisa mais da catraca, deixe-a de lado e acabe de soltar a vela com a mão até que solte do motor.**

A análise das velas

Podemos (e devemos) *ler* as velas procurando por "pistas" de como o motor está funcionando. Para ler as velas, siga estes passos:

1. **Ao retirar a primeira vela do motor, tire-a da chave de vela e compare as suas condições com as pistas da Tabela 6-1.**

   A Figura 6-3 ajuda a identificar as várias partes de uma vela mencionadas na tabela.

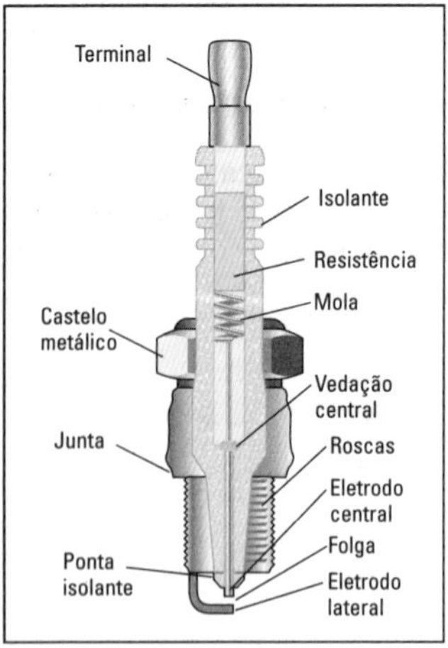

Figura 6-3: A anatomia de uma vela.

2. **Procure por rachaduras e fendas no castelo metálico, no isolante e nas juntas, o que pode indicar que esta vela deve ser trocada.**

3. **Veja a *ponta de ignição* (a ponta que estava dentro do cilindro).**

   Como podemos ver na Figura 6-3, o gancho na parte de cima é o ***eletrodo*** *lateral*, e a elevação bem debaixo dele é o eletrodo *central*. A faísca vem de dentro da vela e pula a ***folga*** entre esses dois eletrodos. Essa folga *deve* ter uma distância exata para que o motor funcione direito.

4. **Pegue o seu *cálibre de lâminas* e localize a lâmina apropriada. Se as *especificações* de folga da vela dizem 0.4, procure esse número no calibrador. Então, enfie essa parte do calibrador entre os dois eletrodos na vela antiga.**

   Se houver muito espaço para mexer com o calibrador ao ajustar a vela é porque o eletrodo central se gastou, resultando em uma folga muito grande. Se não conseguir colocar o calibrador entre os eletrodos central e lateral, isso significa que a folga é pequena demais, o que, por sua vez, quer dizer que essa vela não está queimando a ***mistura de ar/combustível*** de maneira eficiente.

Tabela 6-1 O Que A Vela Usada Diz Sobre O Carro

Condição	*Pistas*	*Causas Prováveis*	*Soluções*
Vela normal	Depósito marrom ou acinzentado do lado do eletrodo	Está tudo bem	Limpar e reajustar a folga.

(continua)

Tabela 6-1 O Que A Vela Usada Diz Sobre O Carro Cont.

Condição	*Pistas*	*Causas Prováveis*	*Soluções*
Vela suja de carbono	Fuligem preta, seca e fofa na ponta do isolante e dos eletrodos	Mistura de ar/ combustível muito rica, filtro de ar sujo, dirigindo demais em velocidades baixas ou ficando parado por um longo período	Trocar por velas mais "quentes" (quanto maior o número da vela, mais quente ela é).
Vela suja de óleo	Depósitos úmidos, pretos e oleosos no isolante e nos eletrodos	O óleo deve estar vazando nos cilindros pelos pistões gastos ou mal ajustados ou as válvulas podem estar gastas	Limpar e reajustar a folga da vela, ou trocá-la, mas descobrir de onde o vazamento está vindo.
Vela queimada	Bolhas na ponta do isolante, eletrodos derretidos, coisas queimadas	A folga do motor superaquecido é grande demais, velas erradas ou soltas, uma mistura de ar/ combustível fraca, ou tempo incorreto	Trocar a vela.
Vela gasta	Eletrodos severamente corroídos ou gastos	A vela foi usada por tempo demais	Trocar a vela.

5. **Olhe para a elevação do eletrodo central novamente e use a Tabela 6-1 para avaliar a sua condição.**

   Ele está bonito e cilíndrico, assim como os eletrodos centrais das velas novas? A cabeça chata do eletrodo se gastou e se tornou arredondada? Gastou-se de apenas um lado? Há grandes chances de estar desgastada por estar muito velha. Quando o eletrodo central se gasta, a folga da vela se torna grande demais.

6. **Limpe a vela esfregando-a com cuidado com uma escova.**

7. **Ajuste a folga ou troque a vela antiga por uma nova, seguindo as instruções das duas seções seguintes.**

   Embora você não precise limpar as velas novas, é necessário ajustar a sua folga. Algumas delas já vêm "pré-ajustadas", mas, ainda assim, recomendo verificar esse ajuste com o ***cálibre de lâminas.***

8. **Faça a mesma coisa com cada uma das velas.**

Às vezes, podemos resolver um problema — como as velas sujas de carbono — usando velas mais quentes ou mais frias. É possível identificá-las pelo número: quanto maior o número, mais quente é a vela. Nunca devemos aumentar ou diminuir o número da vela em mais do que um de uma só vez.

O ajuste da folga das velas

Como mencionado na seção anterior, o espaço, ou ***folga***, entre os ***eletrodos*** centrais e laterais deve ter um tamanho exato; de outra forma, as velas não funcionarão direito. Essa regulagem da distância entre os dois eletrodos é chamada de *ajuste da folga* das velas.

Os passos seguintes mostram como ajustar as velas:

1. **Se estiver reajustando uma vela usada, certifique-se de que ela esteja limpa (passe gentilmente uma escova de aço nela). Se estiver usando uma vela nova, ela deve estar limpa,**

ter boa aparência, e possuir a ponta do eletrodo lateral centralizada sobre o eletrodo central.

Não deve haver nenhuma fresta ou bolha no isolante de porcelana, e a rosca deve estar boa.

2. **Selecione o número certo no cálibre de lâminas, e passe-o entre os eletrodos (veja a Figura 6-4).**

   Se ele não entrar, ou se entrar com muita facilidade, sem tocar nos eletrodos, é preciso ajustar a distância entre eles.

3. **Ajuste a folga, se necessário.**

   Se o calibrador não entrar, significa que a folga está muito estreita. Podemos usar a parte do calibrador utilizada para entortar eletrodos debaixo do eletrodo lateral e puxar *levemente* para aumentar a folga.

   Se o calibrador entrar com muita facilidade, sem tocar nos eletrodos, quer dizer que a folga está muito grande. Então, devemos pressionar *levemente* o eletrodo lateral contra uma superfície limpa, em que ele não se estragará, até que esteja *ligeiramente* dobrado na direção do eletrodo central.

4. **Passe o calibrador na folga novamente.**

5. **Repita os passos 3 e 4 até que a folga esteja boa.**

   Queremos que o calibrador entre com facilidade na folga, apenas tocando os eletrodos enquanto entra.

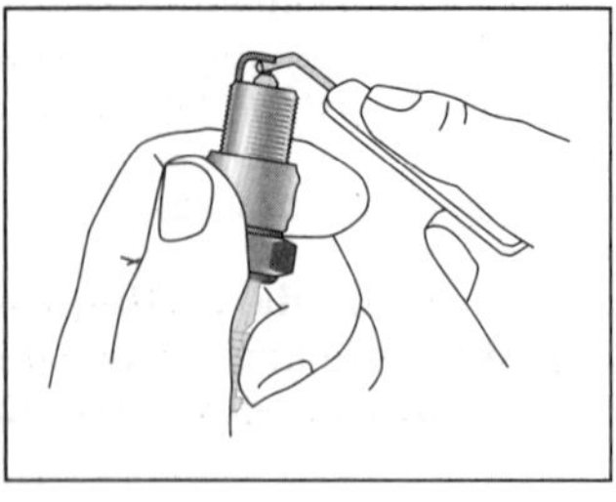

Figura 6-4: O ajuste de uma vela com um calibrador do tipo cabo.

A instalação das velas

Devemos seguir estes passos para colocar uma vela no motor:

1. **Limpe o espaço da vela no cilindro com um pano limpo, sem fiapos.**

   CUIDADO

   Limpe na direção *oposta* do espaço; não jogue sujeira para dentro dele.

2. **Passe um pouco de óleo da *vareta de nível* na rosca da vela, *tomando cuidado para não sujar os eletrodos central e lateral.***

3. **Comece a rosquear a vela no motor com a mão e com cuidado, girando-a no *sentido horário.***

   Isso é chamado de "aprontar a vela". Devemos fazer isso com a mão para não correr o risco de começar a rosquear a vela torta, o que pode estragar a rosca da vela ou do espaço da vela no motor.

   DICA

   Se não está conseguindo segurar a vela, compre um aparelho que apronte a vela. Ou use qualquer coisa que sirva para amarrar ou atravessar até a cabeça da vela, como uma luva do cabo da vela antiga, um dedo cortado de uma luva de vinil, um pedaço fino de tudo de plástico ou um pedaço de uma mangueira de vácuo.

4. **Depois de aprontar a vela com a mão, dê pelo menos dois giros antes de usar uma chave de vela e uma catraca.**

5. **Encaixe a chave de vela na vela, e a catraca logo depois, e continue a girar a vela no sentido horário até encontrar resistência.**

   CUIDADO

   Não aperte demais a vela (a porcelana pode rachar); só o suficiente para que ela fique bem presa e firme. A vela precisa ficar um pouco presa ao tentar soltá-la, mas devemos conseguir soltá-la novamente sem ter de fazer muito esforço.

Podemos apertar e soltar a primeira vela uma ou duas vezes para ter uma ideia de como deve ficar o aperto.

6. **Avalie o cabo da vela antes de ligar a luva nele. Se ele parecer rachado, quebradiço, gasto ou saturado com óleo, troque-o.**

7. **Antes de ligar a luva à vela, passe um pouco de lubrificante de silicone dentro da luva; então, empurre-a no terminal exposto da nova vela e aperte-a firmemente até entrar no lugar.**

8. **Repita os passos de remover, avaliar, ajustar e instalar cada vela.**

Depois de terminar, basta ligar o carro para ver se tudo está funcionando bem. Aí, é só lavar as mãos com um limpador.

Como Trocar A Bateria

Não importa o quão bem o carro esteja funcionando, se a bateria ficar sem carga e não puder ser recarregada, ficaremos parados com um carro que não pode nos levar até uma oficina. Em geral, a bateria possui um adesivo que nos diz quando foi comprada e quanto tempo se espera que ela funcione. Para evitar ficar parado na estrada com uma bateria sem carga, troque a bateria *antes* que ela alcance o fim da sua expectativa de vida útil.

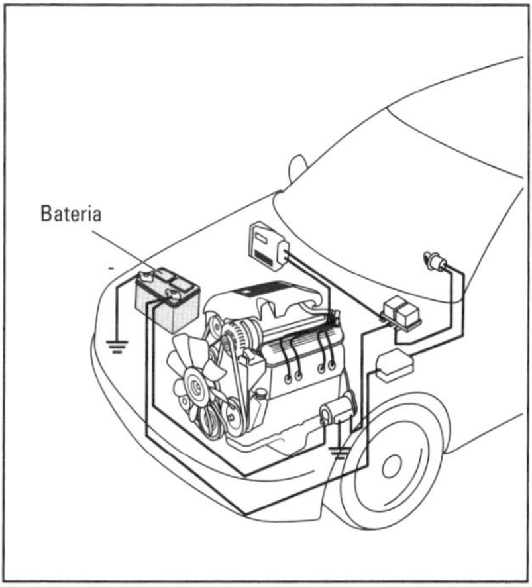

Figura 6-5: A localização da bateria debaixo do capô.

A bateria certa para o nosso carro

Caso decida trocar a bateria sozinho, a primeira coisa a fazer é comprar a bateria certa. É bom ter o seguinte em mente:

- **Consulte o *manual do proprietário* para encontrar as *especificações* para a bateria projetada para o seu carro.**
- **Compre uma bateria de uma marca conhecida em uma concessionária, loja de peças ou de um vendedor de baterias confiáveis.**
- **Leve a bateria nova até o carro e a compare com a antiga.** Ela deve possuir o mesmo tamanho, formato e configuração. Se não for esse o caso, devolva essa bateria e compre a certa.

DICA

Ao comprar uma bateria, vá munido com todo o necessário para isso. Caso não tenha uma *chave inglesa* (veja o Capítulo 3), compre uma ou peça emprestada. Você também precisará de panos limpos, sem fiapos, um par de luvas de látex descartável, um pouco de água, de bicarbonato de sódio e uma escova de bateria. Para proteger os olhos dos depósitos que poderiam machucá-los, invista em um par de óculos de segurança baratos.

Como remover e instalar uma bateria

Quando todo o equipamento estiver à mão e estiver pronto para trabalhar, siga estes passos:

1. **Certifique-se de que o carro esteja em P (Estacionar) ou em primeira, em caso de câmbio manual, que o motor esteja desligado e que o *freio de mão* esteja puxado.**

2. **Abra o capô e ponha um cobertor ou uma almofada sobre o para-lama para protegê-lo.**

3. **Solte os cabos dos terminais da bateria.**

   Consulte o manual do proprietário para saber se seu carro tem um ***fio terra*** *negativo* (a maioria tem). Se for esse o caso, é necessário usar a chave inglesa para soltar a rosca e o parafuso da garra que segura o cabo da bateria no ***terminal negativo*** (é o terminal com um "-" ou um "NEG" nele). Se o carro tiver um *fio terra positivo*, solte o cabo com um "+" ou um "POS" primeiro. Depois de tirar o cabo do terminal, coloque-o em uma posição que não atrapalhe e, em seguida, tire o outro cabo e coloque-o de lado.

4. **Remova quaisquer dispositivos que estejam mantendo a bateria no lugar.**

5. **Quando a bateria estiver solta, erga-a e tire-a do caminho.**

6. **Se a bandeja onde a bateria se encontrava estiver enferrujada ou com depósitos de sujeira, limpe-a com um pouco de bicarbonato de sódio dissolvido em água.**

Use luvas de borracha porque os componentes de bateria são corrosivas. É necessário também nos certificar de que a bandeja da bateria esteja completamente seca antes de passar para o próximo passo.

7. **Coloque a bateria nova na bandeja, com a frente da bateria apontando para a mesma direção que a antiga apontava.**

8. **Coloque os dispositivos que mantinham a bateria presa no lugar de novo. Tente chacoalhar a bateria para ver se ela está bem presa.**

9. **Coloque os cabos da bateria novamente nos terminais na ordem *inversa* da que foram tiradas.**

   Se o carro possuir um fio terra negativo, o cabo positivo deve ser instalado primeiro. Certifique-se de que as garras que prendem os cabos nos terminais da bateria estejam bem presas neles.

10. **Leve a bateria antiga a um centro de reciclagem que aceite baterias.**

Como Trocar Os Fusíveis

Se o som não está mais ligando, as luzes de seta não piscam, uma luz apagou ou se algum outro equipamento parou de funcionar, em geral, é porque um fusível queimou. Podemos trocar os fusíveis sozinhos, com facilidade e sem muitos gastos. Esta seção mostra como fazer isso.

Muitos carros possuem duas caixas de fusíveis: uma sob o capô e a outra debaixo do painel. É fácil reconhecer uma caixa de fusíveis (veja as Figura 6-6 e 6-7), e é simples trocar ***fusíveis*** queimados. Além disso, é muito mais barato trocar um fusível do que pagar por um novo equipamento ou por consertos de que não precisamos. Assim, é uma boa ideia gastar alguns minutos para encontrar as caixas de fusíveis. O manual do proprietário pode ajudar nessa tarefa.

Certifique-se de que o carro esteja desligado antes de abrir a caixa de fusíveis.

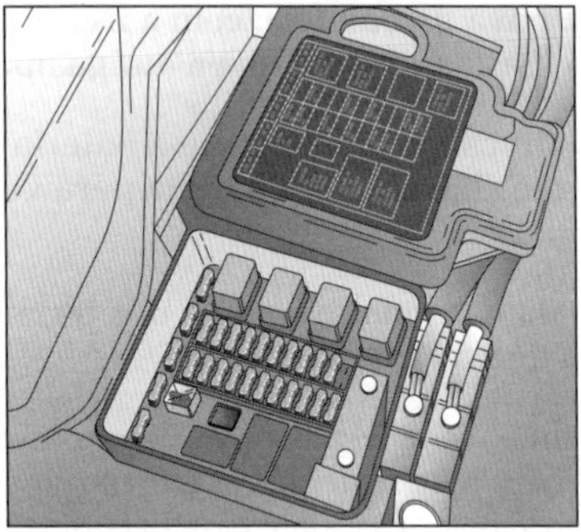

Figura 6-6: Uma caixa de fusíveis localizada debaixo do capô.

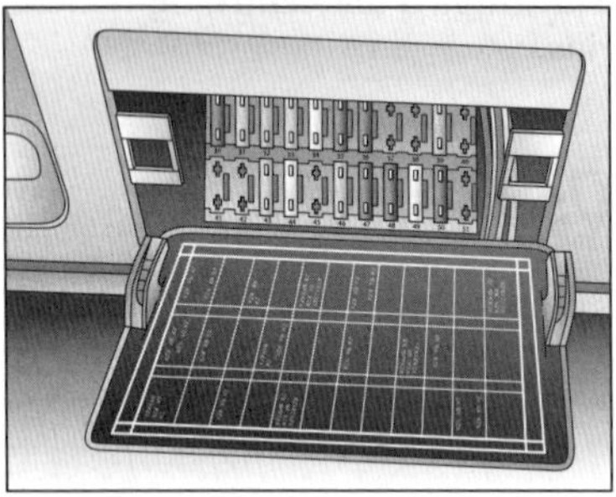

Figura 6-7: Uma caixa de fusíveis localizada debaixo do painel.

CUIDADO

Nunca troque um fusível por outro com uma amperagem diferente da do original. O fusível novo deve ter a mesma cor e tamanho que o fusível trocado. Como podemos ver nas figuras, a tampa de cada caixa de fusíveis apresenta uma tabela que nos mostra para que serve cada fusível e qual é a sua amperagem. Se o fusível trocado tiver uma amperagem diferente da que é indicada na tabela, talvez alguém não o tenha trocado corretamente, e esse pode ser o motivo de o fusível ter queimado.

Após a troca dos fusíveis queimados, ligue os aparelhos que não estavam funcionando direito para ver se o problema foi resolvido. Caso ainda persista, pague a um profissional para que ele faça as trocas ou os consertos necessários.

Fusíveis tipo lâmina

A maioria dos carros modernos usa fusíveis do tipo lâmina, com dentes que se ligam na caixa de fusíveis do mesmo jeito que os aparelhos são ligados nas tomadas de casa (veja a Figura 6-8). Eles vêm em vários tamanhos, e as suas diferentes cores simbolizam diferentes amperagens.

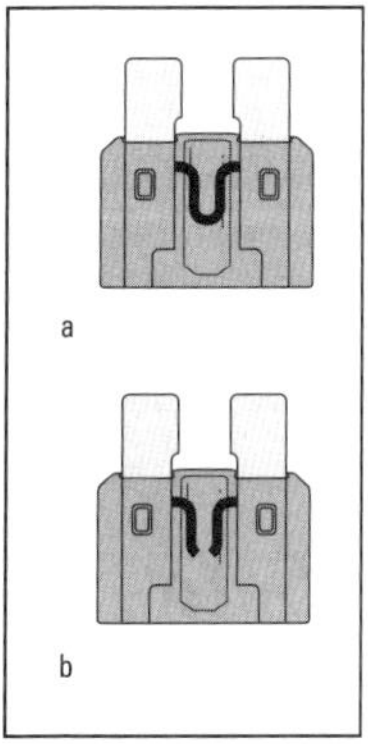

Figura 6-8: Um fusível tipo lâmina bom (a) e um queimado (b).

Se não conseguir puxar um fusível com a mão, precisará de um puxador. Se tiver sorte, o fabricante do automóvel disponibilizou um na caixa de fusíveis. Se esse não for o caso, você pode usar uma pinça ou um alicate de bico.

É possível ver se um fusível está queimado olhando o filamento visível na sua janelinha. Caso ele esteja fundido ou queimado, os dias desse fusível acabaram.

Fusíveis tubulares

Ao encontrar fusíveis tubulares de vidro, procure pelos que estão pretos por dentro ou que não têm mais os seus filamentos intactos (veja a Figura 6-9). Para remover um fusível assim, pegue-o *gentilmente* com os dedos, com uma pequena chave de fenda padrão, um alicate pequeno ou, como último recurso, um clipe de papel torcido.

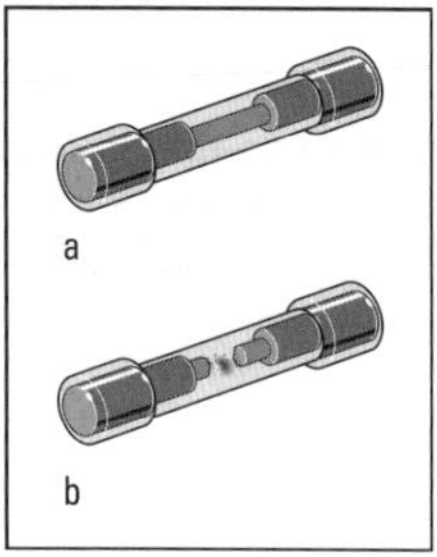

Figura 6-9: Um fusível tubular bom (a) e um queimado (b).

DICA

Para evitar quebrar os fusíveis, tente tirar os que estão na parte de baixo primeiro. Se isso não funcionar, experimente tirar um dos que estão nas laterais da área central. Então, inspecione o fusível, para ver se ele está queimado, e, por fim, pressione *gentilmente* um fusível novo no lugar.

Os Faróis e as Luzes de Seta

Os carros de hoje em dia têm vários tipos de iluminação: faróis dianteiros, traseiros, luzes de sinalização e faróis de milha tornam a tarefa de ver e ser visto mais fácil; luzes de teto, luzes para ler mapas, a luz do porta-luvas e espelhos iluminados em palas de sol exigem atenção periódica.

Resolvendo um problema com os faróis

Estes são alguns dos problemas que os faróis podem apresentar e como saber o que está errado com eles:

- **Se o farol baixo não estiver funcionando, mas o farol alto sim,** devemos trocar toda a unidade selada.
- **Se o farol não estiver funcionando nem como alto, nem como baixo,** provavelmente há um mau contato na fiação.

- **Se *tanto* o farol alto como o baixo estiverem funcionando ao mesmo tempo,** há chances de que as unidades estejam bem, mas que o fusível que as controla tenha queimado e precise ser trocado.

Tipos de faróis

Antes de tentar trocar ou ajustar os faróis, precisamos saber se são faróis halogênios ou Xenon, ou se são unidades seladas. Podemos identificar o tipo de faróis olhando para eles quando estiverem ligados à noite.

Faróis com ***unidades seladas*** estão saindo de uso rapidamente, pois a luz que eles geram é um branco puro. Muitos carros modernos têm faróis halogênios, e os modelos mais novos vêm com ***DAI (faróis de descarga de alta intensidade)***, também conhecidos como faróis Xenon ou bi-Xenon, tipo de farol que gera uma luz azulada.

Se ainda houver dúvida, podemos examinar a tampa exterior do conjunto. Se ela estiver marcada com D1R, D1S, D2R ou D2S, os faróis são do tipo DAI (as marcações se referem ao tipo de lâmpada). Se não houver marcas na tampa e ainda enxergarmos uma luz azulada, teremos ou um sistema Xenon ***pós-venda*** ou uma lâmpada halogênia que foi pintada. Os vendedores de peças ou uma oficina podem lhe dizer de qual tipo vamos precisar apenas olhando os faróis.

A troca ou o ajuste de faróis halogênios ou Xenon

Embora sejam mais potentes e permitam a um motorista ver até 20% mais longe do que as unidades seladas, essas unidades modernas exigem menos energia para funcionar. Os Xenon* são mais brilhantes, têm uma vida útil maior e consomem menos energia.

Podemos usar a Figura 6-10 como guia para trocar uma lâmpada de um farol halogênio ou Xenon seguindo os passos a seguir:

* Para mais informações, consulte o CONTRAN - Conselho Nacional de Trânsito.

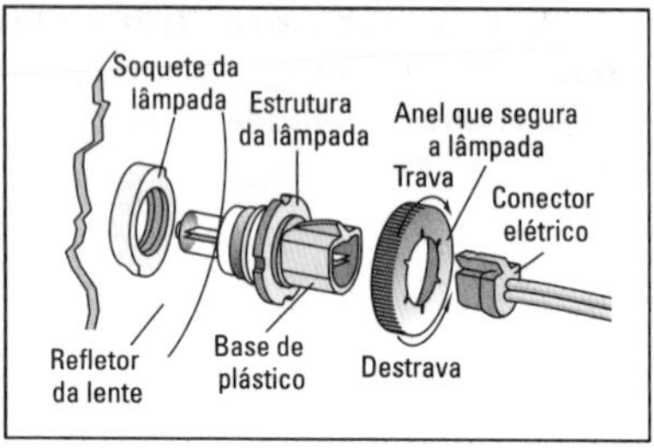

Figura 6-10: Trocando uma lâmpada de halogênio ou de Xenon.

1. **Certifique-se de que o carro esteja desligado antes de desmontar a unidade.**

2. **Abra o capô e encontre a fiação que leva até o conector elétrico ligado na estrutura da lâmpada.**

3. **Tire o conector.**

   O conector pode estar preso com um anel que se solta ao ser girado no sentido anti-horário, por uma trava que você deve pressionar enquanto puxa o plugue, ou por um clipe de metal que se solta (não o perca!).

4. **Puxe a estrutura da lâmpada, tire a lâmpada velha e coloque uma nova.**

Não toque no vidro da lâmpada nova! O óleo natural da pele ou dos dedos criarão um ponto quente que fará com que a lâmpada queime prematuramente. Em vez disso, manuseie a lâmpada pela sua base de plástico ou pela sua ponta metálica, se este for o caso. Além disso, essas lâmpadas estão cheias de gases pressurizados. Assim sendo, tome cuidado ao manuseá-las.

5. **Coloque tudo o que foi retirado no lugar certo e religue o conector.**

6. **Ligue os faróis. Se ele ainda não ligar e se não houver nada de errado com os fusíveis, peça a um profissional que diagnostique o problema.**

Se precisar ajustar o alinhamento de um farol halogênio, use os dois parafusos de ajuste, conforme ilustrado na Figura 6-11. O parafuso inferior ajustará o ângulo da luz mais para cima ou mais para baixo; o parafuso superior ajustará o feixe de luz para a esquerda ou para a direita.

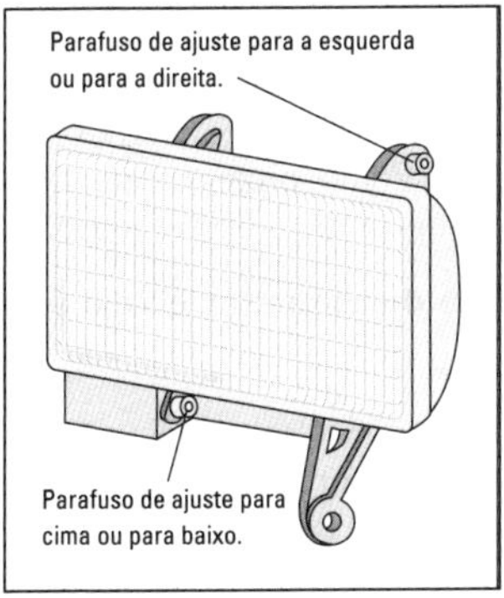

Figura 6-11: Parafusos de ajuste do farol.

A troca ou o ajuste de unidades seladas

Carros mais antigos têm unidades seladas, que são relativamente simples de lidar. Se um dos faróis parou de acender, primeiro consulte o manual do proprietário para ver se ele contém instruções de como trocar a lâmpada. Se não houver, os passos a seguir lhe ajudarão a resolver esse problema com o mínimo de aborrecimento:

CUIDADO

1. **Certifique-se de que o carro esteja desligado antes de abrir a unidade.**

2. **Tire quaisquer anéis ou estruturas exteriores que ficam em volta do farol.**

   Se precisar de alguma ferramenta exótica para fazer isso, é melhor largar tudo e levar o carro para uma oficina.

3. **Gire os parafusos *corretos* com cuidado para soltar o prato que mantém a unidade no lugar.**

O prato possui vários parafusos: faróis redondos têm três parafusos que soltam o prato, e os retangulares, quatro. Os outros parafusos alinham o farol ajustando o ângulo da lâmpada.

4. **Remova a lâmpada.**

   Se os parafusos que a mantêm no lugar estiverem presos, é possível espalhar um pouco de solvente penetrante (como o WD-40) neles. Segure a lâmpada à medida que solta os parafusos para que ela não caia e se quebre. Então, puxe o conector da fiação da parte de trás da lâmpada antiga e tire-a do caminho.

5. **Raspe qualquer corrosão do conector e veja se a fiação está gasta.**

   Se o conector estiver muito corroído ou se a fiação não apresentar uma cara boa, o problema pode ser com a fiação e não com a lâmpada. Teremos certeza em um minuto...

6. **Plugue a fiação na lâmpada nova e coloque-a no receptáculo.**

   Certifique-se de colocar a lâmpada nova nas suas travas com o número da unidade para cima. Quaisquer amassados na parte de trás da lâmpada devem corresponder às depressões no soquete.

7. **Segure a lâmpada no lugar enquanto coloca o prato de volta. Então, coloque quaisquer peças que estavam em volta do farol.**

8. **Ligue os faróis. Se a lâmpada ainda não ligar e se não houver nada de errado com os fusíveis, leve o carro a uma oficina para um diagnóstico e a correção do problema.**

O alinhamento dos faróis

Se fizer alguma coisa errada com os parafusos de alinhamento, ou se simplesmente achar que os faróis não estão bem alinhados, faça uma verificação simples. Ao dirigir à noite em uma estrada reta o suficiente, verifique se os faróis parecem iluminar bem à frente e se estão baixo o bastante para iluminar uma quantidade apropriada da estrada de uma maneira que lhe permita frear com segurança caso algo apareça na estrada. Lembre-se de fazer essa avaliação tanto para o farol baixo como para o alto.

Como trocar as luzes de seta

As luzes de seta costumam ser simples de se trocar. No caso de alguns carros, é necessário remover a estrutura em volta da seta para alcançar a lâmpada. Em outros casos, podemos chegar até a lâmpada pelo porta-malas. Se alguma das luzes de seta parar de piscar ou se não estiver piscando em sincronia, ou, ainda, se as luzes de seta no painel não estiverem piscando, as luzes em si talvez não sejam o problema.

Capítulo 7

O Sistema de Combustível Tradicional: O Coração e os Pulmões do Carro

Neste Capítulo

- Conheça as peças básicas do sistema de combustível
- Entenda a injeção eletrônica
- Explore o ciclo de quatro tempos do motor
- Aprecie o supercharger e o turbocompressor
- Investigue o sistema de escape

Este capítulo apresenta o ***sistema de combustível*** tradicional. O sistema de combustível ilustrado na Figura 7-1 armazena e entrega combustível às ***câmaras de combustão*** do motor para que ele seja queimado de maneira eficiente. Embora a maioria dos sistemas de combustível tenha alguns componentes básicos em comum, eles variam. A maioria dos carros modernos usa ***injetores de combustível*** para levar combustível ao motor, enquanto os carros construídos antes de meados da década de 1980 utilizavam, em geral, ***carburadores***. Já que muitas das peças básicas explicadas neste capítulo são comuns em ambos os sistemas ou realizam os mesmos serviços que as suas peças correspondentes em carros que usam o carburador, este capítulo é importante, independentemente do tipo de sistema do nosso carro.

Este capítulo mostra qual o caminho percorrido pelo combustível desde o ***tanque de combustível*** para o ***bloco do motor***, passando pelo ***sistema de escape*** até sair do carro. Quando sabemos o que cada componentes faz e onde ele está, é mais fácil ver como as peças trabalham juntas para gerar energia para o carro.

Componentes Básicos do Sistema de Combustível

Independentemente do carro ter 20 anos ou 20 dias, ou se tem ***injetores de combustível*** ou um ***carburador***, provavelmente terá as mesmas peças básicas de um sistema de combustível, com apenas uma exceção: o sistema de combustível — bem como outros sistemas — é controlado pela ***unidade de controle do motor (UCM)*** no caso dos carros modernos. A UCM controla a ***mistura de ar/combustível*** e outras operações do sistema de combustível baseadas em dados colhidos do *medidor do fluxo de ar,* de um *sensor de posição da borboleta* e de um *sensor de oxigênio*. Podemos vê-lo na Figura 7-1, localizado debaixo do capô.

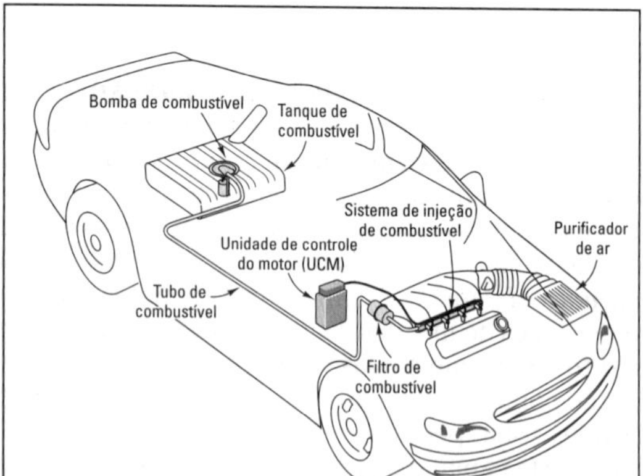

Figura 7-1: O sistema de combustível.

O tanque de combustível

O tanque de combustível é um recipiente de metal ou de plástico que, em geral, localiza-se debaixo do porta-malas (veja a Figura 7-1), embora alguns carros tenham outras localizações interessantes para ele. Se souber exatamente onde está o tanque de combustível e não conseguir encontrá-lo somente olhando debaixo do carro, consulte o ***manual do proprietário*** ou peça a um mecânico que lhe mostre onde ele está.

Há uma boia dentro do tanque, que sobe e desce de acordo com o nível de combustível. Ela estará em seu ponto mais alto quando o tanque estiver cheio. Sua posição em relação à parte de cima do tanque é interpretada por um ***sensor*** que envia um sinal eletrônico do tanque para o ***medidor de combustível*** no painel que, por sua vez, informa quando é preciso reabastecer. Embora alguns veículos utilizem ***diesel*** ou outros combustíveis alternativos, os mencionados neste capítulo usam gasolina. Assim sendo, este capítulo vai se referir a combustível como sendo gasolina.

Tubos e bomba de combustível

A ***bomba de combustível*** (veja a Figura 7-2) bombeia combustível pelos ***tubos de combustível*** que vêm do tanque para os injetores de combustível (ou para os carburadores, no caso de carros mais antigos), passando por debaixo do carro. Motores com ***injeção eletrônica*** usam uma bomba elétrica que pode estar dentro ou perto do tanque (na maior parte dos carros que usam o carburador, há uma bomba mecânica debaixo do capô).

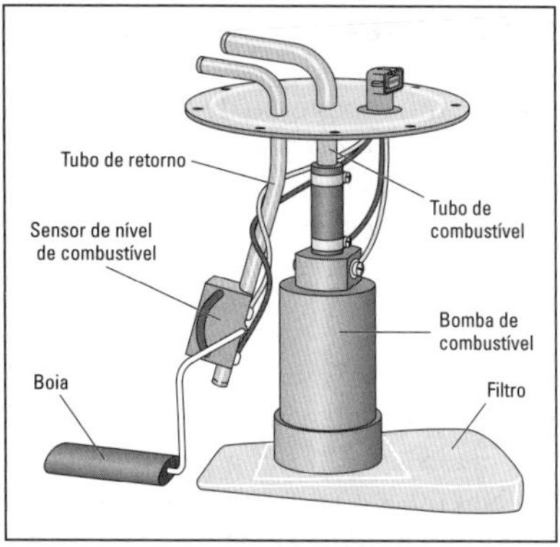

Figura 7-2: Uma bomba de combustível elétrica, localizada dentro do tanque.

DICA

Se a bomba de combustível *realmente* precisar de conserto, peça à oficina que a troque, pois retificá-la resultaria em mais gastos do que simplesmente instalar uma nova. A bomba deve ter a garantia de, pelo menos, um ano. O ideal é que ela dure mais do que isso.

Filtros de combustível

Os ***filtros de combustível*** fazem exatamente o que o nome diz — filtram as impurezas do combustível. O líquido passa pelo filtro principal ao viajar pelo tubo de combustível até chegar nos injetores de combustível (ou no carburador). Uma tela dentro do filtro segura a sujeira e a ferrugem que, de outra forma, poderia sujar os injetores.

Em geral, há um filtro dentro do tanque. Além disso, alguns carros possuem filtros adicionais dentro da bomba, entre o tanque e a bomba, e na entrada do corpo de ***borboleta***. A Figura 7-3 nos mostra dois tipos de filtros.

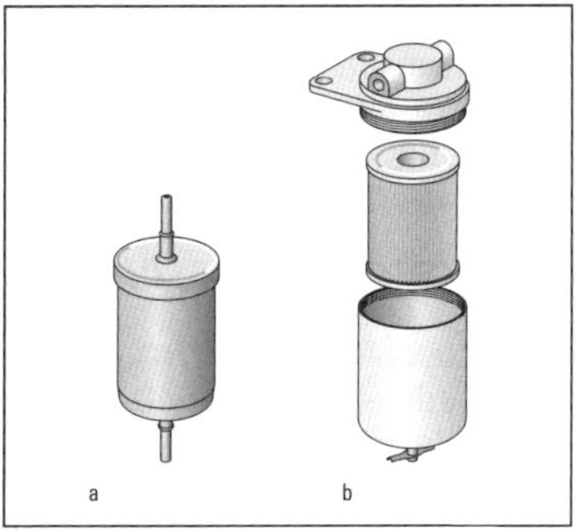

Figura 7-3: Um filtro de combustível externo (a) e um spin-on (b).

CUIDADO

Para evitar estragar o carro e a sua ***garantia***, é importante trocar o(s) filtro(s) de combustível de acordo com as orientações do fabricante.

Caixa coletora de ar e o filtro de ar

Tendo em vista que os motores a gasolina funcionam com uma mistura de ar e combustível, o ar deve estar limpo antes de entrar em contato com a gasolina. O ***filtro de ar*** remove as partículas de sujeira e de poeira antes que elas entrem na câmara de combustão. Nos "dias de outrora", muitos filtros de ar eram instalados dentro de grandes ***purificadores de ar*** arredondados que ficavam em cima do ***carburador***. Os motores com injeção eletrônica de hoje em dia têm um filtro de ar retangular dentro de uma ***caixa coletora de ar*** localizada na parte da frente do compartimento do motor; veja a Figura 7-4.

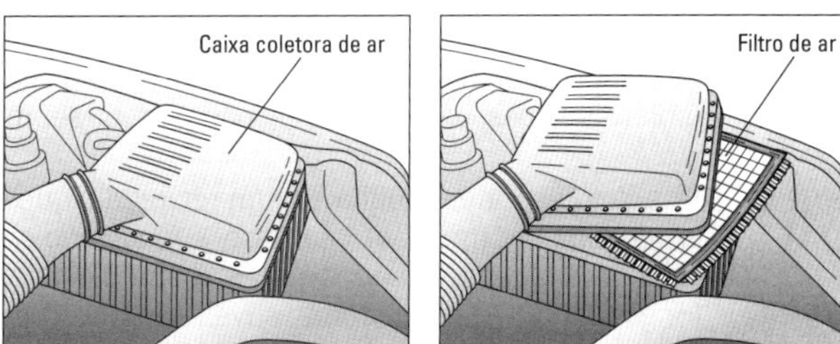

Figura 7-4: O filtro de ar está dentro do coletor de ar.

Para encontrar essa caixa coletora de ar retangular dentro do carro, basta abrir o capô e procurar um grande ***duto de entrada de ar*** na direção oposta do motor. No caso de carros mais antigos com um grande purificador de ar arredondado, não será difícil de encontrar.

Os coletores de admissão e de escape

Depois de ser filtrado na caixa coletora de ar, o ar destinado ao motor passa pelo coletor de admissão. Em geral, essa câmara é encontrada perto da parte de cima do motor, e mantém o ar sob vácuo, transferindo-o para a câmara de combustão com a quantidade apropriada de combustível. Após a mistura de ar/combustível ser queimada no motor, um outro conjunto de tubos coletores, chamados de ***coletores de escape***, levam o monóxido de carbono e outros gases residuais do motor pelo ***sistema de escape*** para ser eliminado. Geralmente encontramos o coletor de escape na parte de baixo, do mesmo lado em que o coletor de admissão ou do outro lado do ***cabeçote***.

A mistura de ar/combustível

Caso esteja se perguntando o motivo de o ar ser um componente tão importante no sistema de combustível, saiba que isso ocorre porque a gasolina líquida não entra em combustão sozinha. A pressão causada pela rápida expansão de gases em combustão é que faz o motor funcionar. Assim, a única maneira de fazer a gasolina queimar é misturá-la com ar — e é por isso que precisamos da ***mistura de ar/combustível***.

É em função da natureza explosiva do combustível com o ar que há tantos acidentes com galões de gasolina quase vazios. As pessoas acham que um galão quase vazio de gasolina é inofensivo, mas, na verdade, ele não poderia ser mais perigoso!

Nunca transporte gasolina em um recipiente que não seja especialmente projetado para isso, e *mantenha esse recipiente cheio*. Além disso, a menos que esteja indo a algum lugar longe de uma fonte de combustível, não transporte (ou armazene) gasolina, e descarte quaisquer galões que possuir.

O Trajeto do Combustível Pelos Injetores de Combustível

Quase todos os carros novos têm injeção eletrônica (os últimos carros fabricados com carburador foram feitos em 1990). Embora eles sejam mais caros de manter do que os carros com carburador, possuem ***sensores eletrônicos*** que demonstram serem sensíveis, precisos e confiáveis o suficiente para valer a pena, compensando com uma performance melhor, uma economia de combustível maior, com emissões de escape mais limpas e com maior poder de controle. Uma parte dos relatórios diz que alguns dos modelos mais novos resultam em 95 a 100% de queima limpa! As inovações nos projetos estão produzindo constantemente sistemas mais duráveis e mais baratos.

Basicamente, os sistemas de injeção eletrônica injetam combustível na hora e no lugar certo para misturá-lo com o ar e formar a mistura de ar/combustível que faz o motor funcionar. Esta seção segue o trajeto do combustível e do ar pelo sistema de injeção eletrônica até os ***cilindros***.

Os motores de hoje em dia usam ***injetores de combustível*** *eletrônicos*, controlados pelos transistores da UCM, conhecidos como ***unidades injetoras***. A ***UCM*** depende dos dados recolhidos por vários ***sensores*** para saber o seguinte:

- Quanto ar está passando pelo sistema de admissão
- A pressão do ar no ***coletor de admissão***
- A temperatura do ***líquido de arrefecimento*** do motor
- A velocidade do motor
- O ângulo da ***borboleta***
- A quantidade de oxigênio nos gases de escape

A unidade injetora da UCM usa essas informações para saber quanto combustível ela deve espirrar em cada cilindro para misturar com o ar com o intuito de obter a potência exata para mover o pistão.

Um ***transistor*** liga o injetor ao completar um ***circuito*** para permitir que uma corrente elétrica passe por um ***solenoide*** no injetor. Uma válvula ativada por uma mola no injetor se abre, e o combustível é injetado nos cilindros do motor. A quantidade de tempo que a UCM mantém a corrente sobre o injetor é conhecida como ***largura de pulso do injetor***. A UCM controla a mistura de ar/combustível ao controlar essa largura de pulso, alterando-a para tornar uma mistura mais rica ou mais pobre baseada nas informações obtidas dos vários sensores.

Podemos encontrar os injetores de combustível (veja a Figura 7-5) em dois lugares: nos sistemas de *injeção multiponto* modernos, os injetores estão na ***porta de admissão*** bem na frente da ***válvula de admissão***. Os sistemas de *injeção eletrônica do corpo de borboleta* anteriores localizam-se dentro da estrutura do corpo de borboleta, que é como se fosse um carburador controlado eletronicamente. As seções a seguir explicam cada um desses sistemas de injeção em detalhes.

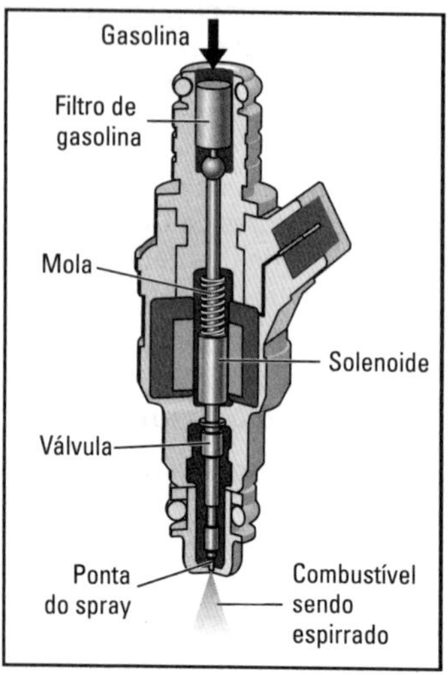

Figura 7-5: A anatomia de um injetor de combustível.

A injeção eletrônica multiponto

A maioria dos carros modernos tem *injeção eletrônica multiponto* (IEM) que usa um injetor de combustível para cada cilindro. Esse sistema mistura o combustível e o ar bem na porta de admissão para cada cilindro do motor exatamente na frente da válvula de admissão.

O sistema funciona assim:

1. **Uma *bomba de combustível* elétrica bombeia combustível do *tanque de combustível* pelo *filtro de combustível* até a *estrutura do trilho (ou flauta) de combustível*, que leva o combustível pressurizado até os *injetores de combustível* (veja a Figura 7-6).**

   A estrutura do trilho de combustível pode ter também o ***regulador de pressão de combustível***, que o mantém na pressão correta e devolve o combustível não utilizado de volta para o tanque. Os injetores — um para cada cilindro — estão presos, de um lado, no trilho de combustível e, do outro lado, na porta de admissão do motor.

2. **Vários *sensores* sofisticados medem diversos fatores e enviam as mensagens para a *UCM*, que decide quando e quanto combustível injetar.**

   Os sensores são tão sensíveis que conseguem discernir o clima, quanto peso estamos carregando no carro, e se estamos começando a andar, acelerando, diminuindo, ou se estamos parados em um farol. Essa informação faz o sistema responder mais rápido, economizando uma quantidade maior de combustível do que os carros mais antigos, que usavam a injeção eletrônica do corpo de borboleta (descrita na seção anterior).

3. **A UCM completa o circuito elétrico do *solenoide* do injetor para obter a *largura do pulso do injetor* apropriada, e o combustível pressurizado é injetado na *porta de admissão* logo antes da *válvula de admissão*.**

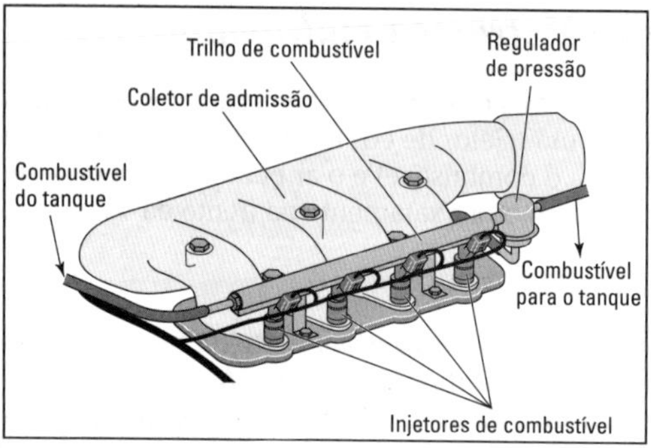

Figura 7-6: O combustível passa pelo trilho de combustível e depois para os injetores.

A injeção eletrônica sequencial

Os motores com injeção eletrônica mais recentes usam a *injeção eletrônica sequencial (IES)*, em que os injetores de combustível são ativados em *sequência* em vez de todos de uma só vez. Visto que cada injetor se abre individualmente logo antes de a válvula de admissão se abrir, o combustível é espirrado em uma porta aberta e, consequentemente, fica em suspensão.

Esse tipo de sistema é mais eficiente do que um sistema cujos injetores são ativados simultaneamente. Além disso, os níveis de emissão são menores em um sistema de IES, mas ele exige um circuito elétrico à parte para cada injetor.

Injeção direta de gasolina

O sistema de *injeção direta de gasolina (IDG)* é relativamente novo nos E.U.A., mas espera-se que se torne mais popular com o passar do tempo. Esse sistema é similar à tecnologia a diesel, mas usa gasolina no lugar de diesel. Em vez de ser misturado com ar para formar a ***mistura ar/combustível*** antes da injeção, a gasolina é injetada diretamente em cada cilindro do motor. A ***UCM*** usa a informação de vários ***sensores*** para determinar o tempo da injeção do combustível no cilindro e regular a mistura de ar/combustível resultante para obter a máxima eficiência sob várias condições.

A injeção eletrônica com corpo de borboleta

A injeção eletrônica com corpo de borboleta (IECB) foi o primeiro sistema de injeção eletrônica a se tornar popular à medida que os ***carburadores*** começaram a ser deixados de lado. Esse sistema é menos complicado do que de injeção eletrônica multiponto que encontramos em carros mais modernos (veja as seções anteriores), mas ele também é menos eficiente. Em vez de usar injetores de combustível *individuais* para bombear combustível em cada cilindro, o sistema IECB mistura o combustível e o ar na estrutura da ***borboleta*** do carro. No caminho, os ***sensores*** monitoram o fluxo de ar, a posição da borboleta, a temperatura e outros fatores, levando essas informações à ***UCM (unidade de controle do motor)***. É possível ver as peças desse sistema na Figura 7-7. Alguns desses sistemas usam ***solenoides*** para espirrar o combustível na corrente de ar da borboleta através de um bocal do injetor de combustível.

Os carros com injeção eletrônica do corpo de borboleta funcionam assim:

1. Uma ***bomba de combustível*** elétrica bombeia o combustível para a estrutura do corpo de borboleta. Essa estrutura, similar a um carburador, contém o(s) injetor(es) de combustível e um ***regulador de pressão de combustível***.

2. O regulador de pressão de combustível mantém a pressão de combustível adequada e manda o combustível não utilizado de volta para o ***tanque***.

3. Um computador controla um ou dois injetores posicionados em cima da estrutura do corpo de borboleta. O computador aplica uma corrente elétrica no ***solenoide*** do injetor pelo tempo apropriado (chamado de ***largura de pulso do injetor***), e o combustível pressurizado é injetado e misturado com ar à medida que passa pela borboleta, prosseguindo a sua jornada até o motor.

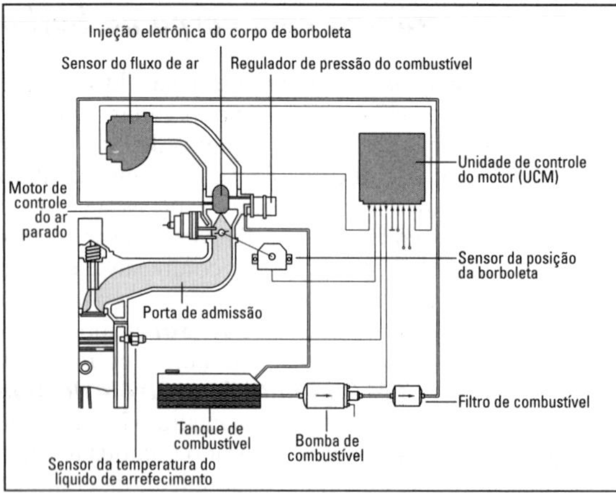

Figura 7-7: O sistema de injeção eletrônica do corpo de borboleta.

O Bloco do Motor: Onde Os Sistemas de Combustível e de Ignição Se Encontram

Esta seção descreve as principais peças do motor e explica como elas criam a energia que faz o carro andar.

As principais peças do motor

Há várias peças interessantes dentro do motor, que podemos ver na Figura 7-8.

Na parte de cima, há o ***cabeçote***, com os mecanismos que permitem que as ***válvulas*** se abram e se fechem, possibilitando que a ***mistura de ar/combustível*** entre nos ***cilindros*** e que os ***gases de escape*** queimados saiam. Abaixo do cabeçote, está o próprio ***bloco do motor***. Essa peça contém os ***cilindros***, que, por sua vez, contêm os ***pistões***.

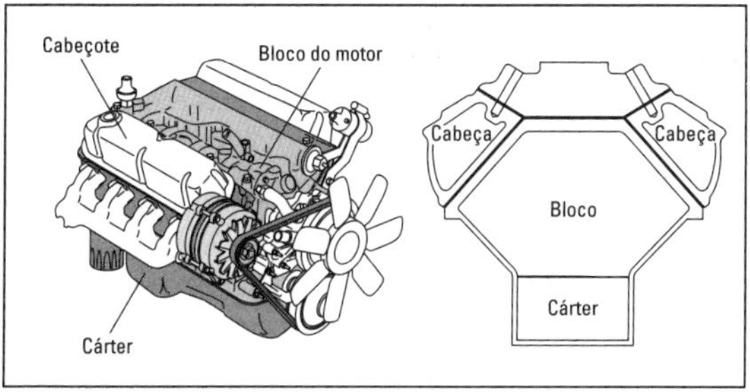

Figura 7-8: As peças principais de um motor de combustão interna.

Então, o que é um cilindro? É um tubo de metal oco, tampado em uma ponta e com uma ***vela*** inserida nele, passando por essa tampa, permitindo que os ***eletrodos*** realizem o seu trabalho (veja a Figura 7-9).

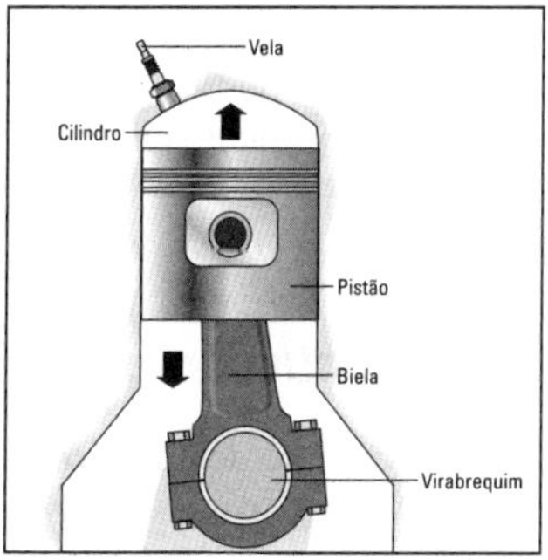

Figura 7-9: A anatomia de um cilindro.

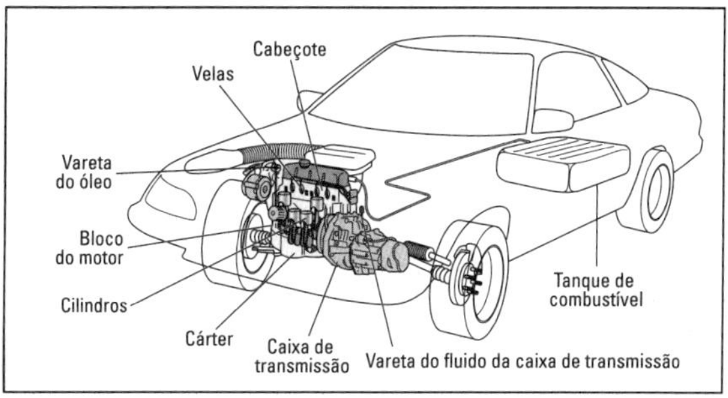

Figura 7-10: As principais peças de um motor de combustão interna transversal.

Os motores com uma única fileira de cilindros são chamados de ***motores em linha***. ***Motores em V*** possuem duas fileiras paralelas de cilindros, posicionados em um certo ângulo um do outro. Em *motores rotativos* (encontrados em alguns Mazdas), há uma única grande câmara interna na qual um rotor de três pontas, ou triangular, gira. O rotor dá um giro irregular ou desigual, formando continuamente câmaras menores onde ocorrem o mesmo ***ciclo de quatro tempos*** que em um motor de combustão interna convencional (a próxima seção descreve esse ciclo).

Dentro de cada cilindro, há um ***pistão*** de metal posicionado contra as paredes do cilindro de modo que nada passe por ele. Na parte de fora do pistão, há os ***anéis de pistão*** que asseguram que ele esteja bem encaixado. O cilindro possui outras aberturas além das usadas pelas ***velas*** e pelo pistão. Elas são para as ***válvulas de admissão*** e para as ***válvulas de escape***.

Na parte de baixo do motor, há o ***cárter***, onde está o ***virabrequim*** e o ***cárter de óleo***. O líquido de arrefecimento circula pelo motor para mantê-lo resfriado, e o óleo circula para manter as suas peças funcionando suavemente.

O motor com o ciclo de quatro tempos

O pistão sobe e desce no cilindro por meio de uma ***biela*** ligada ao ***virabrequim***, fazendo-o girar. Cada movimento do pistão é chamado de ***tempo***. Os quatro tempos — desce, sobe, desce, sobe — completam o ciclo que gera a energia responsável pelo funcionamento do motor. Esse processo é apropriadamente chamado de ***ciclo de quatro tempos***, ciclo que varia um pouco dependendo se o motor do carro é um ***motor de combustão interna*** convencional ou um ***motor a diesel***.

Isso é o que acontece a cada tempo do pistão em um motor de combustão interna convencional:

1. **Admissão:** Veja a Figura 7-11. Quando o pistão se move para *baixo*, ele cria um vácuo na parte de cima do cilindro (onde o pistão estava no fim do tempo anterior). O ar não consegue

entrar pela parte de baixo do cilindro porque os anéis do pistão a selam. Então, as ***válvulas de admissão***, convenientemente localizadas no cabeçote, abrem-se e deixam a ***mistura de ar/ combustível*** entrar no cilindro. Essa mistura preenche o vácuo deixado pelo pistão.

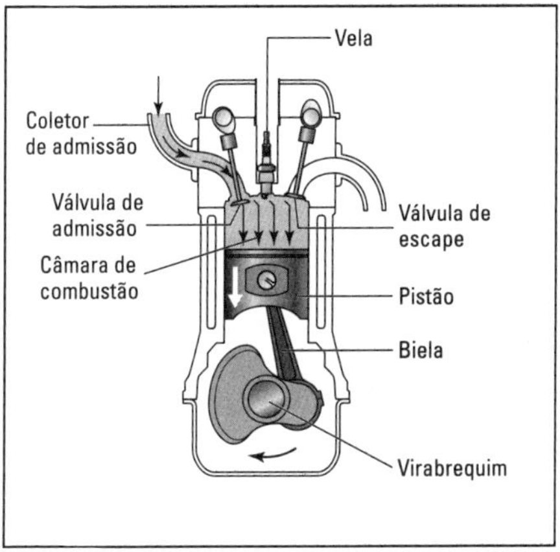

Figura 7-11: O tempo de admissão.

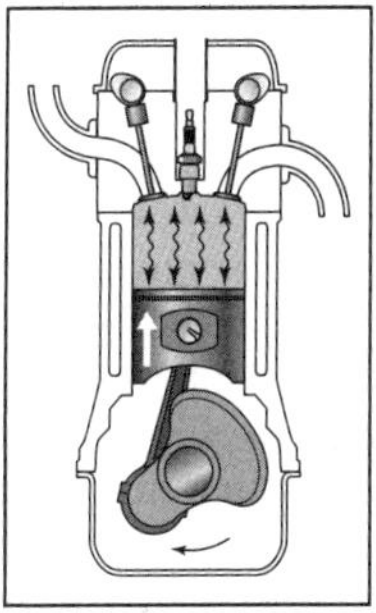

Figura 7-12: O tempo de compressão.

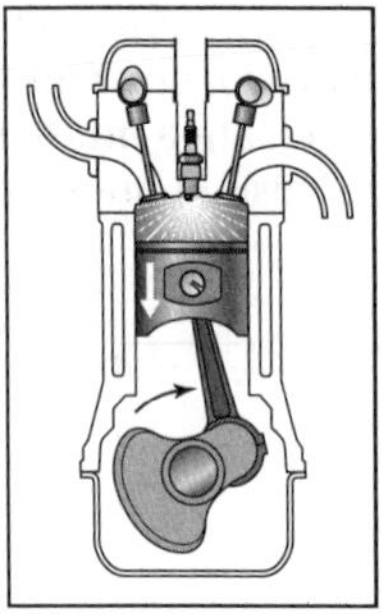

Figura 7-13: O tempo de expansão.

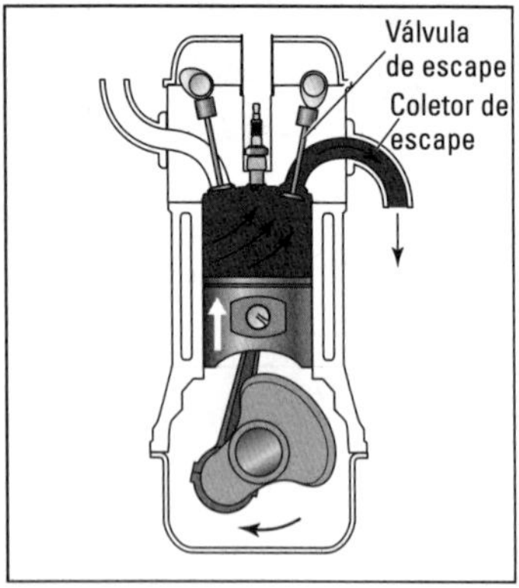

Figura 7-14: O tempo de escape.

2. **Compressão:** Veja a Figura 7-12. O pistão se move para *cima*, comprimindo a mistura de ar/combustível em um espaço bem apertado entre a parte de cima do pistão e a tampa do cilindro. Esse espaço, chamado de ***câmara de combustão***, é o lugar em que a ponta da vela entra no cilindro. A diferença entre o espaço total dentro do cilindro e o espaço total dentro da câmara de combustão é chamada de ***taxa de compressão***. Ela indica que a pressão aumentou de uma pressão normal do ar de 15psi (libras por polegada quadrada) para centenas de psi, o que faz com que a explosão resultante seja muito mais intensa.

Neste ponto, as válvulas de admissão são fechadas, para que a mistura comprimida não saia. As válvulas de admissão e de escape criam uma vedação hermética para assegurar que nada passe por elas enquanto estiverem fechadas.

3. **Expansão:** Veja a Figura 7-13. A vela produz uma faísca pela ***folga*** entre os ***eletrodos***. Essa faísca faz a mistura de ar/combustível entrar em combustão. Então, a mistura explode, criando uma pressão imensa que empurra o pistão para *baixo* novamente. A energia que empurra o pistão para baixo é transmitida por meio da ***biela*** para a ***virabrequim***. Então, viaja pelo ***sistema de transmissão***, passando para a ***embreagem*** ou para o ***conversor de torque***, em seguida para a ***transmissão***, para o ***eixo cardan***, para o ***diferencial*** e, por fim, para as rodas.

4. **Escape:** Veja a Figura 7-14. O pistão se move para *cima* novamente, empurrando os gases queimados. A ***válvula de escape*** se abre e deixa esses gases passarem para o ***coletor de escape***. Dali, os gases passam pelo ***sistema de escape*** (que contém os aparelhos antipoluição), pelo ***silencioso*** e pelo ***escapamento*** e, por fim, para o ambiente.

Os cilindros não são ativados todos de uma vez. Para favorecer o equilíbrio do motor com tudo o que está acontecendo ali, eles são ativados em uma ordem em particular, chamada de ***ordem de queima***. Assim, quando um cilindro está no tempo de admissão, outro está no tempo de compressão e assim por diante.

Ao entender o ciclo de quatro tempos, torna-se mais fácil entender por que as inspeções de diagnóstico e o serviço exigido pela garantia são tão importantes. As velas são verificadas e substituídas porque, se não estiverem gerando uma boa faísca ou se o controle de tempo delas não for bom, o resultado pode ser menos energia e um combustível que não foi queimado direito. Poluição maior do ar e consumo maior de combustível são os preços que pagamos por adiar as trocas de velas, em especial porque essas trocas não são tão frequentes quanto antes!

Os Superchargers e os Turbocompressores

Um *supercharger* é uma bomba que comprime a admissão de ar e o força nos cilindros de um carro movido a gasolina. Visto que os superchargers são acionados por uma correia do motor (em vez de por gases de escape reciclados, como é o caso dos turbocompressores), eles consomem energia do motor para aumentar a energia do motor. Já que eles não têm como alvo obter a melhor eficiência do combustível, são, em geral, usados apenas para aumentar a velocidade de carros de "alta performance", mas de baixa eficiência. Os ***superchargers*** não devem ser confundidos com os ***turbocompressores***.

Usar um ***turbocompressor*** envolve usar uma turbina — ativada pelos gases residuais do motor — para forçar grandes quantidades de ar nos cilindros do motor. Esse processo produz mais energia tanto em carros movidos a diesel como nos convencionais, já que eles funcionam com um volume maior de ar e de combustível. Quanto maior a quantidade de ar que o motor pode admitir, maior é a explosão durante o tempo da expansão do ***ciclo de quatro tempos***. De início, os carros usavam o turbocompressor para obter uma performance melhor nas pistas de corrida, mas, quando os fabricantes de carros passaram a utilizar motores menores em carros maiores a fim de diminuir o peso e conservar combustível, o turbocompressor forneceu um meio de aumentar a potência do motor para que esses carros não fossem lentos na pista.

O turbocompressor funciona assim:

1. Os ***gases de escape*** quentes deixam o ***coletor de escape***, mas, em vez de ir direto para o ***sistema de escape*** e, consequentemente, para fora do carro por meio do ***escapamento***, eles passam primeiro por uma *turbina*, que, na verdade, é uma ventoinha movimentada pelos gases em expansão.

2. Um eixo conecta a ventoinha a um compressor, que sopra o ar fresco e filtrado nos cilindros. (Em um carro que usa um carburador, o compressor pega a mistura de ar/combustível e a sopra nos cilindros.)

3. Os vapores usados e em excesso passam da turbina para o sistema de escape e seguem o seu caminho até o escapamento e, por fim, para o ar.

Quanto maior a carga no motor, mais quentes e mais rápidos estarão os vapores de escape que giram a turbina. Quanto mais rápido a turbina é girada, mais ar o compressor envia para o motor e mais potência é produzida por ele. Essa maneira única de converter a energia do gás de escape em energia mecânica apresenta um efeito parecido com o de um carrossel.

O Sistema de Escape

O ***sistema de escape***, ilustrado na Figura 7-15, é o sistema que joga os resíduos do carro fora. Sempre que o sistema de combustível junta o combustível e o ar nos ***cilindros*** para fazer o carro andar, há a formação de produtos residuais, sendo que alguns deles são tóxicos.

À medida que os ***gases de escape*** passam dos ***cilindros*** do motor pelo ***silencioso*** e, em seguida, para o ***escapamento*** na parte de trás do carro e, então, para o ar, os aparelhos de ***controle de emissões*** — incluindo a ***válvula PCV***, vários ***sensores***, um ***conversor catalítico*** e outros componentes — trabalham para reduzir ou remover as substâncias nocivas e reciclar vapores de combustível não queimados.

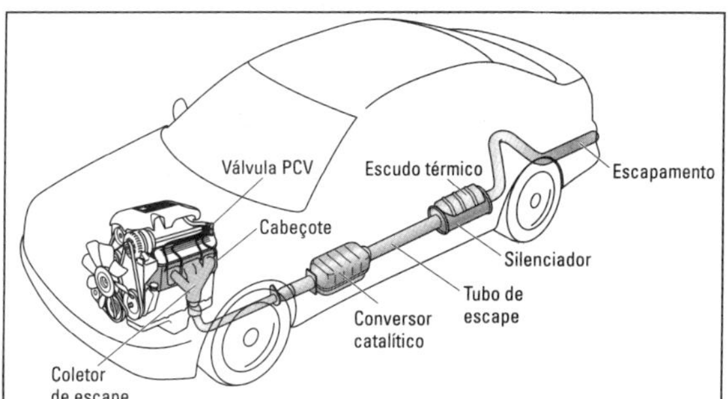

Figura 7-15: O sistema de escape.

O silencioso

Os tubos de escape levam o que sobra dos gases de escape por meio de um ***silencioso***, que controla o ruído desses gases no seu trajeto até o ***escapamento*** e, por fim, para fora do carro (veja a Figura 7-16). Se ele falhar, receberemos uma multa, provavelmente por estar perturbando a paz! Além de abafar os ruídos, o silencioso também exerce um efeito na pressão necessária para fazer com que os ***gases de escape*** passem por ele, criando a "pressão traseira" de que o motor precisa para funcionar direito, o que afeta a temperatura e, consequentemente, a eficiência do ***conversor catalítico.***

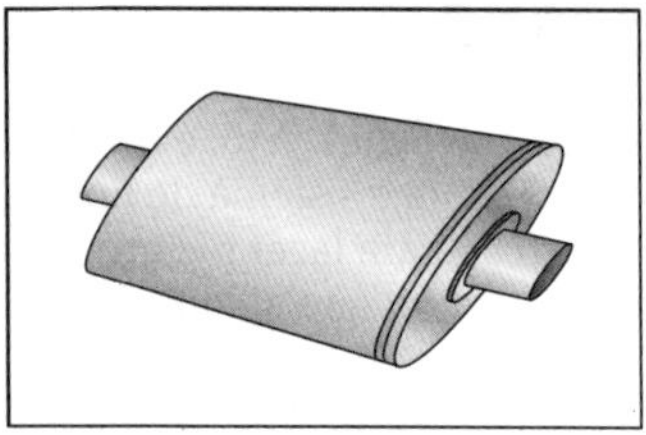

Figura 7-16: O silencioso.

A válvula PCV

A ***válvula PCV*** (ilustrada na Figura 7-17) é parte do *sistema de ventilação positiva do cárter*, que encaminha os gases que não foram queimados, ou ***blow-by***, do ***cárter*** para o ***coletor de admissão*** e de volta para o motor, onde podem ser queimados novamente nos ***cilindros***. Esse processo diminui a poluição liberada no ambiente. Ele também aumenta a economia de combustível, já que o combustível que não foi queimado no blow-by é consumido nesse segundo ciclo. A válvula PCV também aumenta a vida útil do motor por reduzir o vapor de água e os depósitos ácidos que contaminam o óleo e formam uma borra no motor. A Figura 7-18 nos mostra como a válvula PCV funciona.

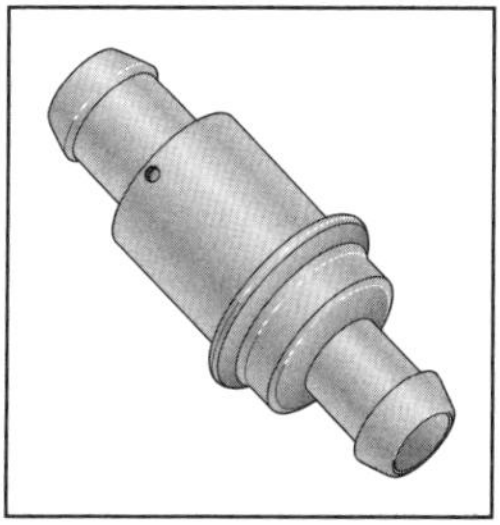

Figura 7-17: Uma válvula PCV.

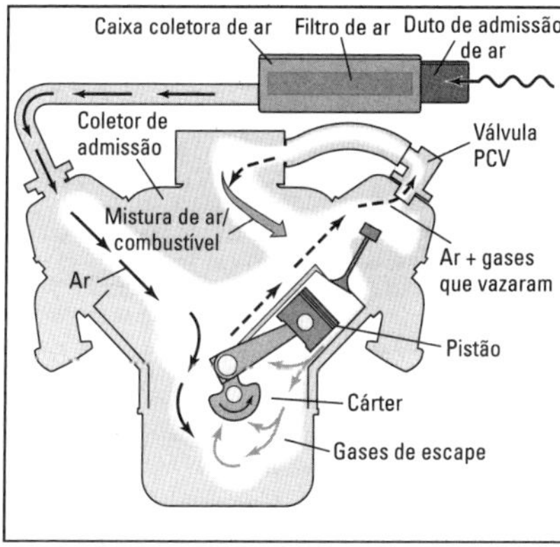

Figura 7-18: Como uma válvula PCV funciona.

O conversor catalítico

O conversor catalítico (ilustrado na Figura 7-19) geralmente é fixado no tubo de escape logo depois dos tubos do ***coletor de escape***. Ele foi desenvolvido para lidar com a poluição por reduzir ainda mais as substâncias tóxicas nos ***gases de escape*** antes de eles poderem poluir o ar. O conversor catalítico é, basicamente, um cilindro cheio de esferas de cerâmica ou uma estrutura parecida com uma colmeia revestida com pequenas quantidades de catalisadores de metal caros que interagem com os poluentes:

- Os **catalisadores de redução** (o ródio e o paládio) transformam as ***emissões de NOx*** (óxidos de nitrogênio) em oxigênio e nitrogênio, que já existem no ar que respiramos.
- Os **catalisadores de oxidação** (o paládio e a platina) transformam o monóxido de carbono e os hidrocarbonetos nos inofensivos dióxido de carbono e água.

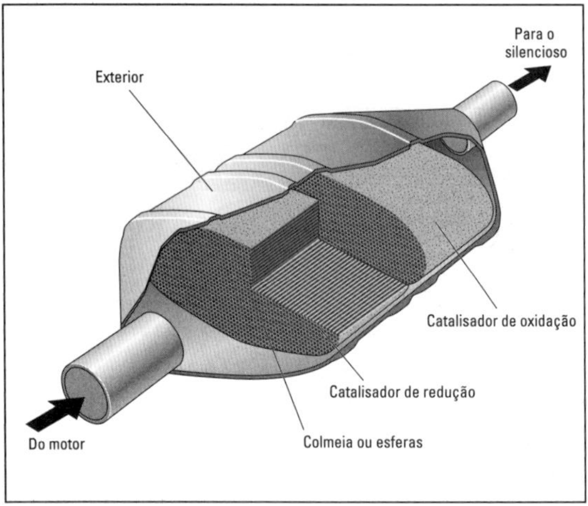

Figura 7-19: O interior e o exterior de um conversor catalítico.

Outros aparelhos de controle de emissões

Outros aparelhos de controle de emissões incluem um *sistema de recirculação de gás de escape (EGR)*. Uma válvula EGR no ***coletor de admissão*** permite que uma pequena porcentagem dos ***gases de escape*** volte para o coletor de admissão, que diminui a temperatura da combustão nas ***câmaras de combustão*** resultando na diminuição das ***emissões Nox***. Além disso, os ***sensores*** de oxigênio informam à ***UCM*** se há excesso de oxigênio nos gases de escape, permitindo que a UCM corrija o controle da ***mistura de ar/combustível***. Sistemas de injeção de ar e muitos outros aparelhos também ajudam a limpar o escape antes que este entre em contato com o ar.

Capítulo 8

Mantendo o Sistema de Combustível em Ordem

Neste Capítulo

- Como avaliar e trocar os filtros de combustível e de ar
- Como avaliar a bomba de combustível e consertar a válvula PCV
- Como resolver os problemas do conversor catalítico
- Como medir a pressão dos cilindros do motor

Os problemas com o ***sistema de combustível*** podem acontecer por vários motivos. Algumas soluções, como trocar o ***filtro de combustível***, são relativamente baratas. Outras, como trocar a ***bomba de combustível***, são caras. Podemos evitar os gastos de consertos desnecessários seguindo as instruções deste capítulo e avaliando as coisas antes de procurar ajuda profissional. No mínimo, deveríamos *tentar* fazer os ajustes e serviços de manutenção mais simples (como trocar o ***filtro de ar***) sozinhos. Isso gastará muito pouco do nosso tempo e dinheiro e pode evitar contas de consertos maiores.

Se o carro tiver ***injeção eletrônica***, ***filtros de ar*** e de ***combustível***, e ***válvulas PCV***, eles devem ser avaliados e trocados, se necessário, em intervalos de tempos especificados no manual do proprietário. De outra forma, é arriscado perder a ***garantia***. Por outro lado, se fizer isso, o sistema de combustível funcionará por anos. Entretanto, se ele quebrar, não perca tempo; leve o carro a uma oficina para que ele receba os cuidados de um profissional. Se o veículo possuir um ***carburador***, ele precisará de ajustes periódicos para continuar dando o seu melhor. Independentemente do tipo de sistema de combustível, o carro vai precisar de uma manutenção básica (como a troca dos filtros de ar e de combustível e das ***válvulas PCV***) mencionada neste capítulo.

O Filtro de Ar

No caso dos carros mais modernos, o ***filtro de ar*** fica debaixo do capô, dentro de uma ***caixa coletora de ar*** retangular localizada quase na parte da frente do compartimento do motor. A Figura 8-1 mostra como ela é (outros carros, incluindo os que têm carburador, usam um grande ***purificador de ar*** arredondado de metal, que não é difícil de achar).

Como você pode ver na Figura 8-1, o purificador de ar possui um grande ***duto de entrada de ar*** (também conhecido como *mangueira de entrada de ar*) conectado a ele. Solte a presilha da mangueira que fecha a caixa, os parafusos, as presilhas ou as porcas borboleta que mantêm a caixa no lugar. Depois, coloque essas peças em algum lugar seguro para que não saiam rolando por aí. Então, abra a tampa da caixa e — *voilà!* — lá está o filtro de ar (veja a Figura 8-1). Tire o filtro antigo (ele não está preso na caixa) e avalie seu estado.

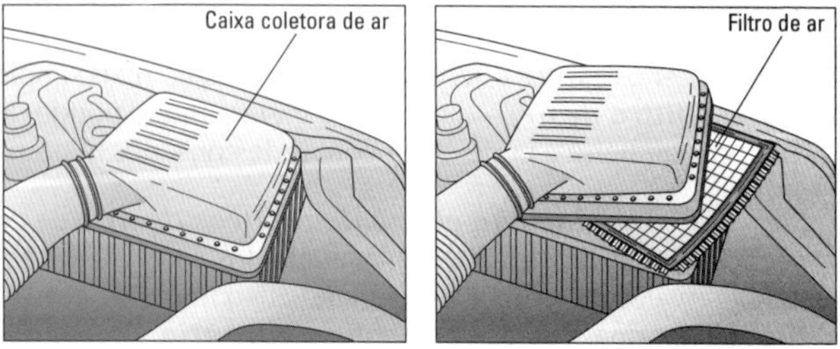

Figura 8-1: O filtro de ar está dentro do coletor de ar.

Como avaliar e limpar o filtro de ar e a caixa coleta de ar

Para saber se o filtro de ar precisa ser trocado, segure-o contra o sol ou contra uma luz forte. Se conseguir ver a luz passando pelo filtro, tudo bem. Se não, tente bater *suavemente* a sua base em uma superfície dura para tirar um pouco da sujeira. Se após algumas batidinhas, ainda não conseguir ver através dele e se parecer que uma limpeza pode ajudar, tente limpá-lo seguindo as instruções abaixo. Se isso não funcionar, será preciso um filtro novo.

CUIDADO

Para limpar um filtro de ar plissado, use uma mangueira de ar para soprar a poeira dele (não *através dele*) ou um aspirador para sugá-la. Ambos os métodos exigem cuidado com o filtro, procurando não esmagar as pregas. O bocal do aparelho deve ser mantido a vários centímetros de distância do filtro — não esfregue o bocal nele. E, se estiver usando ar comprimido, isso deve ser feito longe do carro para evitar soprar sujeira no motor.

Se a parte de dentro da caixa estiver suja com pó ou areia, tampe a boca da mangueira com fita adesiva antes de limpar a caixa para que a sujeira não entre nela. Então, use a mangueira de ar comprimido para soprar a sujeira da caixa ou o aspirador.

A compra e a troca do filtro de ar

Tenha em mente os seguintes pontos ao comprar um filtro de ar:

- **Procure por filtros de marcas boas e conhecidas.**
- **Se precisar de ajuda para determinar de que filtro de ar precisa, vá até a loja de peças local ou ao departamento de peças da sua concessionária.**
- Para evitar uma segunda ida à loja de peças, aproveite o tempo para abrir a caixa coletora de ar e para comparar o filtro novo com o filtro antigo enquanto ainda estiver no estacionamento da loja.

Quando o filtro limpo — o novo — estiver instalado, coloque a tampa de volta na caixa e ponha de volta todas as coisas que a mantinham no lugar. Então, tire a fita adesiva que estava na boca da mangueira de entrada de ar e use a presilha da mangueira para ligá-la novamente à caixa. Pronto!

A Troca de Um Filtro de Combustível

A menos que o carro comece a engasgar ou não ande com suavidade, os ***filtros de combustível*** nos carros de injeção eletrônica modernos só precisam ser verificados — e substituídos, se necessário — durante as inspeções de ajuste programadas no manual do proprietário. A probabilidade de um filtro de combustível vir a quebrar é muito maior se tivermos o costume de andar por aí com o ***tanque de combustível*** quase vazio.

Se o carro deixar de andar suavemente assim que abastecemos, pode ser sujeira no combustível entupindo o filtro. Nesse caso, devemos trocá-lo imediatamente.

Devemos trocar o filtro de combustível sozinhos?

Trocar o filtro de combustível em um carro com injeção eletrônica pode ser difícil. Nesse caso, desative a ***bomba de combustível*** para aliviar a pressão na ***tubulação de combustível***, que pode estar preso ao filtro com presilhas, ou com luvas de rosca ou conexões especiais. Tubos com luvas de rosca exigem uma chave de boca especial. Tubos com luvas de conexões especiais talvez exijam ferramentas especiais para desconectá-los. Se quiser, pergunte ao atendente na loja de peças ou ao departamento de serviço da concessionária qual o tipo de filtro do seu carro. Se esse trabalho que não é feito com tanta frequência exigir a compra de ferramentas especiais, provavelmente será mais barato pagar a um mecânico para realizar o trabalho. Se não, a primeira coisa a se fazer é encontrar o filtro.

A localização do filtro

O manual do proprietário deve informar onde está o filtro e se há mais de um no carro. Se não houver informação alguma nesse sentido, pergunte a alguém no departamento de serviço da concessionária ou consulte um ***manual de serviço*** para saber o tipo, o modelo e o ano do carro.

No caso de motores com ***injeção eletrônica***, o filtro de combustível estará em algum lugar na ***tubulação de combustível*** de alta pressão, tanto debaixo do carro, perto do ***tanque de combustível*** (veja a Figura 8-2) ou debaixo do capô, no tubo de combustível perto do motor (veja a Figura 8-3).

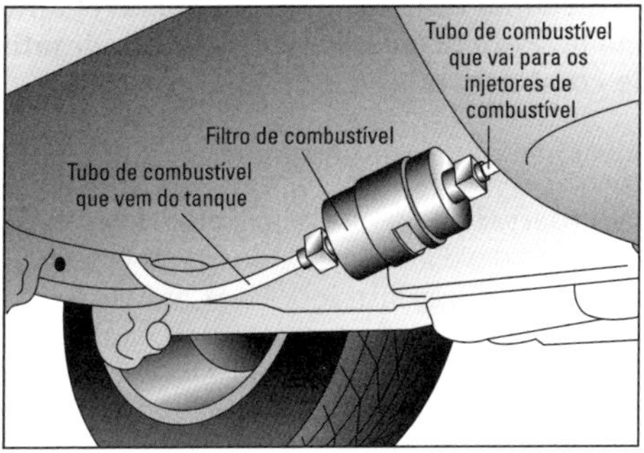

Figura 8-2: Um filtro de combustível localizado debaixo do carro, perto do tanque.

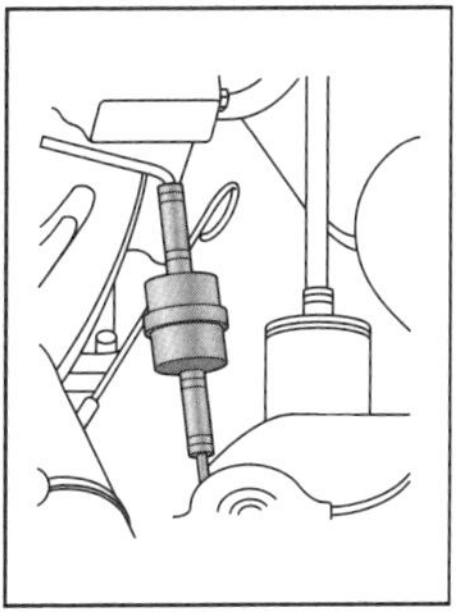

Figura 8-3: Um filtro de combustível no tubo de combustível debaixo do capô.

Alguns carros têm o filtro de combustível dentro da ***bomba de combustível*** bem como um filtro dentro do ***tanque***. Caso alguma coisa os entupa, devemos levar o carro a um mecânico profissional.

CUIDADO

Não use uma luz de trabalho com lâmpadas incandescentes ao trocar o filtro de combustível. Se vazar combustível na lâmpada, ela pode quebrar e começar um incêndio. É melhor utilizar uma lanterna, se necessário, para iluminar o local de trabalho.

A troca do filtro de combustível

1. **Alivie a pressão na tubulação de combustível antes de desconectá-la. Para fazer isso, é necessário desativar a bomba de combustível *antes* de ligar o carro.**

   Para desativar a bomba faça o seguinte:

   1. Remova o ***fusível*** da bomba da caixa de fusíveis (o manual do proprietário deve informar onde ela está) com o carro desligado, seguindo as instruções do Capítulo 6.

   2. Certifique-se de que o ***freio de mão*** está puxado e de que o carro está engatado em P (Estacionar) ou N (Neutro), e então ligue o carro. Ele não funcionará por muito tempo depois de ter sido ligado, mas a pressão na tubulação de combustível será reduzida.

   3. Desligue o carro. Com a bomba desativada, você estará pronto para desconectar a tubulação de combustível do filtro.

2. **Compare o filtro antigo e o novo antes de desconectar alguma coisa.**

   Você deverá ver uma seta nos dois lados do filtro indicando em que sentido o combustível passa por ele. Se o filtro novo não tiver uma seta, veja em que direção o filtro antigo está instalado para determinar a posição do filtro novo.

3. **Solte o que quer que esteja mantendo o filtro antigo no lugar.**

4. **Coloque o filtro novo com a seta apontando para o motor ou na mesma posição que estava o filtro antigo.**

5. **Coloque de volta o que quer que estivesse mantendo o filtro no lugar, e certifique-se de que ele esteja bem preso.**

6. **Coloque o fusível da bomba de volta na caixa de fusíveis.**

7. **Certifique-se de que o freio de mão do carro esteja puxado e que o carro esteja engatado em P (Estacionar) ou N (Neutro), e ligue o carro para procurar por vazamentos ao redor do filtro.**

A troca da parte interna de um filtro de combustível

No caso de carros cujo filtro de combustível tenha uma parte interna que pode ser trocada, siga o Passo 1 da seção anterior a fim de desativar a bomba. Então, é necessário abrir a tampa do filtro, tirar a parte interna antiga e colocar uma nova na mesma posição que estava a antiga (veja a Figura 8-4). A tampa deve ser bem fechada. Após isso, coloque o fusível da bomba de volta e, após a verificação de que o carro está com o freio de mão puxado e engatado em P (Estacionar) ou N (Neutro), ligue o carro e procure por vazamentos ao redor do filtro.

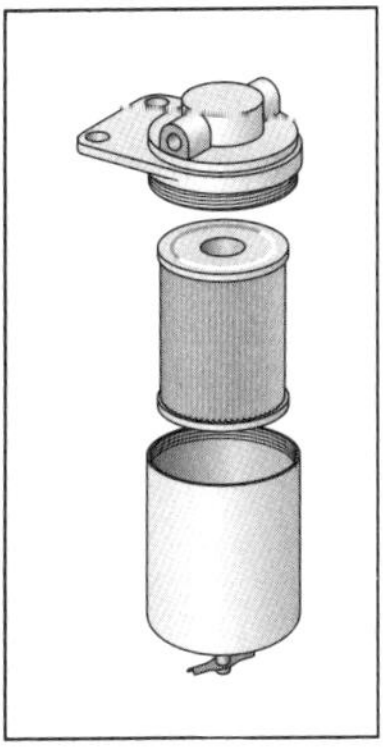

Figura 8-4: A troca da parte interna de um filtro de combustível.

O Conserto da Válvula PCV

A ***Válvula PCV*** (válvula de ventilação positiva do cárter) é uma peça vital do ***sistema de controle de emissões*** na maioria dos carros.

Nem todo o carro possui uma válvula PCV, mas a maioria tem. Se esse for o seu caso, e se o motor não funciona de modo suave quando o carro está ***parado*** ou se uma ***luz de indicação*** não está acendendo, é bom verificar a válvula PCV (ilustrada na Figura 8-5) para ver se ela não está entupida com ***borra*** formada pelos vapores de escape ou se não está travada na posição aberta.

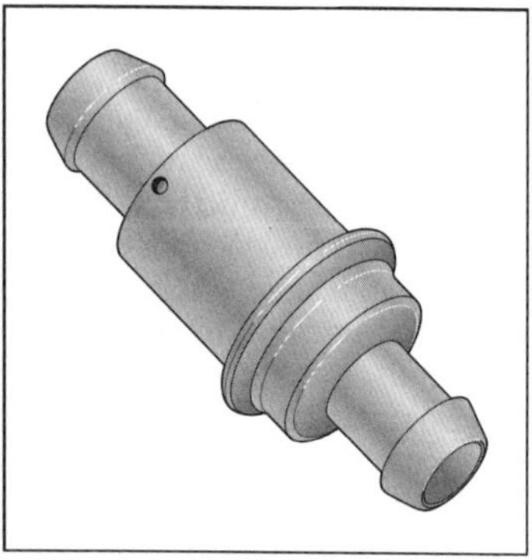

Figura 8-5: Uma válvula PCV.

Os fabricantes de carro sugerem que as válvulas PCV sejam limpas ou substituídas em algum momento entre 32.000 e 80.000km rodados. O manual do proprietário deve mostrar onde está a válvula PCV no carro e quais são os intervalos de manutenção recomendados. A válvula é, em geral, trocada durante os ***ajustes*** programados, mas, dependendo do seu tipo e de sua localização, talvez possamos avaliá-la, limpá-la e trocá-la sozinhos.

A localização da válvula PCV

A válvula PCV geralmente está ligada a uma anilha de borracha na tampa da ***válvula*** (veja a Figura 8-6), embora possa estar localizada no ***coletor de admissão*** ou perto dele (veja as Figuras 8-6 e 8-7). Uma mangueira que leva à válvula PCV é geralmente é fixada por meio de uma presilha. Às vezes, há uma cobertura em forma de L no final da mangueira, que cobre a ponta da válvula.

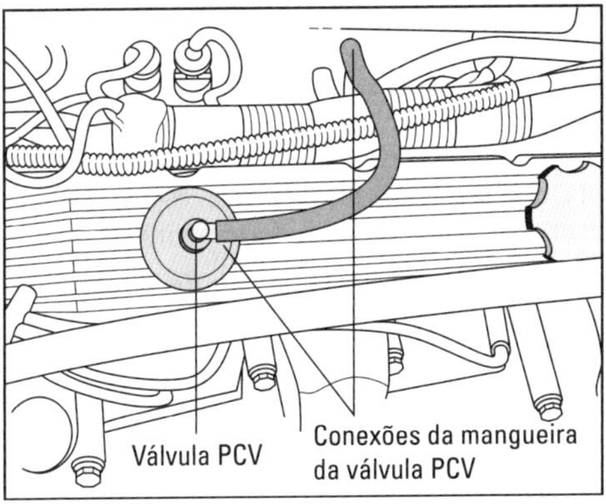

Figura 8-6: Uma válvula PCV localizada na tampa da válvula.

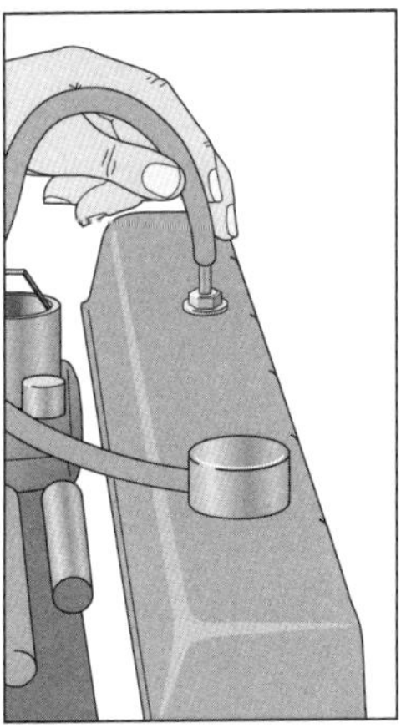

Figura 8-7: Uma válvula PCV localizada na tampa da válvula, sem a mangueira que leva até ela.

A avaliação da válvula PCV

DICA

Há várias maneiras de avaliar se a ***válvula PCV*** está funcionando direito. Escolha a que achar mais fácil (o carro deve estar ***parado***, com o motor funcionando independentemente do método escolhido):

- **Método 1:** Siga as instruções da seção seguinte, removendo a válvula PCV da ***tampa da válvula*** com a mangueira ainda ligada a ela. Então, coloque o dedo sobre a ponta aberta da mangueira (veja a Figura 8-8). Se a válvula estiver funcionando bem, você sentirá uma sucção forte. Experimente chacoalhar a válvula. Se ela estiver desobstruída, escutará um barulho. Se ela estiver suja, o som será abafado ou inexistente.
- **Método 2:** Tire a tampa do ***orifício de abastecimento do óleo*** na tampa da válvula e coloque um pedaço de papel duro na abertura. Se a válvula PCV estiver funcionando direito, o papel deverá ser sugado pelo orifício em poucos segundos.

Se parece que a válvula não está funcionando direito, antes de se dar ao trabalho de trocá-la, tente limpá-la para ver se isso fará alguma diferença. Se não funcionar, troque-a por uma válvula nova (seguindo as instruções da seção seguinte). A boa notícia é que a válvula PCV não é tão cara.

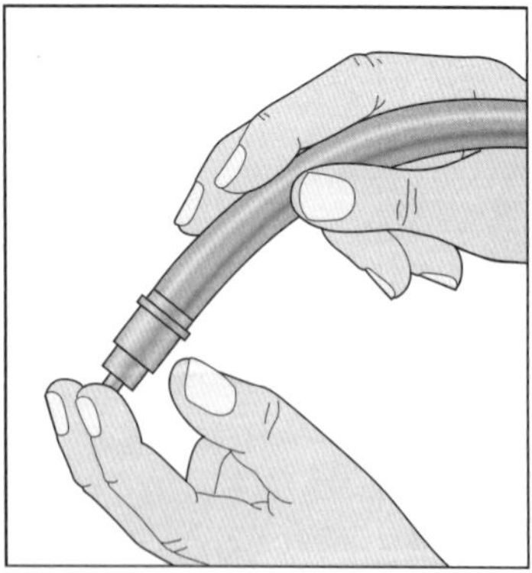

Figura 8-8: Uma maneira de analisar a válvula PCV.

Como tirar e trocar a válvula PCV

1. **Encontre a válvula PCV e solte a presilha da mangueira, se houver, ou puxe a cobertura em forma de L na ponta da válvula.**

2. **Tire a válvula.**

   Algumas válvulas PCV são presas com uma anilha de borracha e precisam ser apenas puxadas. Outras são rosqueadas no lugar. Se não conseguir desrosqueá-la com a mão, tente agarrar a sua base com a parte aberta de uma chave de boca ou com uma pequena chave de boca regulável.

DICA

3. **Enquanto a válvula PCV estiver solta, avalie a mangueira e a sua presilha ou anilha.**

   Depois de tirar a mangueira, sopre nela. Se ela estiver seca, quebradiça, macia, esponjosa ou cheia de sujeira ou de materiais duros dentro dela, troque-a. Se as presilhas estiverem enferrujadas ou se a anilha parecer deteriorada, troque-a também.

4. **Se a válvula nova tiver de ser rosqueada no lugar, faça isso usando as mãos para evitar danificar a rosca na tampa da válvula.**

5. **Reconecte a mangueira à válvula PCV.**

6. **Ligue o carro e procure por vazamentos ao redor da válvula PCV.**

A limpeza da válvula PCV

No caso de a válvula PCV não estar funcionando, podemos tentar limpá-la sozinhos mergulhando a válvula em um limpador de carburador ou um solvente recomendado pela loja de peças. Não deve haver nenhum depósito pegajoso nem descoloração em uma válvula limpa.

A Solução de Problemas com Os Conversores Catalíticos

O ***conversor catalítico*** é uma peça muito importante do ***sistema de controle de emissões*** do carro. Ele contribui para estender a vida útil do carro, mas, às vezes, falha. O melhor e estar sempre alerta aos sinais de problema e levar o carro à oficina se houver a suspeita de que o conversor catalítico não está funcionando direito. Os mecânicos colocarão o carro em uma máquina eletrônica de diagnósticos para encontrar a fonte dos problemas, provavelmente removerão o ***sensor*** de oxigênio do coletor de escape ou do tubo de escape que está na frente do conversor catalítico a fim de ver se alguma coisa muda, e substituirão o conversor catalítico, se necessário.

Essas são cinco pistas de que alguma coisa está errada com o conversor catalítico:

- A eficiência do combustível do carro diminui de repente.
- O carro não acelera quando pisamos no acelerador.
- O carro não quer pegar.
- O carro falha no teste de emissões.
- A ***LIF*** ou a luz de alerta para verificação do motor acende.

A causa mais comum para a falha do conversor catalítico em carros antigos é o fato de ele estar tão entupido que os ***gases de escape*** não conseguem mais passar por ele, consequentemente, não passando mais para o silenciador e, por fim, para fora do carro. O conversor catalítico é sensível a mudanças de conteúdo e da temperatura dos gases de escape. Assim sendo, uma outra causa possível para sua falha é a ***junta do cabeçote*** estar danificada, permitindo que o óleo ou que o ***líquido de arrefecimento*** entre na câmara de combustão e seja queimado nos ***cilindros***. Além disso, se o ***sistema de ignição*** não estiver funcionando direito, o combustível que não foi queimado, encontrado nos gases de escape, pode fazer com que o conversor catalítico se gaste ou quebre.

O conversor catalítico pode ficar muito quente, por isso não estacione o carro sobre a grama ou sobre folhas secas, que podem pegar fogo e destruir não apenas o carro, mas também toda a área ao redor!

A Verificação da Compressão dos Cilindros

Se o carro não roda com suavidade ou parece perder potência, é possível que haja uma falta de pressão em um ou em mais ***cilindros***. Sem a pressão necessária, a ***mistura de ar/combustível*** não queima de modo eficiente. Se um ou mais cilindros estiver com uma quantidade muito menor de pressão do que os outros, o motor não funcionará de modo equilibrado.

Para saber se a pressão está escapando do motor, é necessário verificar a compressão dos cilindros. Para isso, você precisa de um ***medidor de compressão*** (veja a Figura 8-9), aparelho que testa a quantidade de pressão que o pistão exerce sobre a mistura de ar/combustível antes que a vela gere uma faísca e a queime. O medidor de compressão indica se um ou mais cilindros do motor não estão funcionando de maneira eficiente e se os anéis ou se as válvulas estão gastos ou mal ajustados. Esses medidores, além de baratos, são fáceis e rápidos de usar. Alguns medidores são rosqueados na abertura da vela, enquanto outros devem ser segurados no lugar.

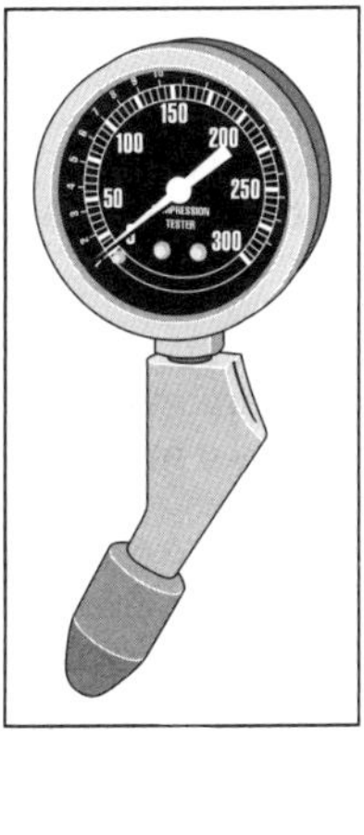

Figura 8-9: Um medidor de compressão.

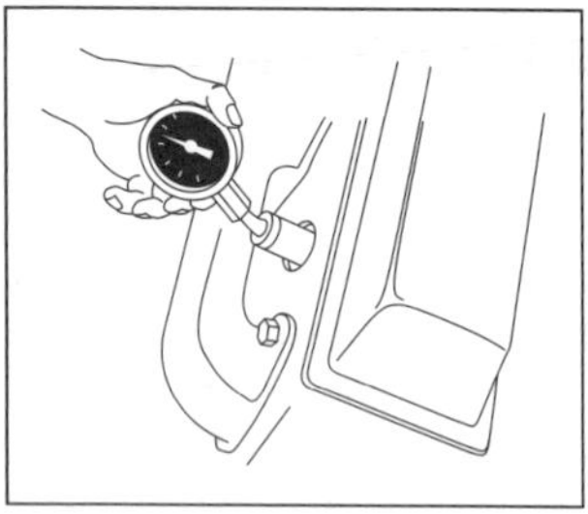

Figura 8-10: Verificando a compressão.

Use o medidor de compressão da seguinte maneira:

1. **A menos que seja possível emprestar ou comprar um botão de ignição remota, alguém deve se sentar no banco do motorista com o carro desligado, engatado em P (Estacionar) ou em N (Neutro) e com o freio de mão puxado.**

2. **O próximo passo depende da existência ou não de distribuidor no carro:**

   - **Em carros com distribuidores:** puxe o fio grande que leva até a bobina da parte central da ***tampa do distribuidor***, e dobre o conector de metal empurrando-o contra uma superfície de metal sem pintura *o mais longe possível das velas.*

   - **Em carros com ignição sem distribuidor:** o conector elétrico deve ser desconectado do ***módulo de controle da ignição***. Se não tiver certeza do que desconectar, peça a ajuda de um mecânico.

3. **Por motivos de segurança, o sistema de injeção eletrônica deve ser desligado para que a gasolina não espirre pelas aberturas das velas e queime. Tire o *fusível* indicado como "Bomba de Combustível"; então, ligue o carro e deixe-o funcionar até que pare por causa da falta de gasolina. Caso não encontre o fusível certo e deseje verificar a compressão assim mesmo, tome ainda mais cuidado.**

4. **Antes de tirar as velas, anote em cada luva em que cabo de vela se conectam e anote em cada vela à qual luva elas pertencem.**

   Confundir os cabos de vela pode danificar seriamente o motor.

5. **Tire todas as velas e coloque-as em um local limpo.**

6. **Caso possua um botão de ignição remota, conecte uma das garras no terminal positivo (ou com o sinal de "mais") da bateria, e a outra no pequeno terminal do *solenoide do motor de arranque.***

7. **Coloque o medidor de compressão no orifício do motor onde estava a primeira vela do cilindro (veja a Figura 8-10).**

8. **Caso não tenha um botão de ignição remota, peça a um amigo para dar a partida cerca de seis vezes. Mas, se tiver, basta apertar o botão.**

9. **Olhe para o medidor e anote o valor apresentado, o qual estará em *psi* (libras por polegada quadrada). Então zere o medidor.**

10. **Repita os Passos 6 a 8 para cada um dos outros cilindros e não se esqueça de zerar o medidor e de dar a partida a cada medição.**

11. **Depois de testar todos os cilindros, analise as anotações.**

    O ponto mais alto e o ponto mais baixo não devem variar mais do que 15%. Se um ou mais cilindros obtiverem uma leitura bem mais baixa do restante, é possível usar uma lata de óleo com um gatilho que espirre uma boa quantidade de óleo de motor pela abertura da vela, e testar novamente a compressão do cilindro com o medidor. Se o resultado for o mesmo, talvez as ***válvulas*** estejam gastas (deixando a pressão escapar) ou mal ajustadas. Se o valor aumentar drasticamente depois espirrar o óleo, provavelmente precisará de ***anéis*** novos no ***pistão*** desse cilindro. Se o medidor marcar uma pressão menor do que 100 psi, o cilindro definitivamente não está bom.

12. **Coloque cada vela no mesmo cilindro de onde foram tiradas.**

    Se a luz indicativa de verificação do motor acender depois da verificação da compressão e não apagar dentro de alguns dias, é necessário levar o carro à concessionária para que eles consertem.

Quando Todo o Resto Falha

Se experimentar todos os serviços mencionados neste capítulo e o carro não se comportar direito quando ***parado***, se não ligar de manhã sem dar trabalho, ou se hesitar ou morrer nas esquinas ou em aceleradas bruscas, você precisará de ajuda extra.

Se quiser entrar em uma oficina como alguém que sabe do que está falando e preparado para julgar com inteligência se as soluções propostas são necessárias ou não, faça o seguinte:

1. **Pergunte aos mecânicos da oficina se eles pretendem testar o *sistema de ignição* para verificar se ele é o problema.**

2. **Pergunte se pretendem testar os *gases de escape* para ver se o carro está rodando com uma *mistura de ar/combustível* pobre ou rica demais ou se o *conversor catalítico* está com defeito.**

3. **Após identificar o problema, se a solução sugerida for muito cara ou se parecer muito drástica, busque uma segunda opinião em outra oficina.**

Parte III

O Sistema de Arrefecimento e Outros Controles

A 5ª Onda Por Rich Tennant

"O senhor tinha hora marcada?"

Nesta parte...

Frio e ter um bom controle do carro são fatores essenciais para dirigir com segurança. O carro precisa ser resfriado, ter um suprimento adequado de óleo e ser capaz de parar com eficiência. Esta parte mostra como o sistema de arrefecimento funciona, como mantê-lo funcionando, como trocar o óleo e como é o funcionamento do sistema de freios e o que podemos fazer para verificar as suas condições e realizar serviços de manutenção. Os resultados? Uma vida mais longa e segura tanto para o carro como para quem o dirige!

Capítulo 9

O Sistema de Arrefecimento em Detalhes

Neste Capítulo

- Os sistemas dos radiadores e de recuperação do líquido de arrefecimento
- A ventoinha
- As bombas de água
- Termostatos, aquecedores centrais e líquidos de arrefecimento da transmissão
- Ares-condicionados

Com todo ar, combustível e fogo no motor, o carro precisa de alguma coisa para manter a cabeça (do cilindro) fria! Visto que a água costuma ser barata, abundante e prontamente disponível, os fabricantes de carros encontraram a maneira mais simples de resolver esse problema. Alguns acharam que o ar era mais barato e mais abundante, e criaram motores resfriados a ar nos Volkswagens antigos; entretanto, além de alguns Fuscas, Gols, Kombis e Porsches resfriados a ar que ainda circulam por aí, existem poucos veículos desse tipo disponíveis nos Estados Unidos hoje em dia.

É claro que nada é tão simples quanto parece. Os fabricantes acrescentaram alguns aparelhos para evitar que a água fervesse com muita facilidade no motor: a ***bomba de água***, a ***ventoinha***, o ***radiador***, o ***termostato*** e o ***líquido de arrefecimento***. Também existe um líquido de arrefecimento, que impede que a transmissão superaqueça, e o ar-condicionado. Juntos, eles formam o ***sistema de arrefecimento*** do carro (veja a Figura 9-1).

Esse sistema é muito eficiente. E em geral, não é muito trabalhoso mantê-lo funcionando — basta ficar alerta para vazamentos e realizar verificações ou trocas ocasionais do líquido de arrefecimento. Seja esse serviço feito por conta própria ou por um profissional, manter o sistema de arrefecimento em bom estado ajuda a "manter a cabeça fria" quando as coisas esquentarem na estrada.

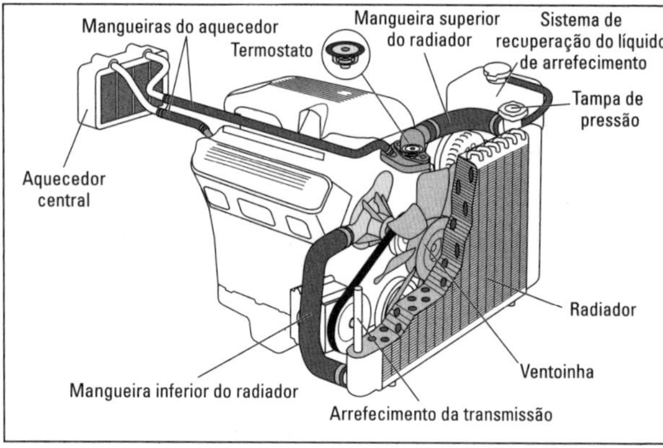

Figura 9-1: O sistema de arrefecimento.

O Líquido de Arrefecimento ou Anticongelante

Para evitar que a água do sistema de arrefecimento ferva ou congele, ela deve ser misturada com o ***líquido de arrefecimento*** ou *anticongelante*. A fim de não estender demais as coisas, vou me referir a eles apenas como "líquido".

Os motores de hoje em dia exigem fórmulas especiais de líquidos para que as peças de alumínio não estraguem. Há líquidos de longa vida (às vezes chamados de "vida estendida") com inibidores orgânicos de ferrugem ácida e de corrosão, que prometem durar até cinco anos. Os fabricantes usam alguns desses líquidos como o fluido original nos radiadores de alumínio de carros novos (eles só podem ser usados em radiadores de alumínio).

O Radiador

Quando a ***mistura de ar/combustível*** é queimada nos ***cilindros***, a temperatura dentro do motor pode chegar a *milhares* de graus Celsius. Considerando que é necessário apenas *metade* dessa temperatura para começar a derreter o ferro, um motor se tornaria um monte de sucata em 20 minutos caso não houvesse um sistema de resfriamento no carro. Naturalmente, o ***líquido*** (e água) que circula do bloco do motor, passando pela ***válvula termostática***, até a mangueira superior do ***radiador***, esquenta muito. Por isso, ele passa pelo radiador, onde é resfriado antes de voltar para essas peças do motor pela mangueira inferior. A ***tampa de pressão*** do radiador impede que o carro ferva, enquanto o ***sistema de recuperação de líquido*** guarda líquido extra para não derramá-lo na estrada.

As mangueiras

O radiador foi projetado para esfriar o líquido com rapidez ao fazer com que ele passe por uma grande superfície de resfriamento. O líquido entra no radiador pela *mangueira superior*, em geral, conectada na (como você ter adivinhado) parte de cima do radiador (veja a Figura 9-1). À medida que o líquido desce, ele passa por canais no radiador resfriados por meio da passagem do ar pelas *aletas de refrigeração* entre os canais. Depois de resfriado, o líquido sai do radiador pela *mangueira inferior* (que grande surpresa!). Em geral, há uma mola dentro dessa mangueira para evitar que ela quebre quando a bomba de água puxa água do radiador.

Mangueiras de diâmetro menor também saem do motor para o ***aquecedor central*** (veja a seção "O Aquecedor Central" mais adiante). Alguns carros têm uma mangueira de desvio perto da ***válvula termostática*** também (veja a seção "A válvula termostática" mais adiante). Essas mangueiras são peças importantes dos sistemas de arrefecimento porque possuem a função de levar o líquido de um componente para o outro.

O sistema de recuperação do líquido de arrefecimento

Um ***sistema de recuperação do líquido de arrefecimento*** consiste em um recipiente de metal ou de plástico com duas mangueiras pequenas saindo da tampa (veja a Figura 9-2). Uma dessas mangueiras leva ao radiador e a outra funciona como um ladrão do recipiente, evitando que ele transborde. Esse recipiente guarda um suprimento extra de água e de líquido no caso de haver perda no sistema.

Alguns dos carros novos de hoje em dia têm reservatórios *pressurizados*. Nesses casos, podemos encontrar a ***tampa de pressão*** (assunto da próxima seção) no reservatório em vez de no radiador. Alguns especialistas de radiador me disseram que, em alguns casos, esse sistema não funciona muito bem porque, à medida que a pressão aumenta no reservatório de líquido, ele força o líquido pelo ladrão, derramando-o na rua. Isso representa não apenas um perigo tóxico, como também a diminuição do suprimento de líquido no carro, o que, por sua vez, aumenta as chances de superaquecimento do motor, formando um círculo vicioso.

Figura 9-2: Um sistema de recuperação do líquido de arrefecimento.

A tampa de pressão

Para retardar o ponto de ebulição do líquido no sistema de arrefecimento, o sistema inteiro é pressurizado. Em geral, essa pressão está entre 7 e 16 libras por polegada quadrada (***psi***). Conforme a pressão aumenta, o ponto de ebulição também aumenta. Essa combinação de pressão mais líquido proporciona ao líquido do sistema de arrefecimento capacidade de resistir à ebulição sob temperaturas que podem atingir 120 °C ou mais em alguns carros.

Para manter a pressão da tampa no sistema e para facilitar o abastecimento com água e líquido, cada radiador possui uma ***tampa de pressão*** removível no ***orifício de abastecimento do radiador*** ou no ***sistema de recuperação do líquido***.

CUIDADO

As tampas de pressão não são muito caras, mas, se a tampa não funcionar direito ou não for adequada para o tipo de carro, a quantidade de problemas que pode ser gerada é surpreendente. Por exemplo, se a ***junta*** que se localiza dentro da tampa não estiver funcionando, a pressão do sistema escapará, permitindo que o líquido ferva sob uma temperatura menor. Um sistema de arrefecimento moderno projetado para funcionar normalmente sob temperaturas acima de 100°C continuará fervendo, ainda que esteja cheio de líquido e em perfeitas condições, se a tampa do radiador não estiver funcionando de maneira apropriada. O líquido fervente será forçado a ir ao sistema de transbordamento e o motor do carro vai superaquecer, o que pode resultar em quebras inconvenientes na estrada, além de ser perigoso para o próprio motor.

A Ventoinha

O ar que passa pelo radiador esfria as coisas quando dirigimos na estrada. No entanto, o suprimento de ar fresco não passa pelas aletas do radiador quando o carro está parado ou andando bem devagar em caso de trânsito pesado. Por isso, a ***ventoinha*** está em uma posição que lhe permite resfriar o líquido no radiador (veja a Figura 9-1). Hoje em dia, grande parte das ventoinhas possuem uma proteção de plástico que canaliza o ar pelo radiador. Alguns carros têm barragens que ajudam a forçar o ar de baixo para cima do radiador.

Hoje em dia, alguns carros possuem duas ventoinhas porque as mudanças de estilo responsáveis pela diminuição do tamanho da parte dos capôs fizeram também com que os radiadores se tornassem mais baixos e mais largos; porém, uma única ventoinha não cobre toda a superfície desses radiadores. Às vezes, essas duas ventoinhas são ativadas por termostatos elétricos que não têm qualquer relação com a bomba de água (assunto da próxima seção).

A Bomba de Água

A ***bomba de água*** (veja as Figura 9-1 e 9-3) puxa o líquido resfriado do radiador pela *mangueira inferior* e o manda para o motor, onde ele circula pelas ***camisas d'água*** localizadas em volta das ***câmaras de combustão*** dos ***cilindros*** e em outros pontos quentes. Então, o líquido volta para o radiador a fim de ser resfriado novamente. Uma ***correia de transmissão*** ligada ao ***virabrequim*** ativa algumas bombas de água, enquanto alguns motores com ***comandos de válvulas no cabeçote*** ativam a bomba de água com a ***correia de controle de tempo***.

DICA

Se a correia de controle de tempo controla a bomba de água, será difícil visualizar essa bomba a menos que a correia seja removida.

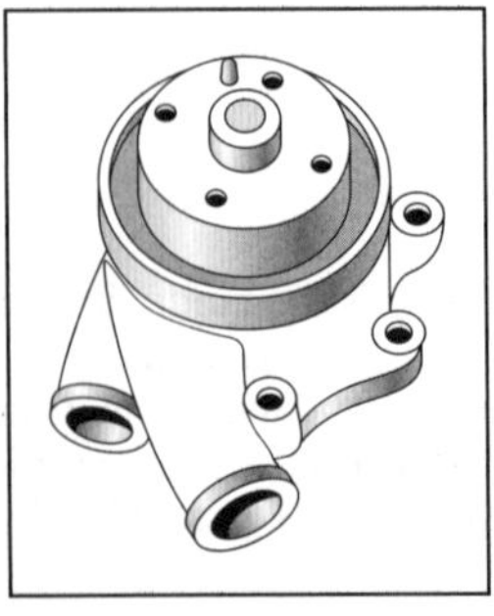

Figura 9-3: Uma bomba de água.

A Válvula Termostática

A ***válvula termostática*** é a única peça do sistema de arrefecimento que *não* esfria as coisas. Em vez disso, ela ajuda o líquido no sistema de arrefecimento a esquentar o motor com mais rapidez.

DICA

Ela é uma válvula de metal pequena e sensível ao calor (veja a Figura 9-4), que geralmente está localizada onde a mangueira superior do radiador se encontra com a parte de cima do motor (em alguns carros, o termostato fica na junção da mangueira inferior e o motor. O manual do proprietário deve informar onde ele está). Ao perceber um líquido quente, a válvula termostática começa a fazer com que o líquido passe por ela. Quando, entretanto, percebe que o líquido está frio (como quando ligamos o carro de manhã), ela se fecha e não permite que o líquido passe para o radiador. Como resultado, o líquido permanece no motor, onde vai esquentar à medida que a válvula aquece, e, em troca, o aumento da temperatura do líquido faz com que o motor aqueça mais rápido. Assim, o motor funciona de modo mais eficiente e queima menos combustível.

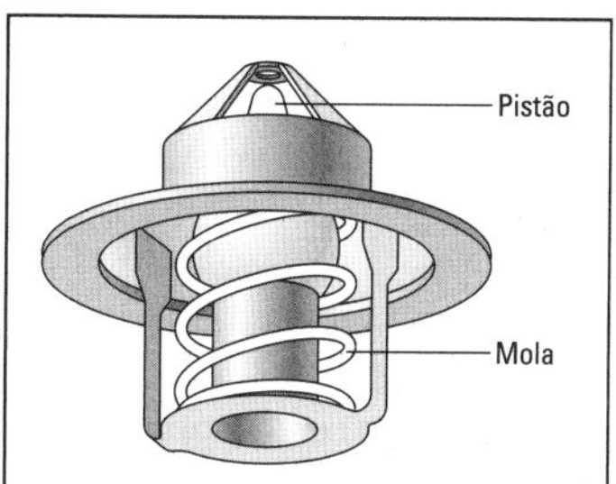

Figura 9-4: Um termostato.

O Aquecedor Central

O ***aquecedor central*** está dentro do carro, entre o painel de instrumentos e a ***parede corta-fogo*** (veja a Figura 9-1) e se assemelha a um radiador em miniatura, com exceção do orifício de abastecimento e da tampa. O objetivo dele é aquecer o compartimento dos passageiros. O mesmo líquido que a bomba de água faz circular pelo motor também circula pelo aquecedor central quando o motor está funcionando. Quando está frio, é possível direcionar o ar do aquecedor central e aquecer o interior do carro ligando a ventoinha interna. O aquecedor central é relativamente passivo, só precisar de atenção quando quebrar.

O Arrefecimento da Transmissão

Carros com ***transmissão automática*** têm um *arrefecimento da transmissão* localizado na — ou próximo — parte de baixo ou do lado do radiador (veja a Figura 9-1). O ***fluido da transmissão*** circula de uma transmissão quente para um resfriador, que o esfria, devolvendo-o para a transmissão. Se o arrefecimento da transmissão do carro estiver funcionando direito, não é preciso mexer nele. Entretanto, se vazar, procure ajuda profissional.

O Ar-condicionado

Hoje em dia, o ar-condicionado, na maioria dos casos, não é mais um opcional, e sim um equipamento padrão. Ele usa um *refrigerante* para tirar o calor do ar (em vez de resfriá-lo) e um soprador para mandar o ar frio para o compartimento dos passageiros.

Capítulo 10

Como Evitar Problemas Relacionados ao Superaquecimento

Neste Capítulo

- Como lidar com problemas relacionados ao superaquecimento e como tirar a tampa do radiador com segurança
- Como avaliar o sistema de arrefecimento; e como esvaziá-lo, trocá-lo e abastecê-lo com o líquido de arrefecimento
- Como encontrar e consertar vazamentos do sistema de arrefecimento
- Como trocar mangueiras, braçadeiras de mangueiras, a válvula termostática e as correias de transmissão
- O ar-condicionado

Como Superar o Superaquecimento

O primeiro sinal do superaquecimento pode ser o ponteiro do medidor de temperatura chegando na sinistra zona vermelha ou as ***luzes de indicação de falha*** "Verifique o Motor" ou "Temperatura" do painel acenderem. Se nada for feito, o líquido no ***radiador***, por fim, ferverá e veremos a fumaça saindo do capô.

O superaquecimento crônico

Se um carro superaquecer com frequência e se sempre estiver perdendo líquido, o problema talvez seja o resultado de um ou mais vazamentos no sistema de arrefecimento. Se o carro superaquecer sob climas e trânsito normais, talvez haja a necessidade de abastecer o sistema com mais líquido, substituir a ***válvula termostática***, ajustar ou trocar a ***correia de transmissão*** ou verificar a ***bomba d'água***.

O primeiro item a ser verificado se o carro estiver superaquecendo com frequência é a ***tampa de pressão***. Às vezes, a ***junta*** da tampa se deteriora e deixa a pressão escapar, causando defeitos no sistema de arrefecimento. A maioria dos postos pode testar a tampa e nos dizer se ela está em boas condições.

Outras causas para o superaquecimento

DICA

Alguns problemas de superaquecimento não têm relação alguma com o sistema de arrefecimento. Outras circunstâncias podem fazer um carro superaquecer, entre elas a falta de ***óleo***, uma ***junta de cabeçote*** gasta e problemas de ***transmissão***. Se o sistema de arrefecimento parece estar em bom estado depois de feitas as avaliações e os serviços de manutenção explicados neste capítulo, investigue estas possíveis causas:

- **Falha do controle de tempo:** Se o sistema de ignição não está funcionando direito, a causa pode ser uma falha no ***controle de tempo*** causando o superaquecimento do carro, porque as ***velas*** estão gerando faíscas para a ***mistura de ar/combustível*** *depois* que o ***pistão*** retorna da parte de cima do cilindro. Quando as velas se atrasam para fazer o combustível queimar direito, o calor afeta mais o sistema de arrefecimento. A falha do controle de tempo não faz o motor superaquecer mais do que alguns poucos graus, mas, quando é combinada com outros problemas, pode fazer a temperatura do motor atingir um ponto crítico. A solução é simples: leve o carro a uma oficina e solicite uma verificação no controle do tempo em uma máquina eletrônica de diagnósticos e eventuais ajustes, se necessário.

- **Radiador entupido:** Alguns radiadores ficam tão entupidos com ferrugem, sedimentos ou até com pequenos insetos que uma simples limpeza não resolve o problema. As passagens entupidas cortam a circulação do líquido do sistema, que não consegue resfriar com eficiência. A solução é levar o radiador a um especialista para remoção e inspeção. Se tiver sorte, uma limpeza a vapor pode resolver o problema; se não, a solução talvez fique mais cara. Boa sorte!
- **Uma correia de transmissão que está soltando:** Em vários carros modernos, a ***correia de transmissão*** está escondida atrás de uma proteção de plástico ou de uma tampa que pode ser difícil de tirar. No entanto, se conseguir ver e alcançar a correia que faz a ***bomba d'água*** funcionar, certifique-se de que ela não esteja cedendo mais do que 1,2cm. Se estiver mais solta do que isso, ela pode impedir a bomba de funcionar direito o que pode impedir a circulação, superaquecendo o sistema de arrefecimento. Se a correia parecer solta ou muito gasta, tente trocá-la seguindo as instruções da seção "Como Ajustar e Trocar as Correias de Transmissão" mais adiante neste capítulo.
- **A mangueira inferior do radiador está caindo:** Às vezes, uma mangueira inferior do radiador começa a ceder em função do vácuo criado pela bomba d'água, e a circulação prejudicada gera o superaquecimento.
- **Baixo nível de óleo:** Se ainda não encontrar uma causa para o superaquecimento, verifique a ***vareta de nível***. Um carro rodando com pouco óleo tende a superaquecer porque o óleo remove de 75 a 80% do "calor residual" do motor (além de realizar o seu outro serviço, ou seja, lubrificar as peças do motor).

Sob circunstâncias normais, é possível evitar o superaquecimento verificando o nível do líquido no sistema e realizando serviços de manutenção adequados.

Como Verificar e Abastecer o Sistema de Arrefecimento com Líquido

Uma das tarefas mais rápidas, simples e baratas que podemos fazer para manter o sistema de arrefecimento funcionando é verificar o nível de fluido do sistema e, se necessário, abastecê-lo com água e líquido de arrefecimento. Antes de tentar fazer qualquer coisa no sistema, precisamos conhecer e manter estas duas regras em mente:

REGRA DE ESTRADA

NUNCA TIRE A TAMPA DE PRESSÃO ENQUANTO O MOTOR ESTIVER QUENTE.
NUNCA ABASTEÇA O SISTEMA COM ÁGUA FRIA ENQUANTO O MOTOR ESTIVER QUENTE!

Como tirar a tampa de pressão com segurança

CUIDADO

Antes de fazer qualquer coisa que envolva o sistema de arrefecimento, é preciso saber como tirar a ***tampa de pressão*** com segurança. É perigoso tirar a tampa de pressão do radiador ou do reservatório do ***sistema de recuperação do líquido de arrefecimento*** enquanto o motor estiver quente. Visto que é difícil dizer quão quentes as coisas realmente estão dentro do motor, siga estas regras ao tirar a tampa:

- Espere o carro esfriar! *Nunca* tire a tampa do radiador ou do reservatório do sistema de recuperação do líquido com o motor quente. Abastecer um motor quente com água fria pode rachar o ***bloco do motor***. Assim, não há motivo algum para tirar a tampa de pressão enquanto a temperatura não baixar para um nível seguro.
- Se o motor superaquecer na estrada, leve o carro ao acostamento, desligue-o e espere de 15 a 20 minutos para as coisas esfriarem. Se puder sair do trânsito com segurança, abra o capô, o que pode ajudar o calor a se dissipar, *mas, ainda assim, não mexa na tampa de pressão.*

- Se estiver estacionado num ponto onde há muito tráfego ou se estiver preocupado com a segurança caso saia do carro, é melhor simplesmente esperar o carro esfriar. Se, ao voltar a dirigir, ele superaquecer de novo, pare no posto mais próximo ou em um lugar em que possa estacionar com segurança, saia e veja o que pode ser feito.

Depois que o motor estiver frio, siga estes passos para tirar a tampa de pressão:

1. **Só tire a tampa do radiador se o carro não tiver um reservatório de plástico para a recuperação do líquido de arrefecimento. Hoje em dia, quase todos os carros têm um; a Figura 10-1 mostra como ele é.**

2. **Se o seu sistema possuir uma tampa de pressão de *segurança*, levante a trava da tampa de segurança para poder tirar a tampa.**

DICA

Para evitar queimar a mão, coloque um pano sobre a tampa depois de erguer a trava (veja a Figura 10-1). Em seguida, basta tirar a tampa no sentido anti-horário.

Se o seu carro *não* tiver uma tampa de segurança, coloque um pano sobre a tampa e gire-a no sentido anti-horário até que ela pare uma primeira vez.

CUIDADO

Girar até que ela pare uma primeira vez deixará a pressão sair. Entretanto, caso veja líquido ou uma grande quantidade de vapor saindo, é melhor fechar a tampa novamente e esperar as coisas esfriarem. Se nada sair, é só continuar a girar a tampa no sentido anti-horário para removê-la.

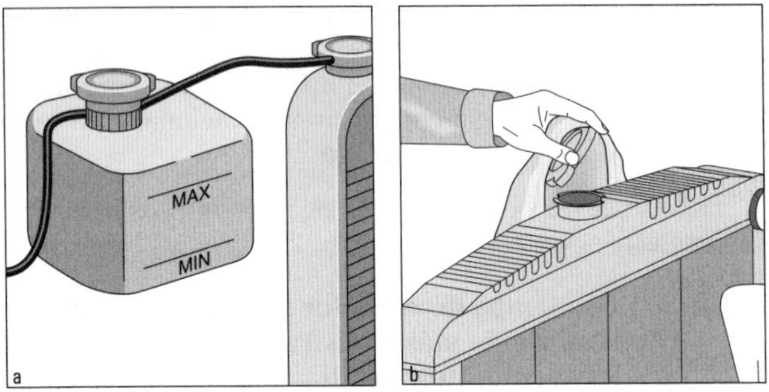

Figura 10-1: Um reservatório de recuperação do líquido de arrefecimento (a) e uma tampa sendo tirada de um radiador com segurança (b).

3. ***Incline* a tampa ao tirá-la de modo que a abertura esteja apontando na *direção oposta* em relação a você (e em relação a qualquer outra pessoa).**

   Se ainda houver calor e pressão no sistema para espirrar coisas quentes por aí, ele vai espirrar no motor ou na parte de dentro do capô, situação em que ninguém sai ferido. Essa é uma regra que deve ser seguida *em especial em casos de pessoas que não têm uma tampa de segurança.*

4. **Ao terminar, coloque a tampa de volta rosqueando-a no sentido horário. Se tiver uma tampa de segurança, coloque a trava de volta.**

Como evitar um desastre ao abastecer qualquer tipo de sistema de arrefecimento com líquido

Nunca abasteça com líquido enquanto o motor estiver quente!

CUIDADO

Abastecer com líquido enquanto o motor está quente pode rachar o ***bloco do motor*** porque o metal quente se contrai abruptamente ao entrar em contato com um líquido frio. Se *indispensável* abastecer um motor *quente* com líquido (não consigo imaginar nenhum motivo para isso), faça-o devagar e com o motor funcionando. Assim, o líquido frio é misturado com a corrente de água quente que já está circulando pelo sistema em vez de entrar de uma vez no sistema quando o motor for ligado novamente. Essa técnica não é à prova de falhas. No entanto, advirto que é necessário ter muita paciência.

Sob condições normais, uma mistura 50/50 de água com líquido de arrefecimento é a preferência de muitos carros. Em dias extremamente quentes ou frios, uma proporção maior de líquido de arrefecimento/anticongelante pode ser necessária.

Se não tivermos líquido à mão e precisarmos de apenas um pouco para abastecer o sistema de arrefecimento, podemos usar água da torneira. Mas devemos tentar manter um nível razoável de líquido abastecendo com essa mesma quantidade só com o líquido de arrefecimento da próxima vez que formos abastecer o sistema.

Como verificar e abastecer o sistema de recuperação de líquido de arrefecimento

Muitos carros têm sistemas de recuperação de líquidos pressurizados chamados de *tanque de expansão*, o que torna desnecessário abrir o radiador. Esses sistemas são considerados "selados" porque a tampa de pressão de segurança está no reservatório de recuperação em vez de estar no radiador. Nesses casos, podemos verificar o nível do líquido na lateral do reservatório de plástico. Além disso, só abrimos a tampa no reservatório para verificar se o líquido está com a aparência de que precisa ser trocado ou para abastecer com água e líquido de arrefecimento.

Provavelmente nunca precisaremos abrir a tampa do radiador. Porém, *se* precisarmos fazer isso por algum motivo, devemos nos certificar de encher o radiador até a boca com uma mistura de 50/50 de líquido de arrefecimento e água antes de colocar a tampa de volta. É necessário seguir estes passos para abastecer o sistema de recuperação de líquido de arrefecimento:

1. **Verifique o nível do líquido.**

   Olhe pelo *lado de fora* do reservatório para verificar o nível do líquido em relação às linhas de "MAX" e "MIN" que estão na lateral (veja a Figura 10-1).

2. **Se o nível do líquido estiver baixo, abasteça o reservatório com quantidades iguais de líquido de arrefecimento e água.**

Como verificar e abastecer o radiador com líquido de arrefecimento

No caso de carros que não têm o sistema de recuperação de líquido, o abastecimento é feito diretamente no radiador. Isso é realizado do seguinte modo:

1. **Abra a tampa do radiador, seguindo as instruções da seção "Como tirar a tampa de pressão com segurança".**

2. **Dê uma olhada no orifício de abastecimento do radiador para ver o nível do líquido no lado de dentro.**

   Se não tiver certeza do nível do líquido, basta se certificar de que ele esteja cobrindo os tubos do radiador que são visíveis ao olhar dentro dele, ou que ele chegue a uns poucos centímetros abaixo da tampa.

3. **Abasteça com água e líquido de arrefecimento, ou com um líquido pré-diluído, se necessário.**

4. **Ao terminar, coloque a tampa de volta girando-a no sentido horário. No caso de tampas de segurança, lembre-se de colocar a trava de volta.**

Como Esvaziar o Sistema e Trocar o Líquido de Arrefecimento

Há três coisas que devemos fazer para manter o sistema de arrefecimento em bom estado:

- Procurar por vazamentos.
- Trocar as mangueiras gastas antes que elas estourem.
- Esvaziar o sistema e trocar o líquido de arrefecimento pelo menos uma vez por ano ou a cada 32.000km, o que vier primeiro, a menos que o carro use o novo líquido de vida longa, que dura cinco anos.

Como saber se podemos fazer isso por conta própria

Há prós e contras de esvaziar o sistema de arrefecimento e trocar o líquido por conta própria:

PRÓ: A diferença de custo é imensa. Se você fizer isso sozinho, precisará apenas de um galão de líquido, que custa menos de R$ 20. Se isso for feito por um profissional, esse serviço talvez custe cinco vezes mais. Lembre-se de que os postos não vão lucrar apenas sobre o líquido, mas também pela mão de obra e pela reciclagem do líquido antigo.

CONTRA: Sozinho, era mais fácil esvaziar o sistema e trocar o líquido nos "bons e velhos tempos" Bastava ligar uma mangueira de jardim no "T" na mangueira do aquecedor, abrir a tampa do radiador e deixar a água e o líquido escorrerem do sistema para o chão até que todo o sistema estivesse vazio. Mas os tempos mudaram.

ECO-LÓGICO

O líquido de arrefecimento é muito tóxico, especialmente para animais e crianças que gostam de colocar tudo da boca. Se uma criancinha, um cachorro ou um gato beber esse líquido, ele provavelmente morrerá. Já que é preciso proteger o meio ambiente do líquido usado, esvaziar o sistema e trocar o líquido se tornou mais complicado. Em algumas regiões, os postos devem seguir regras rigorosas para se desfazer do líquido, ou comprar uma máquina que limpa e recicla ao mesmo tempo, misturando o líquido que sai do carro com vários produtos químicos reciclados e depois retornando-o para o carro. A boa notícia é que o líquido reciclado é tão bom quanto o comprado na loja.

Como saber se já está na hora de trocar o líquido de arrefecimento

Há várias situações que exigirão a troca do líquido de arrefecimento do carro: se já passou um ano e ele não foi trocado ou se já dirigimos os 32.000km; se o sistema do carro vive vazando líquido ou superaquecendo; ou se estivermos abastecendo o sistema de arrefecimento só com água por um bom tempo a ponto de a proporção do líquido de arrefecimento estar em menos da metade da mistura de 50/50 exigida.

Mesmo se nada disso acontecer no nosso caso, o líquido ainda pode precisar ser trocado.

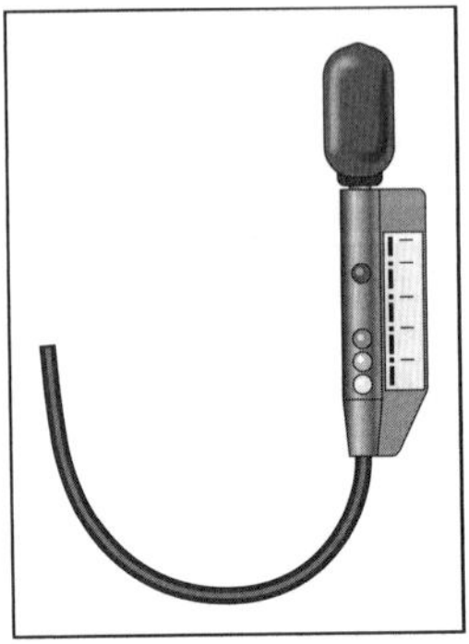

Figura 10-2: Um avaliador de nível de proteção do líquido de arrefecimento.

Estas são algumas coisas que podemos avaliar para decidir se é realmente preciso realizar uma troca do líquido:

- **A qualidade do líquido no sistema:** Depois de tirar a ***tampa de pressão,*** dê uma olhada no líquido dentro do reservatório ou do radiador, dependendo do tipo de sistema do carro. O líquido pode estar verde, amarelo-esverdeado, laranja, vermelho ou azul. O importante, entretanto, é se perguntar o seguinte: ele está limpo ou há várias coisas flutuando nele? Ele parece enferrujado? O líquido vermelho não deve ser confundido com ferrugem. A água enferrujada possui coisas flutuando nela.
- **Com que frequência e com quanta água o sistema foi abastecido:** Se você abastece o sistema só com água a cada poucos dias, provavelmente o nível de proteção do líquido está baixo.
- **O tipo de clima:** Se a temperatura costuma ficar muito baixa no inverno ou muito quente no verão, o sistema deve estar com a quantidade certa de ***líquido de arrefecimento/anticongelante*** antes de a temperatura extrema se estabelecer. Na maioria das regiões, é recomendado o uso de uma solução 50/50 para ser usada durante o ano. Se o clima ficar *extremamente* frio, é possível utilizar uma proporção maior de anticongelante sem danificar o sistema de arrefecimento.
- **A frequência com que o ar-condicionado é usado:** Embora o ar-condicionado realize um bom trabalho em evitar que o interior do carro esquente, ele aumenta a temperatura do motor. Assim, devemos nos certificar de que haja uma mistura de 50/50 de líquido e água durante os meses quentes, quando usamos o ar-condicionado com mais frequência.

Como saber de quanto líquido de arrefecimento vamos precisar

Se consultar o ***manual do proprietário***, a parte de trás da lata de líquido ou as tabelas fornecidas pelos fabricantes de líquidos de arrefecimento, saberá qual a quantidade de líquido que o nosso sistema suporta. Muitos líquidos são pré-diluídos em água, mas, se comprarmos líquidos puros, a quantidade de líquido deverá ser a metade da quantidade total necessária. Abastecer com uma quantidade igual de água em relação ao líquido puro nos fornece uma mistura de 50/50 de água/líquido, que serve para todos os tipos de clima, com exceção do frio extremo.

Como manter o líquido de arrefecimento longe da boca de bebês e animais

Antes de começar a esvaziar o sistema por conta própria, é importante ler essa seção para evitar colocar crianças e animais em perigo.

ECO-LÓGICO

Embora nenhum líquido seja completamente atóxico, alguns líquidos no mercado contêm propilenoglicol em vez de etilenoglicol para reduzir a sua toxicidade. Pelo menos uma marca recebeu o Selo de Aprovação da ASPCA (Associação Americana de Prevenção à Crueldade contra Animais). No entanto, mesmo se usarmos esse líquido, devemos seguir estes passos para proteger os animais e as crianças pequenas de ingestão acidental do produto:

1. **Habitue-se a olhar debaixo do carro para verificar se há vazamentos.**
2. **Limpe bem qualquer líquido derramado.**
3. **Jogue fora os panos ou a areia com segurança, colocando-os num saco plástico, fechando-o e colocando-o no lixo.**
4. **Guarde líquidos não usados em um lugar seguro.**
5. **Guarde o líquido usado em um local seguro até que ele seja jogado fora.**

CUIDADO

O líquido não deve ser colocado em recipientes que antes continham bebidas, pois são facilmente confundidos. Além disso, o gosto doce do líquido de arrefecimento pode contribuir para o erro.

6. **Descarte o líquido usado levando-o a um centro de reciclagem que lida com materiais tóxicos ou a um lugar que lida especificamente com líquidos de arrefecimento usados.**

Como esvaziar o sistema

Se o manual do proprietário do carro possuir instruções para esvaziar o sistema, elas devem ser seguidas. É melhor do que seguir as instruções desta seção porque é menos provável que o ar fique preso no sistema depois que terminar o trabalho.

Se não houver um manual, ou se ele não tiver instruções, estes são os passos a serem seguidos para esvaziar o sistema de segurança e trocar o líquido sem prejudicar o meio ambiente:

1. **Estacione o carro em um lugar seguro, longe de animais e de crianças.**

   O motor deve estar frio, o carro desligado e o ***freio de mão*** puxado.

2. **Coloque um balde que possa conter pelo menos 7 litros debaixo da válvula de dreno embaixo do radiador.**

3. **Abra a válvula de dreno e deixe o líquido escorrer no balde.**

   O líquido não deve escorrer para o chão ou para um ralo de água pluvial ou para uma boca de lobo.

4. **Feche a válvula de dreno!**

5. **Derrame o líquido usado em recipientes que fiquem bem fechados. Identifique o recipiente como "anticongelante" ou "líquido de arrefecimento", colocando-o em um local longe do alcance de crianças e de animais até que seja possível descartá-lo com segurança.**

6. **Abra a tampa de pressão do radiador e encha o radiador com água.**

7. **Ligue o motor com o controle do aquecedor ajustado em Alto por cerca de dez minutos.**

   Fique de olho no medidor de temperatura para ter certeza de que o motor não vai superaquecer. Se o carro tiver uma luz de aviso de temperatura alta em vez de um medidor, desligue o motor imediatamente, caso ela acenda.

8. **Desligue o motor e deixe-o esfriar até que a água do radiador esteja fria o suficiente para ser possível tocá-la. Então, drene a água do sistema no balde novamente, e despeje-a de novo em outros recipientes fechados para serem jogados fora depois.**

9. **Feche o dreno e abasteça o sistema com água e líquido.**

10. **Para dispersar a água e o líquido de modo igual pelo sistema, coloque a tampa de pressão e ligue o motor com o aquecedor ajustado em Alto até que o medidor de temperatura atinja o nível normal.**

11. **Desligue o motor.**

12. **Limpe o líquido que tenha derramado, coloque panos ou areia contaminados em sacos plásticos que possam ser fechados e jogue-os no lixo. Guarde o líquido que não foi usado em um lugar longe do alcance de animais e crianças.**

13. **Depois de dirigir o carro por alguns dias, verifique o nível do líquido do reservatório do sistema de recuperação de novo, abastecendo-o com partes iguais de água e líquido caso o nível esteja baixo.**

Se o nível estiver baixo de novo, leve o carro ao mecânico.

Como Encontrar Vazamentos no Sistema de Arrefecimento

Além de manter o nível da água e do líquido de arrefecimento nos padrões adequados, é possível evitar problemas no sistema de arrefecimento ficando de olho em vazamentos e substituindo as mangueiras danificadas. A Figura 10-3 ilustra os lugares mais comuns em que pode haver problemas no sistema de arrefecimento — os lugares em que devemos ficar de olho.

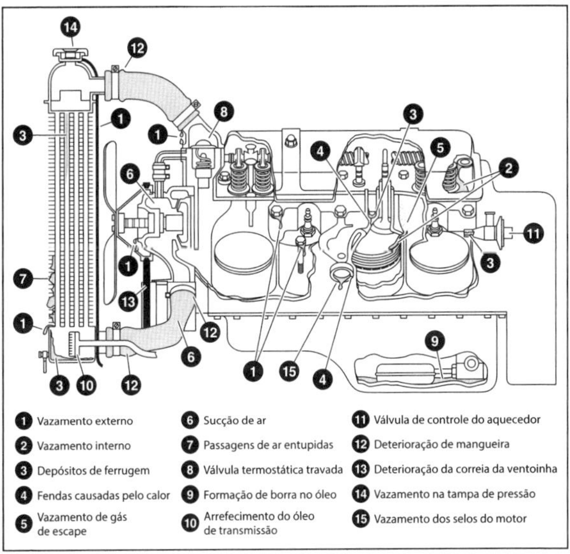

Figura 10-3: Onde procurar por vazamentos no sistema de arrefecimento e outros problemas.

Debaixo do carro

Olhe debaixo do carro de manhã para ver se há algum vazamento de líquido no chão sob a área do capô. Se houver, passe o dedo e cheire o líquido. Se for líquido de arrefecimento (verde, vermelho, azul, laranja ou de cor de ferrugem), pegue uma lanterna e verifique as peças debaixo do capô que estão em cima da poça, procurando por partes úmidas. As mangueiras que levam ao reservatório de recuperação do líquido e para o radiador devem ser verificadas.

O radiador

Passe a mão por debaixo do radiador para ver se está vazando e procure por depósitos esbranquiçados ou por manchas de cor de ferrugem nele. Isso indica vazamentos antigos que secaram, que podem não ser tão antigos assim; a água costuma evaporar rápido em um radiador quente. Também verifique a parte da frente do radiador para ver se a superfície está suja com terra, folhas e insetos. Se estiver, lave-o com uma escova e água.

A tampa de pressão

Se o carro estiver superaquecendo com facilidade, a solução mais simples é comprar uma tampa de pressão nova — ou pedir a um mecânico que teste a tampa para ver se está funcionando direito. Se precisar de uma tampa nova, informe o tipo, o modelo e o ano do carro para o vendedor e compare os limites de pressão (***psi***) da tampa nova com as indicações do manual do proprietário para ter certeza de que está comprando a tampa certa para a quantidade de pressão do seu sistema de arrefecimento.

As mangueiras

As mangueiras debaixo do capô devem ser verificadas com frequência, havendo ou não problemas com o carro. Não há nada pior para nos deixar em pânico do que uma mangueira estourando enquanto estamos dirigindo. Se a mangueira do radiador estourar, o resultado pode ser um banho de vapor, o que talvez seja assustador nos melhores casos, e perigoso nos piores. Se uma mangueira de vácuo estourar, essa perda de vácuo pode fazer o carro parar no meio da estrada. Verificar as mangueiras e trocar as que estão ruins *antes* que elas vazem pode nos poupar irritação e economizar dinheiro mais tarde.

Se encontrar uma mangueira macia e úmida, inchada, dura ou quebradiça, rachada, vazando ou com marcas de depósito esbranquiçadas onde alguma coisa vazou e secou, troque-a imediatamente antes que estoure.

Enquanto verifica as mangueiras, seria bom verificar as ***braçadeiras*** que seguram as mangueiras no lugar debaixo do capô. Aperte quaisquer mangueiras que estejam soltando. Troque as que pareçam enferrujadas, corroídas ou que sejam impossíveis de tirar sem ferramentas especiais no caso de braçadeiras parafusadas.

Como Comprar e Trocar Mangueiras e Braçadeiras

Caso tenha seguido as instruções da seção "As mangueiras", e encontrado algum problema, você poderá trocá-la, em geral, de maneira simples e barata, com duas exceções:

- **As duas pontas da mangueira devem estar acessíveis.** Algumas mangueiras do aquecedor desaparecem pela ***parede corta-fogo*** e vão para o painel. Prefiro pagar um mecânico para ficar pendurado de cabeça para baixo em um espaço apertado a eu mesma ter de encontrar e trocar essas mangueiras.
- CUIDADO **Nunca tente trocar uma mangueira ligada ao ar-condicionado.** As mangueiras do ar-condicionado contêm *refrigerante* pressurizado que pode cegar. Se tiver *qualquer* problema com o ar-condicionado ou com suas mangueiras, leve o carro a um profissional.

Como comprar a mangueira certa

Antes de trocarmos uma mangueira, precisamos visitar o departamento de peças da nossa concessionária ou uma loja de peças para comprar a mangueira do tipo, do diâmetro e do comprimento certos para o carro.

DICA

Se possível, enquanto ainda estiver no estacionamento do estabelecimento, compare a mangueira antiga com a nova. Se a mangueira não parece ser do mesmo tamanho e formato da antiga, é melhor levá-la de volta e trocá-la. Se não puder dirigir até a loja, tire a mangueira seguindo as instruções da seção "Como trocar as mangueiras" e leve-a consigo para que o departamento de peças encontre uma igual.

Se não for possível trazer o carro ou a mangueira com você, descubra qual é o tipo certo de mangueira pelo tipo, modelo e ano do carro, sem ter de trazer uma amostra consigo, seguindo estes passos:

- **Se for a mangueira *superior* do radiador:** *Não leve nenhuma mangueira do radiador que tenha fios na parte de dentro.* As mangueiras do radiador devem ser torcidas para entrar direito entre o radiador e onde quer que elas levem. Algumas mangueiras são tubos retos, com fios enrolados dentro da proteção de borracha. Estas são chamadas de mangueiras *universais*; elas são projetadas para serem torcidas e, assim, caberem em vários tipos de carros. Não é raro o fio quebrar ou rasgar a cobertura de borracha, resultando num vazamento. O tipo de mangueira que devemos procurar é chamada de *pré-moldada*, ilustrada na Figura 10-4, que já é fabricada com a torção apropriada, sem fio algum dentro dela.

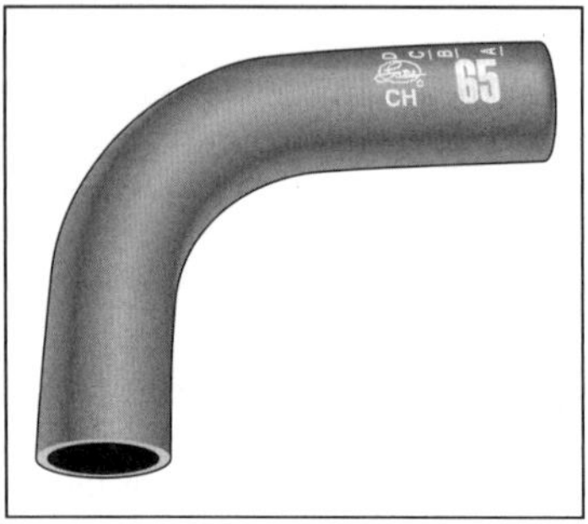

Figura 10-4: Uma mangueira superior de radiador pré-moldada.

Deve ser possível *apertar* a mangueira — outro motivo pelo qual não se deve comprar uma mangueira com fios. Assim, se tiver problemas com o sistema de arrefecimento, aperte a mangueira para ver se o sistema está funcionando sob pressão.

CUIDADO

Uma mangueira perigosamente pressurizada, que esteja difícil de apertar, é um indicativo de que não devemos remover a tampa do radiador até que o carro esfrie e a pressão diminua.

- **Se for a mangueira *inferior* do radiador:** Ela *precisa* ter um fio enrolado dentro dela (veja a Figura 10-5) para ajudá-la a manter o seu formato e aguentar o vácuo causado pela bomba d'água, que remove a água do radiador.

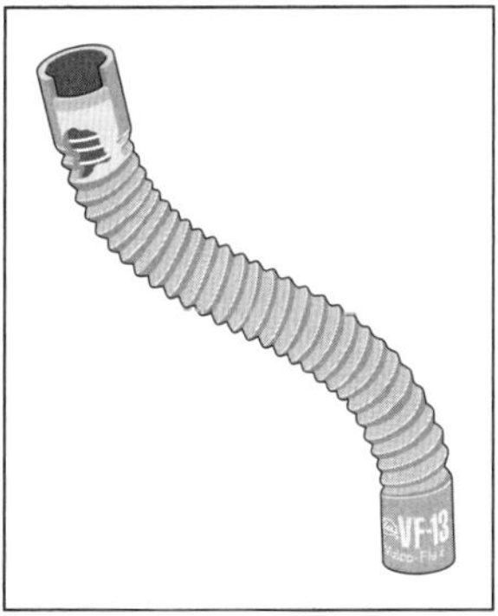

Figura 10-5: Uma mangueira inferior flexível do radiador com um fio dentro.

DICA

- **Se for qualquer outro tipo de mangueira:** Procure especificações na manual do proprietário ou em livros de especificações.
  - **O tipo, o modelo e o ano do carro:** A loja talvez precise saber também qual o tamanho e o tipo do motor e se o carro possui ar-condicionado.
  - **O *tipo* da mangueira, se souber:** Por exemplo, uma mangueira do aquecedor ou uma de vácuo.

- **A que peça(s) a(s) mangueira(s) está(ão) conectada(s)**
- **O diâmetro, a cor e o comprimento da mangueira:** A maioria das mangueiras é vendida pelo seu diâmetro *interno* (veja Figura 10-6). Assim, talvez seja necessário desconectar um lado da mangueira, medir esse diâmetro e reconectá-la, caso precise dirigir até a loja de peças.

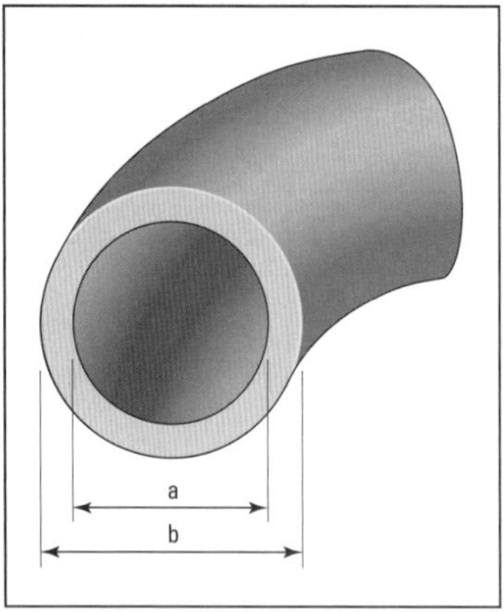

Figura 10-6: Como medir o diâmetro interno (a) e o externo (b) de uma mangueira.

Como comprar e trocar as braçadeiras

Ao comprar uma mangueira nova, não esqueça de comprar braçadeiras novas, que devem ser grandes o suficiente para caber no diâmetro *externo* da mangueira.

DICA

As braçadeiras são tão baratas que deveríamos ter como hábito trocá-las sempre que trocarmos uma mangueira. Se trocarmos uma mangueira fixada com uma braçadeira de *mola* ou parafusada, é melhor trocá-la por uma braçadeira do *tipo engrenagem* que pode ser removida e substituída sem dificuldade. A Figura 10-7 ilustra esses três tipos de braçadeiras. Elas funcionam do seguinte modo:

- **Braçadeiras de mola:** Odeio esse tipo de braçadeiras porque elas são meio difíceis de lidar. Se precisar trocar uma mangueira com uma braçadeira dessas, use um alicate ***regulável*** (veja o Capítulo 3) para pegar as pontas e fazer a braçadeira escorregar para fora da mangueira, sendo possível substituí-la por uma do tipo engrenagem.
- **Braçadeiras de parafusar:** Essas não se soltam facilmente, sendo encontradas, em especial, para fixação das mangueiras do radiador. É só tirar o parafuso, passar a chave de fenda por debaixo dela e soltá-la. Para evitar o aborrecimento de ter de colocar o parafuso de novo, é melhor substituí-la por uma *braçadeira do tipo engrenagem.*
- **Braçadeira do tipo engrenagem:** Essas são as minhas favoritas. Basta usar uma chave de fenda para girar o parafuso no sentido anti-horário para soltar a braçadeira, deslizá-la pela mangueira, colocar a ponta da mangueira nova no lugar e girar o parafuso no sentido horário para apertar a braçadeira. Simples!

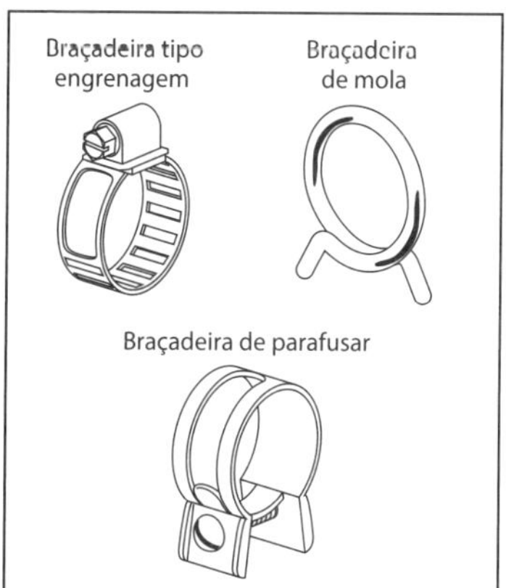

Figura 10-7: Os vários tipos de braçadeiras.

Como trocar as mangueiras

O processo básico para trocar uma mangueira é bem simples (veja a Figura 10-8), mas há diferenças, dependendo do tipo de mangueira que estamos trocando.

- **Se for uma mangueira de vácuo,** não vamos encontrar *nada* dentro dela. Basta soltar as braçadeiras, tirar a mangueira, deslizar novas braçadeiras na mangueira nova, colocar as pontas das mangueiras no que quer que seja que ela esteja conectada e apertar as braçadeiras.
- **Se for uma mangueira de combustível,** é melhor pagar a um profissional para trocá-la. O combustível não só é altamente inflamável, como também tóxico. O perigo, o esforço e o tempo necessário para limpar qualquer quantidade de combustível derramado e o tempo para se desfazer de tudo da maneira certa, levando os resíduos a um centro de lixo tóxico, simplesmente não valem a pena. Afinal, pagar a um profissional para realizar esse trabalho não sai tão caro assim.

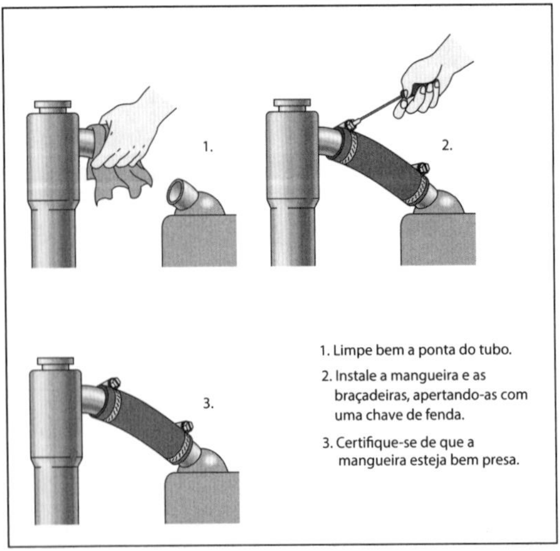

Figura 10-8: Como instalar uma mangueira.

CUIDADO

- **Se a mangueira contiver líquidos pressurizados,** antes de tirá-la, certifique-se de que o motor esteja desligado e de que houve tempo suficiente para o líquido esfriar e a pressão se dissipar.

  A fim de evitar vazamentos, alguns manuais sugerem colocar um selante resistente à água nas entradas em que as mangueiras são conectadas. Como os selantes tendem a dificultar a remoção das mangueiras quando houver a necessidade de tirá-las novamente, sugiro experimentar a mangueira antes, sem o selante. Na maioria dos casos, se a mangueira for a certa e se as braçadeiras estiverem bem apertadas, não haverá necessidade alguma de usar o selante. Se uma mangueira começar a vazar, sempre poderemos mudar de ideia e passar a usar o selante, conforme recomendado.

- **Se for a mangueira do radiador ou do aquecedor,** precisaremos de um balde ou de uma panela que possa conter, pelo menos, 7 litros e que caiba debaixo da válvula de dreno do radiador (também chamada de *petcock*) que drena o radiador para conter a água e o líquido de arrefecimento que circulam pelo sistema

  Se você nunca esvaziou o ***sistema de arrefecimento*** e se trocou o líquido de arrefecimento há mais de um ano, aproveite para fazer isso quando trocar a mangueira.

  Estes são os passos para trocar uma mangueira do radiador ou do aquecedor:

  1. **Certifique-se de que o *freio de mão* do carro esteja puxado e que o carro esteja engatado no P (Estacionar) ou N (Neutro), antes de começar.**
  2. **Tire a *tampa de pressão* do radiador ou do reservatório do líquido de arrefecimento, e coloque um balde ou uma panela debaixo da válvula de dreno do radiador.**
  3. **Abra a válvula de dreno, deixando o líquido escorrer no recipiente, e, então, feche a válvula.**

4. **Tire as braçadeiras das duas pontas da mangueira.**
5. **Gire cuidadosamente a mangueira para removê-la, e use o recipiente para conter o líquido que escorrer dela.**
6. **Use um pouco de desengordurante ou simplesmente um pano úmido e limpo para limpar as entradas para a nova mangueira que será conectada. Instale as novas braçadeiras sobre a mangueira (veja a Figura 12-8).**
7. **Instale a mangueira nova, conectando e prendendo um lado com a braçadeira primeiro antes de passar para o outro lado.**
8. **Se o líquido de arrefecimento tirado do sistema estiver razoavelmente novo e se o recipiente estiver limpo, abasteça o sistema novamente com esse líquido; se não, abasteça o sistema com uma mistura nova de 50/50 de água e líquido.**
9. **Ligue o motor e abasteça com mais água e líquido à medida que o nível no radiador diminuir.**

CUIDADO

Não encha o radiador até a boca ou o reservatório de líquido até a linha de "MAX" até que a ***válvula termostática*** se abra. Quando a mangueira superior estiver quente, a válvula termostática estará aberta. Só então é seguro encher o radiador ou o reservatório até o limite.

10. **Ponha a tampa de pressão de volta.**
11. **Ligue o motor e verifique novamente se as braçadeiras estão bem apertadas para que não vaze nenhum líquido.**

Como Consertar os Vazamentos do Sistema de Arrefecimento

Se o radiador estiver vazando

Se o radiador estiver com um vazamento muito grande, recomendo que o carro seja levado diretamente a uma oficina de radiadores confiável. Caso eles digam que é mais barato trocá-lo do que consertá-lo, é melhor fazer isso.

Vazamento nos selos do bloco do motor

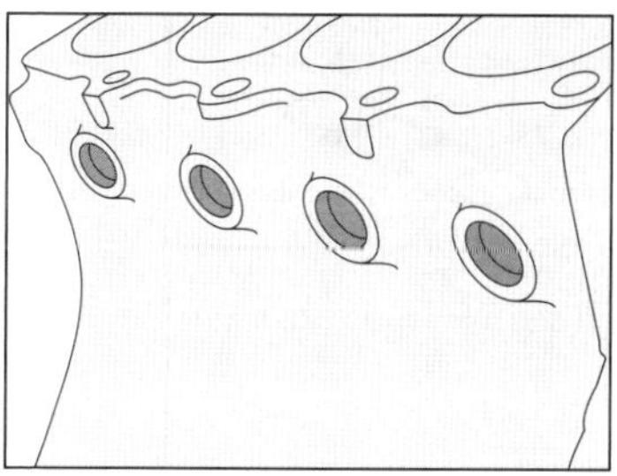

Figura 10-9: Selos nas laterais do bloco do motor.

Nas laterais de alguns ***blocos do motor*** existem algumas depressões circulares chamadas de ***selos*** (veja a Figura 10-9). Eles tampam os buracos onde colocaram a areia quando o bloco de motor foi moldado. Se vir vazamentos ou ferrugem saindo dos selos do bloco do motor ou sinais de que os seus vazamentos secaram, e se estiver perdendo líquido ultimamente, talvez seja necessário trocar os selos. O melhor a fazer nessa ocasião é pedir ajuda profissional. Se a troca for muito cara, peça uma segunda opinião.

Vazamentos internos

Às vezes, um vazamento que está debaixo do ***cabeçote*** pode ser o resultado de uma ***junta de cabeçote*** mal ajustada. Pode acontecer também porque os parafusos do cabeçote do ***bloco do motor*** (veja a Figura 10-10) estão apertados demais ou de menos. Se tentar apertar esses parafusos sozinho, pode acabar danificando a junta porque os parafusos devem ser apertados de acordo com as ***especificações*** e, provavelmente, não você não dispõe de um ***torquímetro***. A melhor coisa a fazer nesse caso é pedir a ajuda de um profissional. Se tudo o que um mecânico tiver de fazer for apertar os parafusos, o custo será mínimo. Porém, trocar a junta do cabeçote resulta em mais gastos.

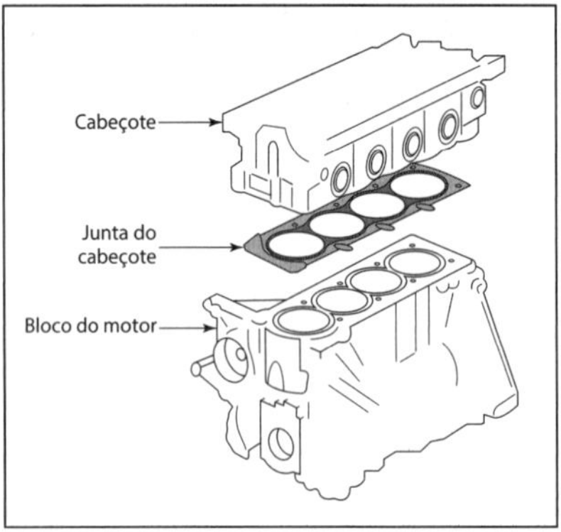

Figura 10-10: A junta do cabeçote está entre o cabeçote e o bloco do motor.

No caso dos cabeçotes de alumínio de hoje em dia, é muito provável que haja algumas fendas causando vazamentos internos de líquido de arrefecimento. Se esse for o caso, em geral, você verá uma fumaça grossa e branca saindo do ***escapamento*** e/ou óleo de motor que se parece com milk shake de café ao inspecionar a ***vareta de nível*** do óleo. Além disso, carros com ***transmissão automática*** possuem um arrefecimento dentro do radiador, que pode vazar. Quando ele vaza, o líquido de arrefecimento se mistura com o ***fluido de transmissão***, fazendo com que o fluido na vareta de nível se pareça com milk shake de morango. Ambos os problemas exigem ajuda profissional.

Se a bomba d'água estiver vazando

Em geral, uma ***bomba d'água*** está a ponto de quebrar quando começa a fazer muito barulho, e ela vaza antes de quebrar por completo. Em alguns motores com ***comandos de válvulas no cabeçote***, a bomba d'água está atrasada com relação ao controle de tempo do comando de válvulas, sendo acionada por uma ***correia de controle de tempo***, o que torna a sua inspeção um pouco difícil. É melhor deixar isso para um mecânico profissional. Se a bomba d'água do carro estiver visível, podemos verificá-la olhando ao redor dela, procurando por vazamentos, por sinais de ferrugem ou de corrosão nos lacres.

Se a bomba estiver vazando na frente, onde ela gira com a correia, é muito provável que precisará ser substituída. Se estiver vazando em volta da ***junta*** que se localiza entre a bomba e motor, é possível parar o vazamento apertando os parafusos que mantêm a bomba no lugar. Se isso não adiantar, provavelmente será preciso uma nova bomba.

Como encontrar vazamentos ao testar a pressão do sistema de arrefecimento

Se não estamos conseguindo encontrar a fonte do vazamento e o carro estiver perdendo líquido do sistema de arrefecimento regularmente, leve o carro a um posto e peça que testem a pressão do sistema de arrefecimento, que não envolve muito tempo, nem mão de obra. Aproveite a oportunidade para testar também a ***tampa de pressão*** do radiador.

CUIDADO

No caso de um carro mais velho, cujo sistema de arrefecimento não tenha passado por uma manutenção ou por uma ***retífica*** há muito tempo, o teste de pressão pode deslocar depósitos que estavam tampando pontos fracos do sistema, resultando em vazamentos. Antes de o técnico começar a testar, pergunte se vale a pena arriscar.

Como Ajustar e Trocar as Correias de Transmissão

O Capítulo 2 nos mostra como verificar as ***correias de transmissão***. A viabilidade de ajustar ou trocar as correias sozinhos dependerá do(s) tipo(s) de correia(s).

Em grande parte dos carros modernos, uma *correia de transmissão única* (veja a Figura 10-11) faz com que todos os acessórios do motor funcionem. Essa correia passa por todas as polias de acessórios, e, no caminho, por uma "polia de tensão" ou *tensionador,* que a mantém na tensão correta. Em geral, nos casos em que é possível ajustá-la, encontramos marcas no conjunto de tensão que indicam a tensão correta.

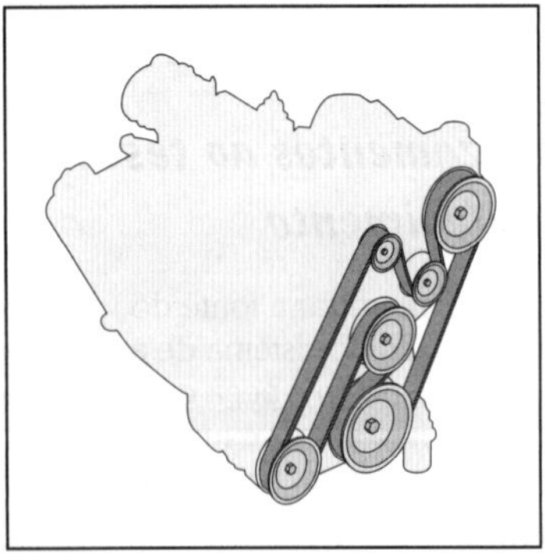

Figura 10-11: Correia de transmissão única.

DICA

Existem muitos poucos carros na estrada hoje em dia que possuem uma correia que faz apenas um aparelho funcionar. No caso de carros com essa configuração, pode-se verificar a correia seguindo as instruções no Capítulo 2 para ver se há mais de 1,2cm de "folga" e se precisa ser ajustada; ou se ela está rachada, gasta ou se há alguma outra característica que exige a sua substituição.

CUIDADO

Polias de tensão funcionam com molas, por isso pode não ser seguro mexer nelas sozinhos. O ***manual do proprietário*** ou um ***manual de serviço*** do tipo, modelo e do ano do carro podem informar os procedimentos para ajustar as correias. Se não conseguir alcançar o mecanismo de ajuste sem remover outras peças, se ajustar a correia exigir ferramentas especiais ou se parecer que liberar a tensão pode ser arriscado é melhor deixar que um mecânico profissional faça o serviço.

Se a correia estiver rangendo, ela pode estar "contaminada" com água, líquido de arrefecimento, óleo ou qualquer outro fluido. Se for só água, podemos verificar a ***bomba d'água*** e as mangueiras para procurar pelo vazamento e eliminar a sua causa. A água vai secar sozinha. A correia precisará ser substituída se estiver suja com líquido de arrefecimento, óleo, fluido da direção hidráulica ou qualquer outra substância, ou se estiver quebrada, gasta, com fendas grandes ou pedaços faltando.

A Troca da Válvula Termostática

Se o carro estiver superaquecendo ou se não estiver aquecendo direito, e se nada das seções anteriores parece ser o problema, talvez seja necessário trocar a ***válvula termostática***. Esse aparelhinho fica fechado e guarda o líquido no ***bloco do motor*** até que o motor esquente. Embora ela seja bem simples, não pode deixar de funcionar direito.

Trocar a válvula termostática é bem simples e elas não são caras, sendo assim, experimente trocá-la antes de partir para algo mais drástico:

1. **Encontre a válvula termostática caso já não o tenha feito.**

2. **Compre uma válvula termostática nova.**

3. **Desrosqueie a braçadeira que segura a ponta da mangueira que está mais próxima à válvula termostática.**

4. **Tire a mangueira.**

5. **Tire os parafusos que seguram a proteção da válvula termostática no lugar e tire a válvula termostática antiga.**

CUIDADO

Compare a válvula termostática nova e a sua ***junta*** com as antigas. Se a junta e a válvula termostática novas não forem *exatamente* como as antigas, volte à loja e pegue os tipos certos.

Há uma junta em torno do buraco onde a válvula termostática estava — ela também deve ser removida. Raspe pedaços velhos de junta que podem estar agarrados, mas *não deixe esses pedaços caírem no buraco!*

6. **Ponha a junta nova no lugar.**

7. **Coloque a válvula termostática nova, posicionando a parte com a mola para *baixo* (veja a Figura 10-12); por fim, ponha os parafusos de volta.**

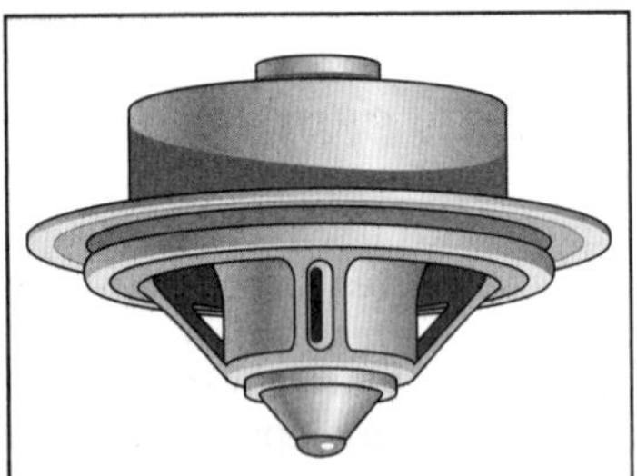

Figura 10-12: As válvulas termostáticas são colocadas tendo a parte com a mola voltada para baixo.

8. **Coloque a mangueira e a braçadeira de volta.**

9. **Devolva ao sistema qualquer fluido que tenha escorrido da mangueira, derramando-o pelo orifício de abastecimento do radiador ou no reservatório de líquido de arrefecimento.**

Trabalhando com Ares-condicionados

A maior parte das pessoas deixa o ar-condicionado funcionar no carro até que ele quebre. No entanto, os ares-condicionados devem receber uma manutenção anual de um profissional.

CUIDADO

Os ares-condicionados contêm refrigerantes pressurizados, que podem nos machucar ou cegar caso escapem; *não devemos tentar trabalhar no nosso ar-condicionado ou nas suas mangueiras sozinhos.*

CUIDADO

Observe os seguintes sinais de que seu ar-condicionado pode estar com problemas:

- O ar que entra no carro não está tão frio como costumava ser
- Está saindo um cheiro estranho da ventilação
- As correias, o compressor ou o soprador do ar-condicionado está mais barulhento do que de costume
- Escutamos um barulho rítmico debaixo do capô quando ligamos o ar-condicionado ou o desembaçador
- O desembaçador não está desembaçando o vidro tão bem quanto antes
- Encontramos água no compartimento do piso do passageiro
- A ventoinha fica ligando e desligando

Capítulo 11

O Óleo: Mantendo o Carro Jovem e Feliz

Neste Capítulo

- A importância do óleo
- O tipo certo de óleo para o carro
- A verdade sobre os aditivos
- Como trocar e reciclar o óleo e o filtro de óleo

Considerando que a temperatura das ***câmaras de combustão*** do carro, que chegam a 2.480ºC, as pressões altíssimas, o choque da ***combustão***, e as muitas peças de metal se esfregando e raspando uma na outra, é possível perceber porque um carro *não* está protegido de modo adequado contra o calor e o atrito, podendo chegar com facilidade à morte. Felizmente, esse tipo de proteção é barata e fácil de conseguir. É tudo uma questão de garantir a lubrificação necessária para manter as coisas funcionando suavemente e, então, dar atenção regular ao carro nesse sentido.

O Que o Óleo Faz Pelo Carro

Para escolher o tipo certo de óleo, devemos saber qual a função dele no sistema. Quando o motor não está funcionando, o óleo fica num recipiente chamado de ***cárter de óleo***, localizado na parte de baixo do ***cárter*** que fica debaixo do motor (veja a Figura 11-1). Quando o motor começa a funcionar, o óleo é bombeado pela ***bomba de óleo*** por buracos canais no motor, onde o óleo ajuda a esfriar e limpar o motor e proporciona um ambiente bom e escorregadio para evitar que as peças se raspem uma na outra até que não sirvam para mais nada.

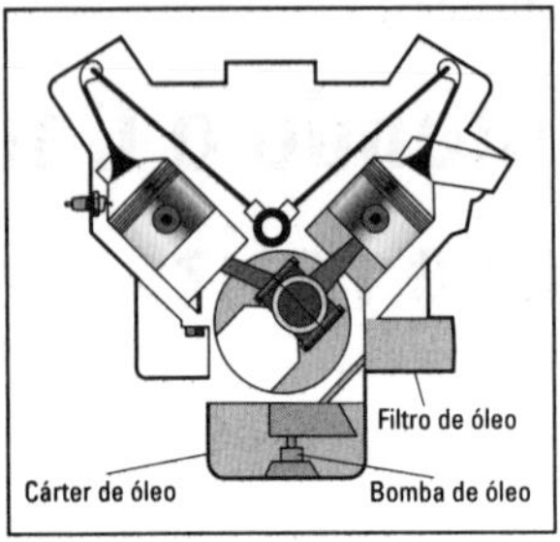

Figura 11-1: O óleo é filtrado e circula pelo motor.

O óleo esfria o motor

O cárter de óleo está debaixo do motor, onde o ar passa quando o carro está se movendo, por isso essa parte pode ser resfriada quando estamos andando com o carro. Assim, depois que o óleo sai do cárter, ele pega um pouco do calor do motor e o dissipa quando volta para o cárter de óleo. Embora isso não seja o suficiente para manter a maioria dos motores resfriado sem um ***sistema de arrefecimento***, pelo menos já é alguma coisa.

O óleo mantém o motor limpo

Grande parte dos óleos de motor contém algum tipo de detergente, que ajuda a tirar a sujeira acumulada no motor. Além de tirar e dissolver essa ***borra***, o óleo previne o surgimento de novos depósitos de sujeira. Pode acreditar, você não conhece o significado da palavra sujeira até que tenha dado uma olhada em um motor que não passou por trocas de óleo com frequência.

O óleo diminui o atrito

De longe, o mais importante que o óleo pode fazer pelo motor é criar uma camada entre as peças que se movem para ajudá-las a deslizar uma do lado da outra sem dificuldades.

Essa lubrificação diminui o ***atrito***, o que diminui drasticamente o calor e o desgaste que ele poderia causar.

A Figura 11-2 ilustra como o óleo diminui o atrito. Conforme vemos, cada ***pistão*** está ligado a uma ***biela***. Cada biela possui um buraco com um ***rolamento*** pelo qual o ***virabrequim*** passa, permitindo ao virabrequim e à biela trabalharem juntos. Agora, se olharmos na parte aumentada da figura, veremos que há um espaço em volta do virabrequim que está sempre cheio de óleo. Quando o motor está funcionando, a pressão do óleo forma uma camada que impede os rolamentos da biela de tocar no virabrequim. Em vez disso, cada rolamento se move na sua camada de óleo para evitar o atrito e o desgaste, o que é muito importante, já que a biela exerce 1.815 kg de pressão toda vez que se move para baixo. Esse arranjo apresenta outros benefícios: fica muito mais barato trocar um rolamento, caso ele se desgaste, do que trocar a biela ou o virabrequim. O mesmo princípio se aplica às outras peças que se movem no carro.

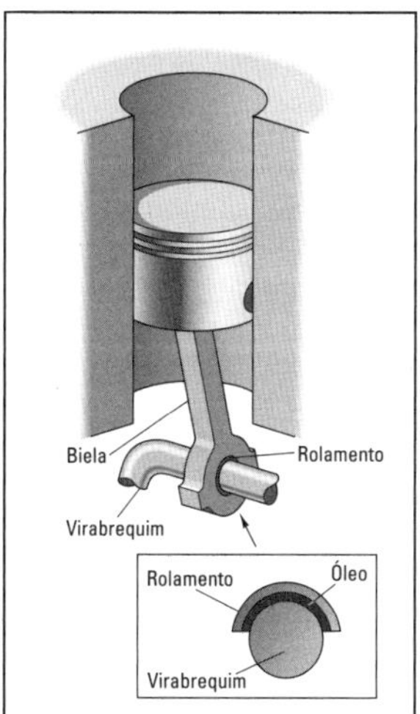

Figura 11-2: O óleo forma uma camada para evitar que o virabrequim e o rolamento gastem um ao outro.

O óleo retarda a corrosão

O óleo retarda a corrosão no motor envolvendo as partículas de água e de ácido que circulam por ele, as quais, juntamente com as partículas sólidas que o óleo mantém em suspensão, contaminam o óleo, tornando-o mais ralo. Assim, devemos trocar o óleo regularmente para nos livrarmos dessas coisas antes que elas se acumulem a tal ponto que o óleo não consiga mais fazer o seu trabalho direito.

O Que Devemos Saber Sobre o Óleo

Há vários tipos de óleo de motor no mercado, cada um projetado para um objetivo em particular. Esta seção nos ajuda a escolher o tipo certo de óleo para o carro explicando a importância dos ***aditivos*** para o óleo, as taxas de ***viscosidade*** e os códigos de classificação que encontrará em lojas de peças e em postos de gasolina.

Aditivos

Para ajudar o óleo a manter o motor frio, silencioso, controlado — e limpo e livre de corrosão —, podem ser misturados refinadores em diversos aditivos, que podem representar até 25% do custo do óleo.

Os aditivos no óleo ajudam das seguintes maneiras:

- Ajudam o óleo a escorrer melhor em climas frios.
- Evitam a corrosão das peças de metal do motor.
- Diminuem o atrito entre as peças que se movem.
- Dissolvem as impurezas e evitam o acúmulo de borra.
- Evitam a formação de vapor sob altas temperaturas.

Taxas de viscosidade

O óleo é classificado e identificado por sua ***viscosidade***, que determina sua habilidade de fluir. No frio, o óleo engrossa e a sua habilidade de fluir pelo motor diminui. No calor, o óleo se torna mais ralo, e, embora flua bem, pode ficar tão fino que não consegue evitar o atrito.

Para descobrir qual é a viscosidade adequada para seu carro, consulte a tabela de viscosidade contida no ***manual do proprietário***. Basta selecionar a faixa de variação de temperatura da região onde mais circula com o carro e o tipo de condições de viagem que espera encontrar e procurar na tabela pelo tipo de óleo recomendado para usar. Se não tiver um manual do proprietário, consulte a concessionária.

O óleo sintético

Já se falou muito sobre os óleos sintéticos: que eles permitem um intervalo maior entre as trocas de óleo, proporcionam menos desgaste para as peças do motor e que conseguem funcionar sob temperaturas maiores. Ainda resta provar o que foi dito sobre os intervalos mais longos de troca; na verdade, um fabricante de óleo sintético, que afirmou ser possível um intervalo de 32.000km entre uma troca e outra, voltou atrás e agora sugere que o seu óleo seja trocado com o mesmo intervalo dos óleos minerais.

Em teste realizado não foi encontrada qualquer diferença no desgaste do motor entre carros que usavam óleos minerais e os que usam óleos sintéticos. Não resta dúvida, no entanto, de que os óleos sintéticos têm uma performance melhor do que os óleos minerais sob temperaturas muito baixas ou muito altas. Assim, aqueles que moram em regiões de clima muito frio ou muito quente, ou que têm motores que trabalham pesado, puxando trailers ou subindo colinas íngremes, podem escolher o óleo sintético como a melhor opção no seu caso. Mas devo avisar que o óleo sintético é caro, podendo custar até três vezes mais do que os óleos minerais.

Foi desenvolvida uma mistura entre o óleo sintético e o mineral. Essa mistura de óleo mineral com sintético é mais barata do que o sintético puro e mais cara do que o mineral puro.

Como Escolher o Tipo Certo de Óleo para o Carro

Se todas as opções apresentadas até agora deixaram você em dúvida sobre qual é o óleo certo para o seu carro, pergunte-se o seguinte:

- **Qual o tipo de óleo que venho usando até agora?** Se o carro tem funcionado bem até agora, provavelmente você não ganhará nada ao trocar para outra marca de óleo. Além disso, se for trocar de óleo, terá de escorrer todo o óleo do sistema antes de começar a usar um outro.
- **Que tipo de óleo o manual do proprietário recomenda?** O carro ainda está dentro da ***garantia***? Use o peso de óleo recomendado pelo manual do proprietário. Usar outro tipo de óleo pode invalidar a garantia de um carro novo.

  Alguns fabricantes oferecem seus próprios tipos de óleos de motor especialmente fabricados para os seus carros. Se você possui um carro com esse tipo de óleo, é uma boa ideia continuar a usá-lo.
- **A sua região apresenta um clima muito frio ou muito quente? É montanhosa? Há mudanças bruscas de temperatura onde você mora ou para onde está indo?** Óleos multipesos são bons para vários tipos de temperatura. Consulte uma tabela de viscosidade para se certificar de que o óleo a ser usado fluirá bem sob condições extremas.

Quanto mais baixo o número depois do "W", melhor o óleo funcionará no tempo frio; quanto maior o número depois do "W", melhor será a sua performance no clima quente. Por exemplo, o melhor óleo para o inverno rigoroso pode ser o 0W-20, enquanto o melhor óleo para o verão é o 30W-50.

DICA

Se está indo dirigir em uma região cujas condições são muito diferentes das condições do local onde mora, e essas condições exijam um óleo de viscosidade diferente da que geralmente utiliza, drene todo o óleo do motor antes de trocar para o óleo de nova viscosidade, e novamente antes de voltar para o óleo com o peso normal depois da viagem.

- **Qual a idade do carro?** No caso de carros bem antigos que funcionam com um óleo de peso único por praticamente toda a sua vida, eles já acumularam uma boa quantidade de borra porque os óleo de peso único não vêm com detergentes.

CUIDADO

Se trocarmos de repente para um óleo de multiviscosidade, o detergente soltará a gosma do motor, que vai sujar tudo.

- **Quão gasto está esse carro?** Se o carro já estiver rodando por muitos quilômetros há vários anos e se estiver funcionando com um óleo de peso único de números 30 ou 40, o óleo multipeso não será uniformemente grosso o bastante para lubrificar as peças que diminuíram de tamanho por causa do desgaste e deixaram espaços maiores entre elas. Para manter o óleo grosso o suficiente para preencher essas folgas, troque para um óleo de peso único mais pesado à medida que o carro for envelhecendo e começar a perder a suavidade ou se estiver queimando óleo mais rápido. Se estiver usando um óleo de peso 30, troque para um de peso 40 pelo menos durante o verão, quando o óleo tende a afinar. O manual do Piu-piu (meu fiel Mustang 1967) pedia por um óleo 10W-40, mas, depois de rodar mais de 128.000km, troquei para o óleo de peso 40. Existe óleo de peso 50 para os carros bem antigos!

Sempre que comprarmos óleo, devemos comprar os das marcas mais conhecidas. As marcas boas de óleo são vendidas, em geral, em hipermercados, postos e em lojas de peças. Assim, para economizar dinheiro, quando vir uma promoção de uma marca boa e certificada, devemos compre uma caixa e guarde.

Qual Deve Ser a Frequência da Troca de Óleo

Um óleo sujo não faz o mesmo trabalho de um óleo limpo. Os ***aditivos*** fervem em um óleo sujo, há a formação de contaminantes no ***cárter*** que corroem as peças de metal, e a água forma ***borra*** com o tempo. O óleo carrega cada vez mais partículas abrasivas de metal, que desgastam as peças do motor que o óleo deveria proteger. Por isso é necessário trocar o óleo em intervalos regulares e razoáveis. Mas qual é o intervalo de tempo — ou de quilometragem — razoável entre as trocas de óleo?

DICA

Todos os óleos ficarão bem pretos dentro de poucos dias depois de uma troca de óleo. Assim, a única maneira de evitar rodar com um óleo sujo a ponto de se tornar um risco é manter um registro de quando foi a última troca de óleo e realizá-la com frequência — mais ou menos a cada 1.600km sob condições extremas. Trocando o óleo com frequência, podemos alcançar o *dobro* da quilometragem de um bom motor.

Alguns fabricantes sugerem que o óleo seja trocado a cada 12.000km ou mais, mas esses números são baseados em condições ótimas de direção, sendo que os fabricantes são as pessoas que nos venderão carros novos caso o carro atual se desgaste prematuramente. Embora alguns carros rodem mais do que outros com o mesmo óleo, e embora o aprimoramento do óleo de motor tenham aumentado a sua eficiência ao longo do tempo, para garantir que esteja segura, costumo trocar o óleo do meu carro a cada 8.000km ou a cada seis meses, o que vier primeiro. No caso de pessoas que dirigem muito na estrada, fazendo viagens longas em alta velocidade, o intervalo da troca pode ser maior. Em qualquer outro carro que não seja um dos mais novos, entretanto, não recomendo que se deixe passar mais de 8.000km entre as trocas. E nunca, em nenhuma condição, devemos estender o intervalo máximo das trocas de óleo recomendado pelo fabricante.

Como Trocar o Óleo

Trocar o óleo é fácil. Na verdade, a menos que não seja possível alcançar o ***filtro de óleo*** e/ou o ***parafuso de drenagem do motor***, temos bons motivos para trocar o óleo sozinhos: é mais barato, saberemos que o trabalho está sendo bem feito, e isso não exige muito tempo e esforço. Tudo o que precisamos fazer é desrosquear um parafuso e um filtro, deixar o óleo escorrer, colocar o filtro e o parafuso de volta e abastecer com um óleo novo.

DICA

Se você não conseguir alcançar o filtro de óleo ou o parafuso de drenagem sem ter de rastejar por baixo do carro, ou se não quiser fazer o serviço por algum outro motivo, a maioria das lojas de peças oferece trocas a preços baixos ou as incluem em um pacote de manutenção. Apenas se certifique de que eles utilizem o tipo certo de um óleo de boa qualidade e que troquem o filtro de óleo também. Para saber se apertaram bem o parafuso de drenagem, basta tirar o carro do lugar em que estava estacionado e ver se o chão tem alguma mancha de óleo. Paranoia? Talvez. Mas, *se o óleo vazar enquanto estiver dirigindo, você poderá destruir o motor rodando apenas algumas quadras.*

O equipamento

Antes de começar o trabalho, reúna os seguintes itens:

- **Óleo:** O ***manual do proprietário*** dirá qual a ***viscosidade*** recomendada para o carro e a quantidade certa. Como regra, a maioria dos carros usa 5,5l de óleo, mas você não quer correr o risco de encher demais. Se não tiver um manual, ligue para a concessionária que vende o tipo de carro que possui e pergunte a alguém do departamento de serviço. Ou encontre essa informação na biblioteca local e um ***manual de serviço*** para o tipo, o modelo e o ano do seu carro.

- **Um filtro de óleo:** Debaixo do capô de vários carros, há o que se parece com uma tampinha de garrafa rosqueada no ***bloco do motor***. Isso é o ***filtro de óleo*** (veja a Figura 11-3). À medida que o óleo circula do ***cárter de óleo*** para o motor, ele passa por esse filtro, que limpa o óleo e tira algumas das partículas de metal e a sujeira. *O filtro de óleo deve ser trocado sempre que você trocar o óleo*, em especial se essa troca é menos frequente do que 8.000km. Os filtros de óleo são bem baratos nas lojas de peças (ele é mais caro nos postos).

Figura 11-3: Um filtro de óleo.

- **Uma chave de filtro de óleo (opcional):** A maioria dos filtros é fácil de rosquear e desrosquear. Mas, se já faz tempo que não trocamos o filtro, podemos usar uma chave de filtro de óleo, ilustrada na Figura 11-4, para soltá-lo. *Sempre devemos apertar o filtro à mão para evitar quebrar o lacre.*

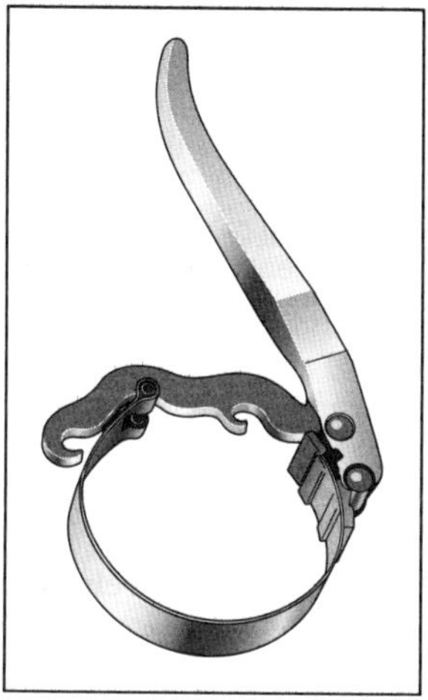

Figura 11-4: Uma chave de filtro de óleo.

- **Uma chave inglesa:** Essa ferramenta pode ser usada para soltar o parafuso de drenagem do motor. Se não estiver certo do que é uma chave inglesa, veja o Capítulo 3.
- **Uma chave de fenda:** Escolha uma que seja forte o bastante para furar o filtro (vou falar sobre o porquê disso depois).
- **Uma *junta* do parafuso de drenagem do motor:** Se comprar o filtro de óleo da concessionária, pode ser que haja uma ***junta*** nova na embalagem. Se não houver, compre uma que seja compatível com o tipo, o modelo e o ano do carro.

CUIDADO

Alguns carros não possuem juntas do parafuso de drenagem do motor, usando um contato de metal com metal cônico para evitar o vazamento de óleo. Não use a junta num caso desses, pois não vai funcionar, resultando em uma poça de óleo no chão.

- **Um recipiente para drenar o óleo:** É possível usar um recipiente baixo o suficiente para caber debaixo do parafuso de drenagem do carro sem a necessidade de erguê-lo, e que seja largo o suficiente para conter todo o óleo — em geral, uns 4,5l. O recipiente deve estar forrado com um saco plástico de lixo aberto, para que contenha o óleo e deixe o recipiente limpo.
- **Um funil:** O óleo é vendido em frascos com um bocal estreito para facilitar o abastecimento do motor. Caso ainda esteja preocupado com a mira, use um funil para evitar derramar óleo no lugar errado. Esse objeto também é útil para decantar o óleo usado em outros recipientes para reciclagem.
- **Luvas plásticas *finas* e descartáveis para manter as mãos limpas:** É possível também usar detergente para limpar o óleo das mãos.
- **Coisas para limpar o óleo:** Tenha consigo um pano limpo, sem fiapos, para limpar a vareta de óleo e um pano sujo e grosso, que não se importe de jogar fora, para limpar qualquer óleo derramado e as ferramentas. Você pode usar papel toalha também, mas é melhor não arriscar que pedacinhos de papel entrem no motor ao usá-lo para limpar as coisas.
- **Uma luz de trabalho:** Ajuda a ver melhor debaixo do carro; pode ser incômodo trabalhar com uma lanterna se você tiver de segurá-la com os dentes!

O serviço deve ser sistemático

DICA

Sempre devemos usar um *sistema* para trocar o óleo: *Cada parte do serviço deve ser feita numa ordem e não devemos mudar essa ordem nas trocas.* Isso pode soar um tanto restritivo, caso seja o tipo de pessoa que gosta de improvisar, mas, se ignorar esse aviso, pode acontecer de abastecer o óleo novo antes de colocar o ***parafuso de drenagem do***

motor ou o ***filtro de óleo*** de volta. Em qualquer um desses casos, o óleo novo irá todo para o chão e não haverá óleo suficiente no motor para chegar à loja de peças para comprar mais. Além disso, no minuto em que colocamos o parafuso de drenagem de volta, *sempre* devemos apertá-lo bem e — digo isso para que fique bem gravado na sua cabeça — abastecer com o óleo novo imediatamente (não ria; algumas pessoas se esquecem de fazer isso e destroem o motor em alguns poucos quilômetros).

Embora a troca apresente uns 17 passos que devem ser explicados, a troca em si não demora mais do que 15 minutos depois de reunirmos o equipamento necessário. Estes são os passos a serem seguidos para trocar o óleo e o filtro de óleo:

1. **Estacione em uma área plana ou de modo que o parafuso de drenagem fique na ponta mais baixa do cárter de óleo.**

2. **Antes de começar a trabalhar, certifique-se de que a *marcha* esteja engatada em P (Estacionar) ou N (Neutro) e que o *freio de mão* esteja puxado, e apanhe todo o equipamento necessário.**

3. **Esquente o motor por dois ou três minutos para que o óleo possa escorrer com facilidade.**

   CUIDADO

   Você não quer que o motor fique quente a ponto de queimá-lo. Assim, quando ele estiver *ligeiramente* quente, desligue o carro.

4. **Use uma luz de trabalho ou uma lanterna para olhar debaixo do carro. Deve ser possível ver e alcançar a rosca ou o parafuso grande que está debaixo do cárter de óleo, embaixo do motor (veja a Figura 11-5).**

   Este é o ***parafuso de drenagem do motor***. Ele é desrosqueado com a ajuda de uma chave inglesa. Caso esteja quente demais para que possa tocá-lo, deixe o motor esfriar mais um pouco.

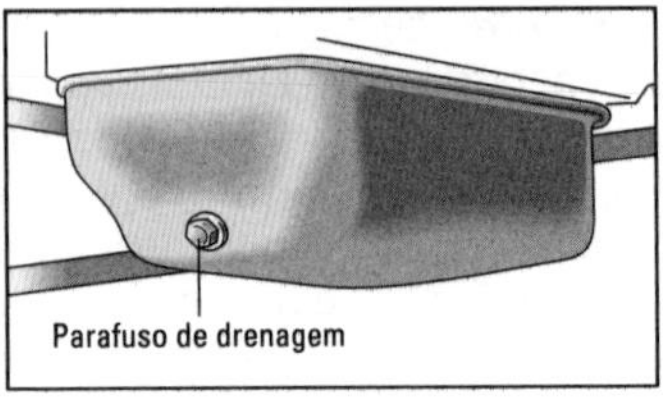

Figura 11-5: O parafuso de drenagem está na parte de baixo do cárter de óleo.

5. **Coloque um recipiente forrado na parte de dentro com um saco plástico aberto (ou um recipiente próprio para a drenagem de óleo) debaixo do parafuso de drenagem para conter o óleo.**

6. **Use a sua chave inglesa para desrosquear o parafuso de drenagem até que ele esteja *quase* saindo. Então, proteja a sua mão com um pano sujo ou uma luva de plástico descartável, e dê uma última girada rápida no parafuso à mão, soltando-o em seguida. *Tire a mão rapidamente para não se sujar de óleo.***

   Se o parafuso cair no recipiente, você poderá apanhá-lo depois. O óleo deve escorrer do motor no recipiente (lembre-se de pegar a ***junta*** também se, contra minhas recomendações, decidir usá-la novamente). Enquanto o óleo escorre, saia debaixo do carro e dê uma olhada sob o capô.

7. **Tire a tampa do *filtro de óleo* na parte de cima do motor.**

   É fácil identificar essa tampa: ela é puxada ou desrosqueada sem dificuldade, revelando um grande buraco.

8. **Desrosqueie o filtro de óleo usando uma chave de filtro de óleo se não conseguir fazer isso manualmente.**

CUIDADO

O filtro de óleo se parece com uma lata que foi rosqueada no motor (veja a Figura 11-6). Assim como outras coisas que você encontrará no carro, o filtro é desrosqueado ao ser girado no sentido anti-horário. *Terá óleo dentro do filtro, de modo que é necessário ter cuidado para não sujar nada ao tirá-lo.* Se houver quaisquer restos do lacre de borracha desse filtro no carro, raspe-os com cautela, tomando cuidado para que eles não caiam no buraco.

9. **Escorra o óleo do filtro no recipiente de coleta.**

   É possível usar uma chave de fenda para furar a parte arredondada da lata (o que liberará a pressão do filtro) e colocá-la de cabeça para baixo a fim de deixar o óleo escorrer no recipiente. Quando o filtro estiver *completamente* vazio (isso pode levar até umas 12 horas), envolva-o em um jornal e deixe-o separado para levá-lo ao centro de reciclagem junto com o óleo velho.

10. **Enquanto o óleo velho escorre do motor, abra um novo frasco de óleo. Mergulhe o dedo no óleo novo e umedeça a junta que está no filtro novo. A seguir, rosqueie o filtro novo no motor, onde estava o antigo.**

    Siga as instruções no filtro ou rosqueie-o gentilmente até que ele fique no lugar, e, então, dê mais uma volta de três quartos. A menos que o fabricante do filtro faça uma recomendação especial, ou se não houver espaço suficiente para enfiarmos a mão, não use a chave de filtro de óleo para *apertá-lo*. Ele deve estar bem apertado, mas você não quer esmagar a junta, senão o filtro vazará.

11. **Vá debaixo do carro novamente e limpe, com um pano sujo, o lugar em que vai o parafuso de drenagem.**

12. **Coloque o parafuso de volta no lugar e use uma chave inglesa para apertá-lo. Se o carro tiver uma junta do parafuso de drenagem, certifique-se de que a junta antiga tenha sido retirada, e coloque uma junta nova no cárter antes de apertar o parafuso.**

13. **Depois de instalar o filtro de óleo e de colocar o parafuso, use um funil — ou simplesmente uma boa mira — para abastecer o carro com 1l de óleo novo.**

14. **Tampe o local usado para abastecer com óleo e ligue o carro por 30 a 60 segundos enquanto procura por vazamentos ao redor do parafuso e em volta da área de abastecimento.**

    A luz de pressão do óleo no painel deve acender dentro de 10 a 15 segundos (ou, se o carro tiver um ***medidor de pressão de óleo***, o ponteiro deve marcar "Baixo"). *Não acelere o carro durante esse passo.* A pressão do óleo marcará de 0 a baixo enquanto a luz estiver acesa e não alcançará a pressão adequada até que o filtro de óleo fique cheio. Se a luz não apagar, procure por vazamentos debaixo do carro. Ligar o carro faz com que o óleo circule e entre no filtro novo, e, visto que os filtros armazenam de 0,5 a 1l de óleo, é bom estar certo de que o filtro esteja cheio a fim de obter uma leitura correta da ***vareta de nível***.

15. **Desligue o motor e aguarde de cinco a dez minutos para que o óleo assente no cárter. Então, tire a *vareta* do óleo, limpe-a com um pano limpo, sem fiapos, e coloque-a no lugar de novo. Puxe-a novamente e faça uma nova avaliação.**

16. **Continue a abastecer com óleo, um pouquinho de cada vez, e a verificar a vareta até que o óleo alcance o nível de "Cheio" na vareta.**

17. **Tire o recipiente de coleta debaixo do carro, dê algumas voltas no quarteirão, deixe o óleo assentar de novo, e verifique a vareta de nível e o painel mais uma vez.**

CUIDADO

Nunca devemos deixar um motor continuar a funcionar ou continuar a dirigir um carro que nos diz que a pressão de óleo está baixa. Visto que, além de lubrificar, o óleo ajuda a esfriar o carro, podemos danificá-lo caso continuemos a dirigir, mesmo por uma distância curta, com uma insuficiência de óleo ou com uma ***bomba de óleo*** que não esteja funcionando bem.

Como limpar bem o óleo derramado

Não podemos apenas jogar uma água num chão sujo de óleo — ele só vai boiar na água e se espalhar mais ainda. A melhor maneira de limpar óleo derramado é cobrir o óleo com uma camada generosa de areia, deixar que ela o absorva bem por algumas horas (ela absorverá até um pouco do concreto ou do asfalto), e então, varrê-la e jogar essa areia fora com as outras coisas que ficaram sujas de óleo. Em seguida, podemos espirrar um pouco de detergente na mancha e esfregar com uma escova dura; ou, no caso de concreto que não foi pintado, esfregar a área com uma mistura de sabão em pó e alvejante. Depois, basta limparmos essa mistura com papel ou toalhas e enxaguar a área.

A reciclagem do óleo e do filtro

CUIDADO

Nunca jogue óleo no solo, no lixo comum ou em um ralo. O óleo é tóxico e precisa ser tratado de acordo. Em muitos locais, jogar filtros de óleo num aterro é ilegal, resultando em multa.

Então, o que fazer com o óleo usado? Devemos decantá-lo do saco plástico que estava no recipiente de coleta para um recipiente *limpo* com tampas rosqueáveis, que selem bem o recipiente — as próprias garrafas de óleo usadas ou garrafas de refrigerante *lavadas* servem. É só colocar o funil na boca do recipiente, amarrar as pontas do saco e segurá-lo acima do funil. Depois, basta fazer um buraco em um dos cantos inferiores do saco e deixar o óleo escorrer no funil e, por fim, para o recipiente. Talvez seja uma boa ideia cobrir o chão com uma boa camada de jornais.

CUIDADO

Os centros de reciclagem de óleo, provavelmente, não aceitarão o óleo sujo com outras substâncias ou em um recipiente sujo. Assim, é melhor levá-lo a um centro de lixo tóxico. Você também pode levar o óleo para um posto ou oficina para que o responsável se encarregue da reciclagem.

Capítulo 12

São os Freios!

Neste Capítulo

- Como um sistema básico de freios está organizado
- A diferença entre freios a tambor e a disco
- O freio de mão
- O freio ABS e outros sistemas eletrônicos de freio

Este capítulo aborda um sistema automotivo tido como garantido por muitas pessoas, embora ele seja o único sistema que, se não for cuidado, pode nos matar. Como deve ter adivinhado — em especial se leu o título do capítulo —, estou falando do sistema de freios.

O Básico sobre o Sistema de Freios

Um dos motivos pelos quais os carros são os veículos mais seguros da história é o fato de, desde 1968, todos os carros terem um ***sistema de freios** dual* para que haja a certeza de que, se um dos conjuntos de freios falhar, o outro ainda consegue parar o carro. O carro também possui uma luz no painel, que avisa quando alguma coisa está errada com os freios. Um número crescente de carros não está equipado apenas com o sistema ***hidráulico*** de freios, mas também apresenta um sistema *eletrônico* de freios, que são ainda mais eficientes e seguros.

A Figura 12-1 ilustra um sistema básico de freios com um ***servo freio***, ***freios a disco*** nas rodas dianteiras e ***freios a tambor*** nas traseiras. Pode ser que o seu carro tenha freios a disco nas quatro rodas, mas o princípio é o mesmo em ambos os casos.

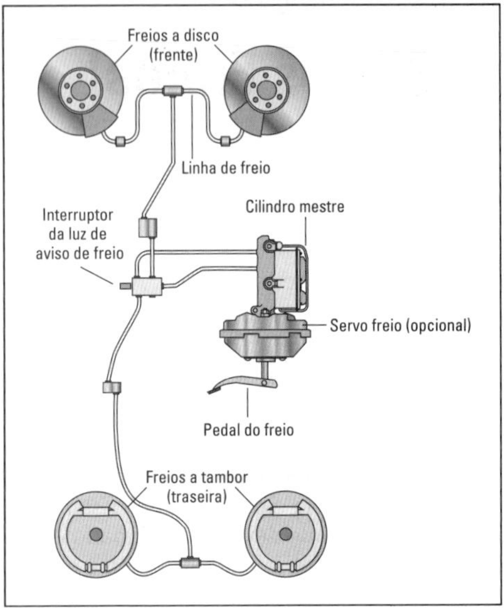

Figura 12-1: Um sistema de freio com freios a tambor nas rodas traseiras e a disco nas dianteiras.

As seções a seguir abordam cada um desses componentes do sistema hidráulico de freios básico, iniciando com o primeiro ponto de contato entre o motorista e os freios, fazendo, assim, com que a mensagem seja transmitida pelas linhas até eles.

O pedal do freio

O pedal do freio do carro está ligado a um eixo que leva até o ***cilindro mestre*** dos freios. Quando pisamos no pedal, pequenos pistões no cilindro mestre forçam o ***fluido de freio*** para fora do cilindro mestre até as ***linhas de freio***.

DICA

Se os freios estiverem funcionando bem, o pedal deve parar a uns 5cm do piso. Ele deve descer com facilidade, parar com firmeza no seu ponto mais baixo sem que haja uma sensação esponjosa, além de ficar no lugar em vez de ir baixando pouco a pouco sob uma pressão normal do pé.

Power brakes

Hoje em dia, grande parte dos carros tem ***power brakes*** com um ***servo freio*** entre o pedal e o cilindro mestre para aumentar a força aplicada sobre os pistões do cilindro mestre, fazendo com que o carro pare com um esforço menor da parte do motorista (veja a Figura 12-2). Os dois tipos mais comuns de servos do power brake são os *servos freio a vácuo*, que utilizam o vácuo do motor e a pressão atmosférica para funcionar; e os *servos freio hidráulicos* (conhecidos como *hidrovácuo*), que usam a pressão hidráulica da direção hidráulica do carro. Alguns carros têm ***sistemas antibloqueio de frenagem (ABS)*** que usam uma bomba hidráulica com o intuito de gerar pressão para o funcionamento do servo.

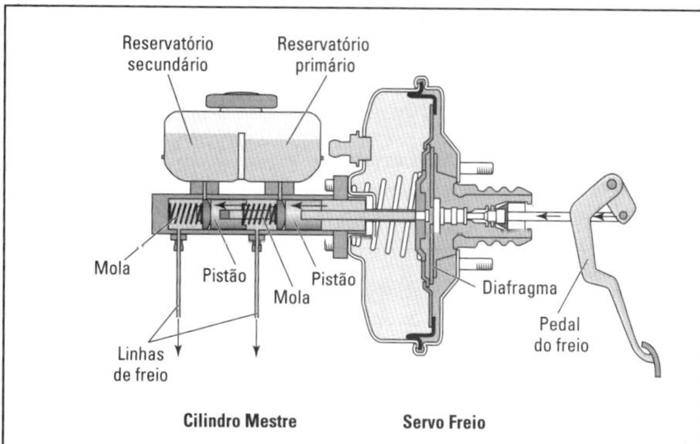

Figura 12-2: O servo freio ativa o cilindro mestre quando pisamos no pedal do freio.

O manual do proprietário deve informar que tipo(s) de freios o carro tem, caso ainda não saiba, mas ver com os próprios olhos sempre é mais divertido.

O cilindro mestre do freio

Debaixo do capô do carro, geralmente perto da ***parede corta-fogo***, no lado do motorista, há uma caixa de metal (veja a Figura 12-3) ou, nos carros mais novos, um recipiente de plástico (veja a Figura

12-4). Esse é o ***cilindro mestre*** (veja a Figura 12-2). Ele está cheio de ***fluido de freio*** e conectado ao pedal, com as ***linhas de freio*** saindo dele e indo para as quatro rodas do carro. Ao pisarmos no pedal, o ***servo freio*** é ativado, o que, por sua vez, ativa os pistões dentro do cilindro mestre, que força o fluido de freio para fora dele em direção às linhas de freio. Quando soltamos o pedal, o fluido volta para o cilindro mestre.

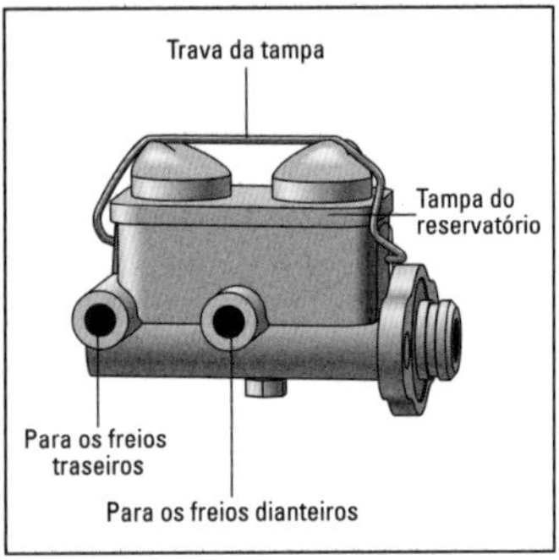

Figura 12-3: Um cilindro mestre de metal.

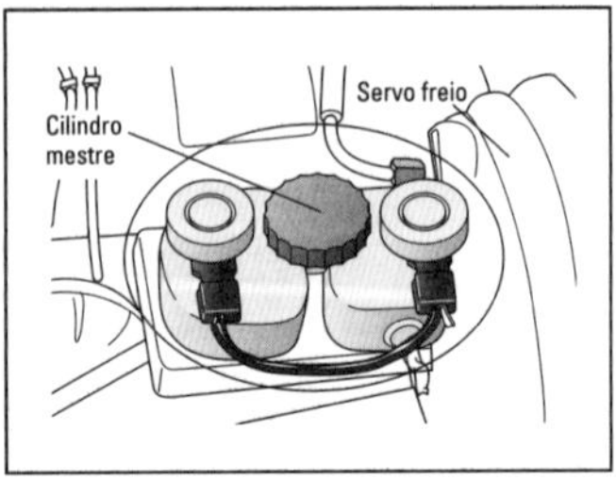

Figura 12-4: Um cilindro mestre de plástico.

As linhas de freio

As linhas de freio saem do cilindro mestre seguindo a carroceria do carro até chegar às rodas. Elas são feitas de aço, exceto pelas partes que ficam bem do lado das rodas dianteiras e do ***eixo traseiro***. Essas partes são de borracha ou de material sintético flexível o bastante para lidar com a quantidade maior de movimento que acontece nessa área à medida que o ***sistema de suspensão*** realiza o seu trabalho e as rodas viram quando giramos o volante.

O fluido de freio

Embora já estejam sendo desenvolvidos freios eletrônicos que utilizam motores elétricos para funcionar os sistemas de freio de hoje em dia ainda são ativados por um fluido ***hidráulico*** conhecido como — consegue adivinhar? — ***fluido de freio***. Podemos fazer com que o nosso sistema de freios funcione melhor e tenha uma vida útil mais longa se trocarmos o fluido — ou pagarmos a um mecânico para trocar — a cada 24 meses, independentemente da quilometragem. O fluido de freios absorve a umidade da atmosfera. Assim, à medida que ele é "contaminado" pela água, o ponto de ebulição do fluido vai diminuindo, até que ele atinja o ponto em que comece a ferver quando a temperatura dos freios aumentar. No momento em que isso acontece, as bolhas de ar no fluido fazem com que os freios falhem, coisa que ninguém quer.

As peças abordadas até então são comuns na maioria dos sistemas hidráulicos de freio. Vejamos algumas diferenças, então: primeiro pisamos no pedal e forçamos o fluido de freio do cilindro mestre para as linhas de freio. A partir desse ponto, pode haver mudanças, dependendo do tipo de sistema que tivermos. Por muitos anos, os carros usavam os ***freios a tambor*** (veja a Figura 12-5) em todas as rodas. Como podemos ver na Figura 12-1, alguns carros possuem freios a tambor nas rodas traseiras e ***freios a disco*** (veja a Figura 12-8) nas dianteiras. Hoje em dia, muitos carros têm freios a disco em todas as rodas, sendo que a maioria conta com ***power brakes***, descritos anteriormente neste capítulo. Os ***sistemas antibloqueio de frenagem (ABS)*** também se tornaram populares. Vamos falar deles em breve.

Freios a Tambor

Os ***freios a tambor***, ilustrados na Figura 12-5, são os tipos mais antigos de freios que ainda estão nas estradas. A vantagem deles é que exigem menos pressão ***hidráulica*** para parar o carro porque as ***sapatas de freio*** tendem a se rosquear nos ***tambores do freio*** depois de serem empurradas pelos pistões nos ***cilindros de freio***.

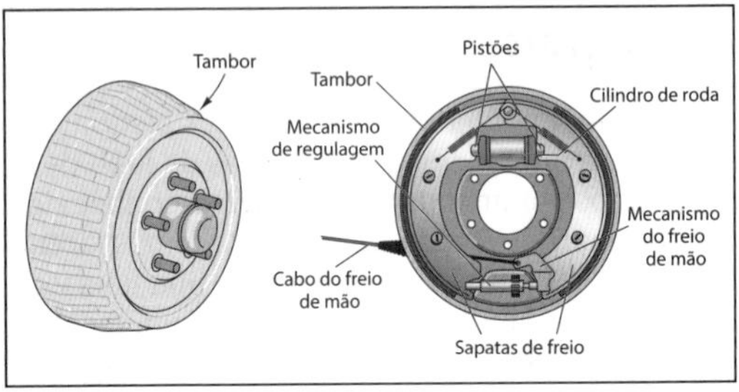

Figura 12-5: A anatomia de um freio a tambor.

Os tambores de freio

Os ***tambores de freio*** são cilindros ocos de aço localizados atrás de cada roda (veja a Figura 12-5). Como os *parafusos* que passam por eles são os mesmos que passam pelas rodas do carro, os tambores giram quando as rodas giram. Se mantivermos os freios em boas condições e se trocarmos as ***lonas de freio*** antes de ficarem gastas demais, os freios devem durar por toda vida útil do carro. Se os tambores ficarem gastos, eles podem ser "retificados" ou "torneados" a fim de que apresentem uma superfície lisa novamente — a menos que estejam mais gastos do que as recomendações do fabricante (em geral, mais do que 0,15cm), sendo que, neste caso, devem ser substituídos.

Os cilindros de freio

Como podemos ver na Figura 12-6, os ***cilindros de freio*** são mecanismos pequenos, porém poderosos, localizados dentro de cada tambor de freio no ***prato do freio***.

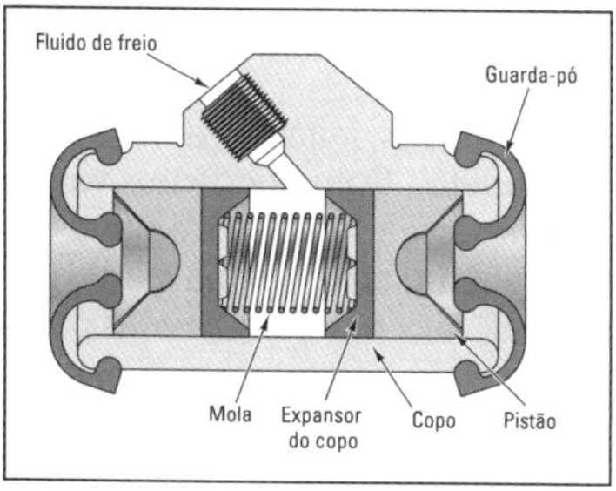

Figura 12-6: A anatomia do cilindro de roda.

O fluido de freio passa pelas linhas de freio ao ser forçado pelo pistão, que está no cilindro mestre, chegando até os cilindros de freio. Então, o fluido ativa os dois pequenos pistões que estão dentro de cada cilindro, afastando-os cada vez mais. Os pistões saem, um de cada lado do cilindro, e empurram as ***sapatas de freio***. A Figura 12-7 mostra como eles funcionam.

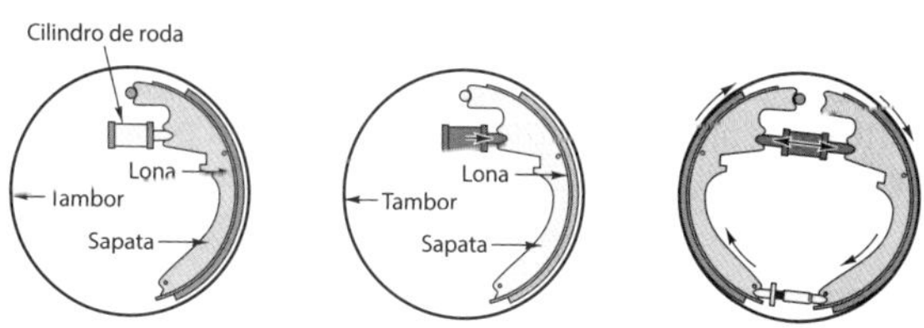

1. Antes de frear.
2. O fluido no cilindro de roda empurra o pistão para fora.
3. À medida que as sapatas são forçadas contra o tambor, o carro para.

Figura 12-7: Um freio a tambor em ação.

As sapatas de freio

Como podemos ver na Figura 12-7, as ***sapatas de freio*** são peças curvadas de metal que param o carro quando os pistões dos cilindros de freio as empurram contra a parte de dentro do tambor do freio. As sapatas estão presas a um conjunto de molas que as trazem de volta ao ponto de origem quando tiramos o pé do pedal.

As lonas de freio

As ***lonas de freio*** são peças curvas, feitas de um material resistente, e estão presas ou coladas às sapatas. Como podemos ver na Figura 12-7, quando as sapatas de freio são forçadas contra a parte de dentro do tambor de freio, as lonas criam um atrito, o que faz com que o tambor pare de girar. Isso, por sua vez, faz com que as rodas parem de girar, o que, por consequência, faz o carro parar.

Os mecanismos de regulagem

Os tambores de freios que podiam ser ajustados manualmente eram bem populares, mas os carros de passeio de hoje em dia têm freios *autoajustáveis*. O mecanismo de autoajuste está na parte de baixo do prato do freio, sendo utilizado para ajustar a distância entre a superfície da lona de freio e o interior do tambor quando pisamos no pedal. À medida que as lonas se desgastam, a distância aumenta, e o mecanismo de ajuste faz uma compensação. Se o nosso carro não tiver um mecanismo de autoajuste e se as nossas lonas estiverem gastas demais, as sapatas acabarão não conseguindo alcançar a parte de dentro do tambor e o carro não vai parar. Podemos ver um mecanismo de autoajuste em um freio a tambor na Figura 12-5.

Freios a Disco

Os ***freios a disco*** costumam ser encontrados principalmente nas rodas dianteiras dos carros, com os freios a tambor nas traseiras (veja a Figura 12-1). Hoje em dia, a maioria dos carros de passeio tem freios a disco em todas as rodas. Cada freio apresenta um disco chato de aço — você já sabia disso, não é? — entre um par de ***pinças*** (veja a Figura 12-8) ou ele pode ter uma única pinça (veja a Figura 12-9). Essas pinças contêm um ou mais pistões que forçam o ***fluido de freio*** nas ***linhas de freio*** para o disco. Entre o disco (às vezes chamado de *rotor*) e os pistões, existem as ***pastilhas de freio***, que funcionam do mesmo jeito que as ***sapatas de freio***: agarram o disco com suas lonas de fricção fazendo com que o disco pare e, por sua vez, a roda e o carro. O efeito é o mesmo em uma bicicleta, quando os freios agarram a roda e a fazem parar de girar.

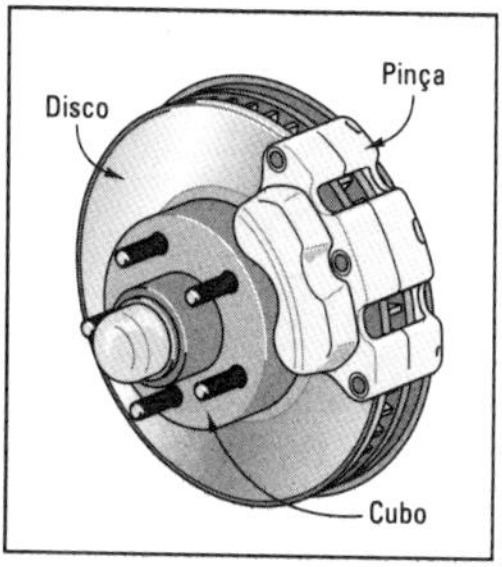

Figura 12-8: Um freio a disco de múltiplas pinças.

Carros mais velhos usam sistemas de freios com *pinças fixas*, onde um ou dois pistões de cada lado do disco empurram as pastilhas contra ele. Um sistema de freio a disco que vem se tornando cada vez mais popular é o de *pistão único com a pinça flutuante* (Figura 12-9). Quando pisamos no freio, a pinça se move lateralmente e se centraliza. Visto que esses sistemas são autoajustáveis, mais confiáveis e menos caros, eles provavelmente se tornarão padrões.

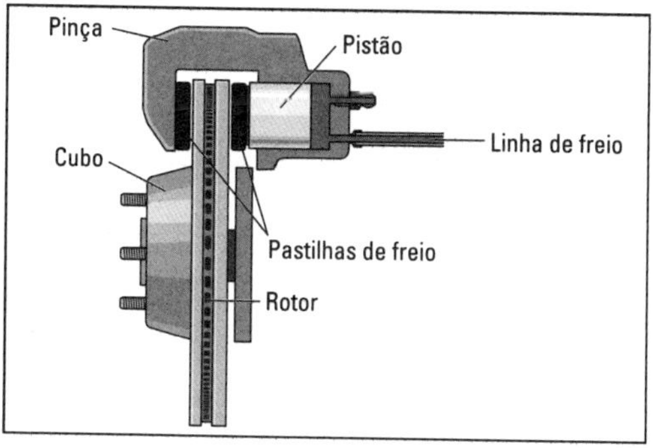

Figura 12-9: A anatomia de um freio a disco de pistão único, com pinça flutuante.

Os freios a disco têm uma vantagem em relação ao a tambor. Por funcionarem do lado de fora (em vez de dentro do tambor do freio), tendem a superaquecer menos. Além disso, são menos afetados pela água, já que as partes da frente das pastilhas removem a água antes que ela fique entre as pastilhas e o disco (quando o tambor fica molhado, as lonas de freio podem não conseguir agarrá-lo satisfatoriamente e o carro pode não frear).

O Freio de Mão

O ***freio de mão***, ou *freio de emergência*, está, em geral, ligado às rodas traseiras. No caso de carros com ***freios a tambor*** nas rodas traseiras, o freio de mão costuma estar conectado às rodas traseiras através de cabos tal como ilustrado na Figura 12-10. Eles são chamados de freios de mão *integrais* (veja a Figura 12-11). Embora quase todos os carros mais novos tenham *sistemas autoajustáveis*, se este não for o seu caso, você pode ajustar os cabos, que passam por baixo do carro, sem problemas. É só girar um parafuso que controla a tensão do cabo.

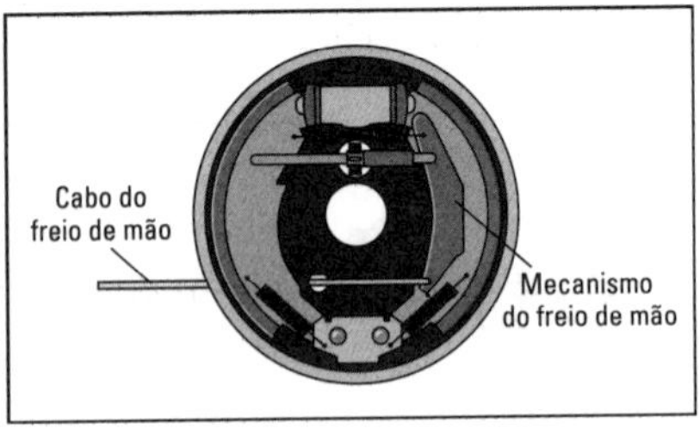

Figura 12-10: Um cabo ativa o sistema de freio de mão num freio a tambor traseiro.

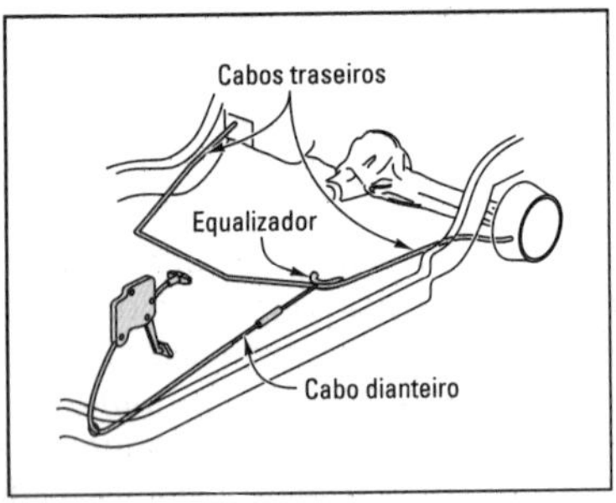

Figura 12-11: Um sistema de freio de mão integral.

Em outros carros com freios a tambor, existem mecanismos diferentes para o mesmo trabalho. Alguns freios de mão em carros de ***tração traseira*** estão ligados à ***transmissão***, e, em vez de ativar os freios traseiros, fazem o ***eixo cardan*** parar de girar as rodas traseiras. Nesses tipos de freios, ilustrados na Figura 12-12, a cinta e a lona estão ligadas ao tambor e à transmissão. Quando puxamos o freio, a banda aperta a lona contra o tambor, fazendo com que o eixo cardan pare de girar. Quando um freio de mão do tipo transmissão não estiver funcionando direito, é necessário pedir a um mecânico profissional que o verifique.

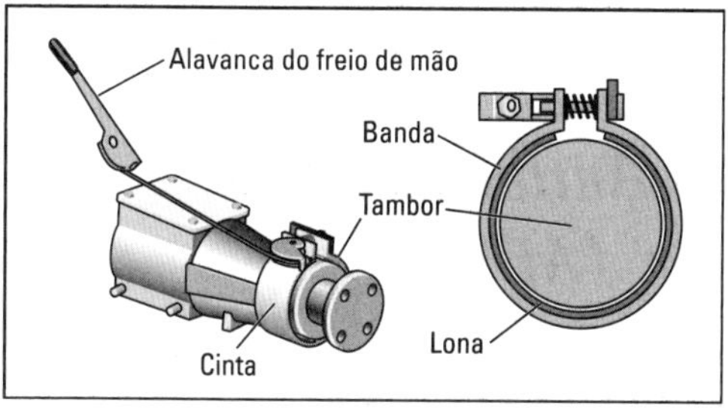

Figura 12-12: Um freio de mão do tipo transmissão.

Os carros que têm ***freios a disco*** podem ter ainda um freio de mão que funciona como um minifreio a tambor conectado às rodas traseiras (veja a Figura 12-13). Muitos sistemas de freio de mão para carros com freios traseiros, porém, usam o próprio freio a disco. Carros com freios a disco na frente e atrás utilizam um cabo para ativar o freio de mão. Podemos ver como tudo isso está ligado na Figura 12-14.

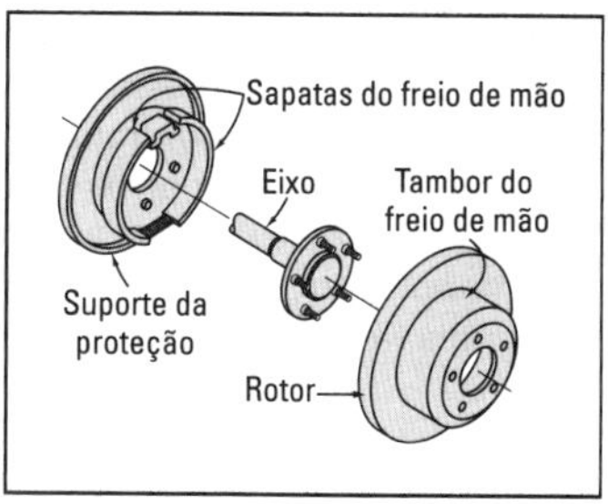

Figura 12-13: Um sistema de freio de mão com um freio a disco traseiro.

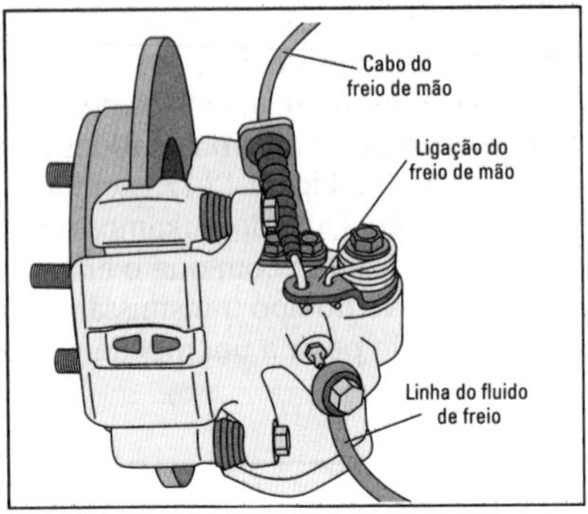

Figura 12-14: Um cabo ativa o sistema de freio de mão em alguns freios a disco traseiros.

Sistemas Antibloqueio de Frenagem (ABS)

Os ***sistemas antibloqueio de frenagem (ABS)*** são projetados para evitar que o carro derrape e para nos permitir manter o controle da direção do carro até que ele esteja completamente parado. Esse sistema também diminui a distância que o carro necessita percorrer antes de parar e pode evitar danos que podem ocorrer nos pneus caso tivéssemos freado com as rodas travadas.

O ABS vem em dois tipos: em duas ou nas quatro rodas. Alguns caminhões leves e vans usam o sistema antibloqueio de frenagem nas *duas rodas* traseiras, mantendo a estabilidade da direção. Embora as rodas dianteiras ainda possam travar, o carro continua a se mover numa linha reta. Por aplicar somente a pressão necessária no freio, o motorista pode controlar a direção. Encontramos o sistema antibloqueio de frenagem nas *quatro rodas* em outros caminhões leves e na maioria dos carros. Esse sistema evita que as quatro rodas travem, o que nos permite manter o controle da direção em frenagens de emergência. Se não houver uma frenagem iminente, o ABS permanece em standby.

Como o ABS funciona

O ABS funciona assim: um microprocessador chamado de *computador de frenagem antibloqueio* monitora a velocidade de cada roda com um componente eletrônico chamado de *sensor de velocidade*. Quando pressionamos firmemente o pedal do freio, o sistema ativa ***solenoides*** eletrônicos para manter ou liberar a pressão ***hidráulica*** em cada uma das rodas de modo independente centenas de vezes mais rápido do que se pisássemos várias vezes no pedal com um sistema comum. É possível não apenas ouvir isso acontecendo, como também sentir o pedal pulsando quando o sistema é ativado. *Enquanto o sistema está funcionado, é importante manter o pé pressionando o pedal do freio até que o carro pare.*

Se houver algum problema com o sistema, veremos uma luz acender no painel e o sistema de freios normal assumirá o controle. Assim, caso essa luz acenda, devemos nos lembrar de que ainda podemos contar com os freios normais. Basta *bombear* o freio e direcionar o carro como se nunca tivéssemos ouvido falar de ABS. Se ele quebrar, conserte assim que possível!

O que o ABS não faz

O ABS não evita todas as derrapagens e nem sempre para o carro numa distância curta. Embora ele nos ajude a manter o controle, o carro pode não virar tão rápido em uma pista escorregadia, como faria em uma pista seca. A combinação de velocidade excessiva, curvas e pisões bruscos no freio pode fazer até um carro com ABS derrapar. No caso de pistas cobertas com cascalho solto ou neve fresca, as rodas travadas num carro sem ABS podem acumular uma boa quantidade de cascalho ou de neve e parar mais rápido do que um carro com ABS. Assim, é importante manter uma distância segura entre o seu carro e o da frente, e tentar manter uma velocidade constante, em vez de frear de repente no último minuto.

DICA

Ao dirigir um carro com ABS, teste o freio antes para saber qual é a sensação de frear com ABS quando ele está funcionando bem. Encontre um estacionamento *vazio* em um dia chuvoso e freie, procurando sentir como o carro responde. Mantenha o pé no pedal e direcione o carro enquanto o freio faz o serviço dele. Assim, você saberá o que esperar em uma situação de emergência.

Outros Sistemas Eletrônicos de Freios

Como o sistema de freios é importante aspecto de todos os carros, a tecnologia para criar sistemas mais seguros e com uma resposta mais rápida está em constante evolução. Agora existem novos sistemas de freios eletrônicos que nos proporcionam vantagens adicionais, sendo que, em muitos casos, funcionam em conjunto com o ABS.

Assistência de Frenagem

Ter a *Assistência de Frenagem (BA)* no carro é como ter um super-herói conosco, que pode nos salvar em caso de emergência. Ele fica de olho em como estamos freando, e se, de repente, tivermos uma emergência e precisarmos parar com pouco espaço na nossa frente, a BA aumenta a potência dos freios para nos ajudar. Quando o problema termina e tiramos o pé do freio, o sistema se afasta e continua a sua vigilância.

De início, ele foi oferecido como uma opção para carros de alta qualidade, em geral como parte de um pacote de "pré-colisão". Hoje em dia, ele está se tornando disponível em cada vez mais carros, à medida que o seu preço diminui. Em muitos casos o encontramos trabalhando junto com o EBD, assunto da próxima seção.

Distribuição eletrônica de frenagem (EBD)

Surgida primeiro em carros de luxo e em SUVs, a *distribuição eletrônica de frenagem* (EBD) garante a distribuição da potência da frenagem igualmente entre todas as rodas do carro. Se um carro estiver carregando alguma coisa pesada ou se a carga estiver distribuída de modo desproporcional, a potência do freio pode, no caso de um sistema normal, fazer com que o carro puxe para um lado ou venha derrapar. Mas, para assegurar a estabilidade, a EBD distribui automaticamente a força dos freios de modo proporcional para todas as rodas a fim de que o carro freie com segurança.

Parte IV

Segurança e Emergências

A 5ª Onda Por Rich Tennant

Nesta parte...

Os veículos de hoje não são só mais eficientes e respondem mais prontamente, como também apresentam características inovadoras que podem proteger o motorista e os passageiros. Esta parte nos mostra o que podemos — e o que não podemos — esperar dos sistemas de segurança de um veículo e o que mais existe por aí para fazermos a escolha mais segura possível na hora de comprar um carro novo.

Apesar dos seus melhores esforços, seu carro pode quebrar na estrada. Ele pode superaquecer. Um pneu pode estourar. Talvez você não saiba qual é o problema, mas sabe pelo som — ou pelo cheiro — que coisa boa não é. Esta parte também apresenta como diagnosticar o carro, o que fazer nessas ocasiões, além de lhe ajudar a passar por elas com segurança. Como existem diversos problemas que estão além da nossa capacidade como pessoas que gostam de fazer as coisas sozinhos, esta parte também mostra como encontrar, avaliar e cooperar com uma boa oficina.

Capítulo 13

O Conserto de Vazamentos, Rangidos, Maus Cheiros e de Sensações Estranhas

Neste Capítulo

- Os sons dos problemas
- Como se livrar de rangidos, batidas e de vibrações
- Cheiros estranhos
- Como decifrar sinais de fumaça
- Como localizar e lidar com vazamentos e com sensações estranhas
- Como consertar as luzes de seta

Sons

Provavelmente não temos problemas em reconhecer o som do carro quando ele está funcionando direito. Ao mesmo tempo, nossos ouvidos podem nos alertar sobre qualquer som estranho. Bem, devemos ficar atentos ao que os nossos ouvidos estão querendo dizer! Ao ouvir algum som estranho ou diferente, preste atenção e reaja de acordo.

- **Se uma *correia de ventoinha* ou uma *correia de transmissão* começar a "cantar" (um rangido agudo que para quando o motor é desligado),** ajuste ou troque a correia. As correias devem possuir cerca de 1,2cm de folga e não devem estar gastas, rachadas ou brilhantes na parte de dentro. Algumas correias tendem a cantar mais do que outras.

Não dirija com uma correia quebrada. Caso tenha uma correia extra, poderá economizar a tarifa do guincho *se* souber como trocar uma correia. Trocar uma correia de transmissão única à beira da estrada pode ser mais difícil. Talvez precisemos de guincho, mas, pelo menos, não ficará parado em uma oficina até que chegue uma correia nova.

- **Se o *radiador* estiver "cantando" (um som agudo que *pode* continuar mesmo depois que o motor for desligado),** devemos verificar a ***tampa de pressão***. A ***junta*** de borracha pode estar gasta, o que deve estar deixando o vapor do motor quente escapar. **Se alguma coisa ficar batendo com um certo ritmo enquanto o carro está *parado*,** desligue o motor, espere dez minutos para ele esfriar e para que o óleo se assente no ***cárter***. Depois, verifique o nível do óleo. As peças ***hidráulicas*** que fazem as ***válvulas*** do motor funcionar podem estar causando esse barulho caso haja menos do que um litro de óleo. Se o nível estiver baixo, é necessário abastecer o carro com óleo até que atinja o nível de "Cheio" na ***vareta de nível*** e depois verificar novamente dentro de alguns dias. Se o nível estiver bom, peça a um mecânico que verifique o ajuste das válvulas, no caso de carros que possuem válvulas ajustáveis (alguns não têm). Válvulas defeituosas podem afetar e muito a performance do carro e o consumo de combustível.

- **Se ouvir uma batida alta no motor,** encoste *imediatamente* e peça ajuda dos serviços da estrada. O problema pode ser um ***balancim*** solto ou um acúmulo de carbono dentro do motor. Mas, se for um ***rolamento*** solto ou um ***pistão*** defeituoso, desconsiderar o problema pode destruir todo o motor.

- **Se ouvir o motor funcionando mesmo depois de desligar o carro,** significa que o motor está realizando uma ***autoignição***, o que acontece apenas com carros que têm carburadores. Isso em geral ocorre com o motor funcionando enquanto o carro está parado onde uma quantidade muito alta ou excessiva de carbono entra na câmara de combustão e queima o combustível que ainda não havia sido queimado dentro dos cilindros.
- **Se ouvir um assovio vindo debaixo do capô,** verifique as mangueiras para ver se não há vazamento de vácuo. Se o assovio estiver vindo *de dentro* do carro, é provável que haja um vazamento nas borrachas de vedação das janelas.
- **Se o funcionamento do motor está fora de ritmo quando o carro está parado,** não se trata de uma demonstração do seu talento musical; provavelmente ele está com uma ***falha na ignição***, sendo que uma das ***velas*** ou os cabos das velas podem estar com defeito. Tente o seguinte:
  - Verifique os cabos das velas, *com o motor desligado*, para procurar por fiação quebrada ou por curtos-circuitos.
  - Retire as velas, uma de cada vez, *com o motor desligado*, para ver se elas estão limpas e se as ***folgas*** estão bem ajustadas. Substitua qualquer vela que esteja suja ou queimada.
- **Se o funcionamento do carro *parado* não é suave, mas não é desequilibrado,** peça a um mecânico que verifique o carro em uma máquina de diagnóstico eletrônico. Também podemos verificar a ***compressão*** de cada ***cilindro*** por conta própria. Se houver a necessidade de ***retificar*** o motor, talvez seja preferível comprar um motor novo — ou um carro novo.

Uma maneira bem simples de determinar se o motor está funcionando em um ritmo equilibrado enquanto o carro está ***parado*** é colocar um pedaço de papel na saída do ***escapamento*** (com o ***freio de mão*** puxado, por favor). Isso amplifica o som e nos permite escutar o ritmo. Sabemos que um ***cilindro*** está com uma falha na ignição ao ouvir uma batida ou um sopro. Uma ***parada*** que não é suave, mas que ao mesmo tempo não está fora de ritmo, é a pista que precisamos para saber que está na hora de um mecânico verificar o nosso sistema de ***injeção eletrônica*** com um equipamento de diagnóstico eletrônico.

- **Se o carro soar como um caminhão, ou se ele estiver fazendo algum outro barulho alto e anormal**, pode ser que haja um buraco no ***silenciador***. Ele deve ser trocado imediatamente.
- **Se a buzina estiver travada,** o seu carro produzirá o som mais irritante que ele pode produzir. *Antes* que isso aconteça, peça a alguém que aperte a buzina do carro até que você a localize debaixo do capô. Geralmente, há duas buzinas, sendo que cada uma delas tem um fio conectado. Se a buzina travar, puxe esses fios para fazer o barulho parar (veja a Figura 13-1) — às vezes, só será preciso puxar um dos fios. Ao levar o carro na oficina, peça que a buzina seja consertada, e que descubra por que ela ficou travada, mas não esqueça de avisar que soltou os fios. Se não conseguir alcançar os fios das buzinas, tire o ***fusível*** ligado à buzina para fazê-la parar. Outra maneira de tornar as coisas mais silenciosas de modo mais rápido é desconectar um dos terminais da ***bateria***. É óbvio que o carro não vai andar com o terminal da bateria desconectado. Isso deve ser feito apenas como uma solução de curto prazo, até que possamos consertar a buzina ou até que chegue alguém para ajudar.

DICA

- **Se ouvir um barulho, mas não conseguir encontrar a fonte,** use um estetoscópio. Tal como ilustrado na Figura 13-2, devemos retirar o disco de borracha e colocar um tubo no lugar (um de uns 4cm é o suficiente). Então, é necessário colocar os plugues nos ouvidos, ligar o motor e mover a parte que tem o tubo pela área do capô. O estetoscópio aumenta o som quando nos aproximamos da parte que está fazendo o barulho estranho.

  DICA

  Um cabo de vassoura de madeira também funciona. Basta colocar uma ponta do cabo no osso atrás da orelha e a outra ponta nas peças que parecem ser a fonte do barulho estranho.

- **Se os pneus estiverem rangendo nas curvas (e você não estiver dirigindo rápido demais),** verifique a pressão, a banda de rodagem e o ***alinhamento***.
- **Se escutar um gemido ou um sussurro nas curvas,** pode ser que os ***rolamentos*** estejam gastos.

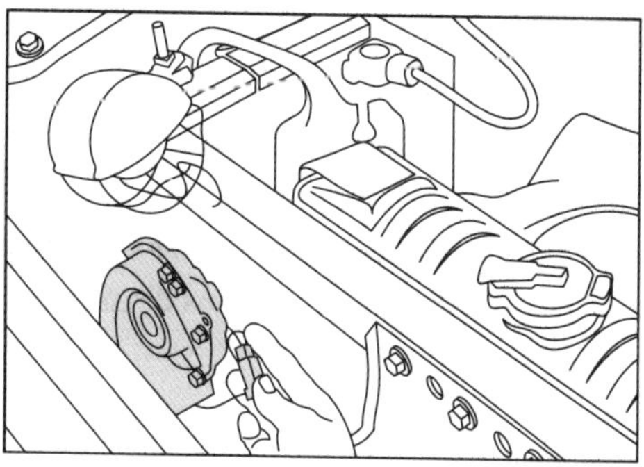

Figura 13-1: Se a buzina travar, podemos puxar um fio para silenciá-la.

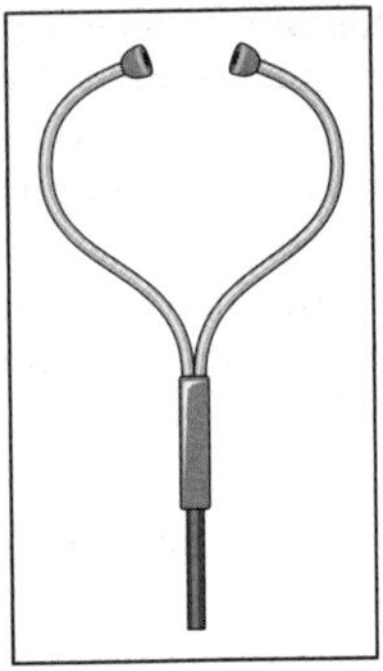

Figura 13-2: Um pedaço de tubo e um velho estetoscópio podem ser muito eficientes para identificar um problema.

Rangidos, Batidas e Vibrações

Em caso de rangidos, batidas e vibrações suspeitas, talvez seja possível economizar algum dinheiro verificando e apertando os seguintes itens antes de ir a uma oficina:

- **Os parafusos soltos**
- **Os espelhos retrovisor e laterais**
- **Os botões e acabamentos do painel**
- **As grelhas dos alto-falantes do sistema de som**
- **As manivelas e fechaduras das janelas e das portas**
- **O cinzeiro e outros compartimentos de armazenagem**
- **O porta-luvas**
- **As calotas**
- **O acabamento externo**
- **O porta-malas**

Caso nenhum desses itens da lista seja o culpado, ou se o barulho continuar, leve o carro a uma oficina para que eles encontrem a fonte do barulho. Às vezes, alguma coisa dentro do carro vibra porque alguma outra peça do carro não está funcionando suavemente.

Se o seu carro range como um táxi velho, em especial ao dirigir em uma estrada esburacada, ele pode estar apenas precisando de lubrificação. No entanto, o problema também pode ser estruturas ou ***amortecedores*** gastos, as ***articulações esféricas*** da suspensão, ou ligações quebradas do ***estabilizador***.

Cheiros

Podemos nos livrar de odores persistentes usando sprays que os eliminam em vez de simplesmente disfarçá-los. Mas, se sentirmos o cheiro de qualquer um dos itens da lista a seguir, devemos agir imediatamente para corrigir os problemas:

- **Sente o cheiro de borracha queimando debaixo do capô?** Pode ser que uma das mangueiras tenha se soltado e que esteja encostando em alguma das partes quentes do motor. Aja rapidamente, antes que ela derreta.
- **Sente o cheiro de alguma coisa queimando com o capô fechado?** Verifique as rodas. Se alguma delas estiver quente, pode ser que a ***sapata ou a pastilha de freio*** esteja se raspando, ou talvez você tenha deixado o ***freio de mão*** puxado. Se o problema não for o resultado de nenhuma dessas opções, o culpado pode ser uma ***embreagem*** superaquecida de um carro com transmissão manual.
- **Sente o cheiro de óleo queimando (um cheiro acre e forte)?** A primeira coisa a se fazer é verificar a ***vareta de nível*** do óleo. Talvez o ***medidor da pressão do óleo*** esteja mentindo: o óleo pode estar acabando. Ou talvez o motor esteja superaquecendo, e o medidor de temperatura, quebrado. Se nenhum desses casos for a fonte do problema, procure por vazamentos de óleo em volta do bloco do motor ou do coletor de escape. Se a situação do óleo parecer

normal, verifique a vareta de nível do ***fluido de transmissão***. Às vezes, um ***modulador de vácuo*** pode fazer com que o fluido saia da transmissão e entre no motor, onde ele é queimado. Além disso, se o fluido de transmissão estiver num nível muito baixo, ele pode estar se queimando na transmissão porque as engrenagens não recebem lubrificação suficiente e esquentam demais.

- **Sente o cheiro de óleo ou de fumaça de escape no compartimento do passageiro?** Isso pode acontecer por causa de óleo queimado na área do motor, mas também é possível que seja o resultado de um tubo de escape defeituoso debaixo do carro que está deixando os ***gases de escape*** entrar no carro pelo piso.

CUIDADO

A fumaça de escape contém monóxido de carbono. Então, se sentirmos o cheiro de óleo ou de resíduos de escape dentro do carro, seria melhor manter as janelas abertas o tempo todo e verificar esse problema o mais rápido possível. Algumas pessoas morreram porque inalaram o monóxido de carbono ou porque desmaiaram ao volante em função dele. Embora os resíduos de escape da maioria dos carros fabricados depois de 1995 seja tão limpo que no máximo o resultado será uma grande dor de cabeça, ainda assim seria melhor procurar saber o que está causando esse problema. Nunca vale a pena arriscar.

- **Sente o cheiro de algo doce e úmido?** Olhe o medidor de temperatura ou a luz do painel para ver se o motor está superaquecendo.
- **Sente o cheiro de ovos podres?** Esse cheiro provavelmente vem do ***conversor catalítico***, que faz parte do ***sistema de escape***. Pode haver algum defeito no conversor, ou algum problema com o motor.
- **Sente o cheiro de torrada queimada (um aroma leve, porém definido)?** Isso pode se tratar de um curto-circuito, ou talvez o isolamento de um cabo esteja queimando. Dê uma olhada debaixo do capô. Dirigir assim é um pouco arriscado. Por isso, leve o

carro para a oficina mais próxima ou peça aos serviços da estrada que venham até você.

- **Sente o "cheiro de carro novo"?** Isso pode ser resultado de emissões tóxicas dos materiais e dos adesivos usados no compartimento do passageiro. Se o carro tiver um cheiro assim e se ele for forte, seria melhor manter as janelas abertas ou deixar o ar-condicionado funcionando enquanto dirige até que o cheiro suma.
- **Sente o cheiro de gasolina?** Se está tendo problemas para dar a partida no carro, pode ser que o motor esteja afogado. Espere alguns minutos e tente novamente. Se o cheiro vem de debaixo do capô, verifique o sistema de ***injeção eletrônica*** ou o ***carburador*** para ver se não há um vazamento de combustível. Você também deve verificar a ***bomba de combustível*** (se ela não estiver escondida dentro do tanque). O vazamento de gasolina resultará numa marca de combustível visível a olho nu. Então, verifique todas as ***linhas de combustível*** e todas as ***mangueiras*** visíveis que levam ao ***tanque de combustível***. Caso elas estejam podres ou desconectadas, você sentirá o cheiro dos vapores de combustível sem ver vazamento algum. Dar uma olhada debaixo do carro depois que o carro fique estacionado a noite toda pode ajudar, mas lembre-se de que o combustível evapora rapidamente. Assim, as pistas podem ser manchas em vez de poças.

Fumaça

Se vir fumaça sair pelo ***escapamento***, a cor dela pode nos dar a dica sobre a causa do problema:

- **Se vir um vapor branco numa manhã fria,** pode desconsiderar isso se ele parar depois que o carro esquentar. Se continuar, porém, pode ser que o ***bloco do motor*** ou que o ***cabeçote*** esteja rachado, ou talvez a ***junta do cabeçote*** esteja deixando o líquido de arrefecimento entrar no motor. Nesses casos, será preciso a ajuda de um mecânico profissional.

- **Se vir uma fumaça preta e em um carro mais antigo, que usa um *carburador*,** isso quer dizer que a ***mistura de ar/combustível*** precisa ser ajustada para uma combinação mais pobre ou pode ser que a boia do carburador tenha absorvido gasolina e ela esteja afogando o motor.

  Um carro com ***injeção eletrônica*** soltando fumaça preta costuma exigir um diagnóstico especial e deve ser deixado nas mãos de uma oficina.

  Podemos verificar se a mistura de combustível/ar de qualquer tipo de veículo está rica demais passando o dedo na parte de dentro do escapamento (certifique-se primeiro de que ele não está quente demais). Se o seu dedo ficar sujo de carbono, é muito provável que a mistura esteja rica demais.

- **Se a fumaça for clara ou azul-escuro,** quer dizer que o carro está queimando óleo, o que pode indicar que o óleo está vazando nas ***câmaras de combustão*** e que será preciso trocar as ***vedações da haste da válvula*** ou ***retificar*** ou substituir o motor.

- **Se a fumaça for cinza claro,** o carro talvez esteja queimando o ***fluido de transmissão*** automática. Verifique a ***vareta de nível*** da transmissão. O fluido está preto e queimado? Tem um cheiro de queimado? Se estiver, a troca de fluido pode resolver esse problema.

Vazamentos

Os vazamentos merecem atenção especial. Andar com um carro com um nível muito baixo de algum fluido vital pode resultar em grandes danos. Depois de descobrir a fonte do vazamento, as informações a seguir lhe ajudarão a decidir se poderá lidar com ele sozinho ou se precisará de ajuda profissional.

DICA

Se estiver entrando água no compartimento dos passageiros, verifique as ***juntas*** de borracha que vedam as janelas, as portas e o teto solar.

A menos que o seu carro tenha um escudo de proteção debaixo da área do motor, use esse método simples para ver se alguma coisa está vazando debaixo do carro e verificar algumas dicas que o ajudarão a decidir o que fazer:

1. **Estacione o carro sobre uma parte limpa de asfalto ou sobre um pedaço de papel branco e limpo durante a noite.**

   Prenda alguns pedaços de papel um no outro ou compre um rolo de papel de embrulho comercial branco. Os jornais absorvem demais o líquido e podem mudar a cor das manchas.

2. **Faça marcas no papel para indicar onde cada uma das quatro rodas pararam, indicando também quais são as da frente e quais são as de trás.**

3. **Quando amanhecer, tire o carro do lugar e analise as poças ou os vestígios do líquido no chão ou no papel. Toque e cheire cada poça ou vestígio.**

Como interpretar essas evidências?

- **Se o líquido estiver limpo, parecido com água e tiver caído debaixo do ar-condicionado,** provavelmente se trata apenas de condensação normal caso tenhamos usado o ar-condicionado há pouco tempo.
- **Se ele estiver preto ou marrom-escuro, oleoso e caído debaixo da área do motor,** é provável que se trate de ***óleo***. Descubra qual a peça do carro que estava sobre essa mancha: analise o ***filtro de óleo*** e o motor e procure por vazamentos debaixo do carro no ***parafuso de drenagem do motor***, no ***cárter*** e no ***cárter de óleo*** abaixo dele.

- **Se ele for oleoso, grosso, preto ou escuro,** pode ser que o óleo de transmissão esteja vazando da ***transmissão manual***, do ***diferencial***, de um ***eixo*** ou das engrenagens de direção. Qualquer um desses vazamentos exigem atenção imediata.
- **Se ele for vermelho, rosa, marrom-avermelhado, oleoso e se se tratar de uma transmissão automática,** provavelmente se trata de ***fluido de transmissão***. Verifique a ***vareta de nível***. Se ele estiver baixo, é necessário abastecer o carro com o tipo apropriado de fluido. Então, verifique a vareta mais uma vez depois de um ou dois dias. Se o nível estiver baixo novamente, peça a um mecânico que verifique a transmissão para se certificar de que as suas vedações estão intactas.
- **Se estiver parecida com água ou se estiver escorregadia; se estiver verde, vermelho, azul ou amarelo; e se estiver vindo de debaixo do radiador ou do motor,** provavelmente se trata de ***líquido de arrefecimento***.
- **Se for oleoso; rosa, vermelho ou claro; e for encontrado na região do para-choque dianteiro (em geral, do lado do motorista),** provavelmente se trata de fluido de ***direção hidráulica***. O sistema de direção hidráulica é vedado e não deveria perder fluido. Se o nível estiver baixo, abasteça com mais e verifique-o novamente dentro de alguns dias. Se ele estiver baixo novamente, peça a um mecânico que faça uma verificação. A boa notícia é que os sistemas de ***direção hidráulica*** eletrônicos não precisam de fluido.
- **Se ele for claro ou transparente,** pode se tratar de ***fluido de freio***. Mesmo que o vazamento tenha parado, as manchas ainda serão visíveis. Dependendo de que peça do carro tenha parado sobre a poça ou mancha, devemos verificar se não há vazamentos do fluido de freio em volta do ***cilindro mestre*** e em volta das ***linhas de freio***. Se o vazamento se encontrava onde a roda estava parada, verifique a superfície

interna da roda. Se encontrar manchas ou umidade ali, pode ser que o ***cilindro de freio*** esteja vazando — ou talvez um cachorro tenha "marcado" os nossos pneus!

Os vazamentos de freios são perigosos demais para você não dar atenção a eles. Peça a um mecânico profissional que os conserte imediatamente.

- **Se ele tiver cheiro de ovos podres,** se trata de ácido da ***bateria***. Evite tocá-lo ou deixá-lo encostar nas nossas roupas, e troque a bateria.
- **Se ele tiver cheiro de gasolina,** se trata de gasolina! Se o cheiro estiver vindo de debaixo do capô, verifique a ***bomba de combustível*** e os ***injetores de combustível*** — ou o ***carburador***, se este for o caso. Se o vazamento parece vir do meio do carro, verifique as ***linhas de combustível***. Se ele estiver vindo da parte de trás do carro, é necessário verificar o ***tanque de combustível***. Não fume durante essas verificações!

Se não conseguir encontrar a fonte do vazamento e se o seu carro estiver perdendo líquido do radiador regularmente, o Capítulo 10 pode nos ajudar a encontrar o vazamento e a verificar a ***tampa de pressão*** dele.

Sensações Estranhas

Esta é uma categoria genérica para aquelas coisas que simplesmente "não estão certas". Podemos usar o processo de eliminação para verificar qualquer coisa que esteja fazendo com que o nosso carro perca a suavidade: as mangueiras, os pneus, os freios, os níveis de ***óleo***, as conexões de ***vela***, o ***sistema de arrefecimento***, a ***embreagem***, a ***alavanca de câmbio*** e a ***conexão de direção***.

Estas são algumas das sensações específicas que podemos encontrar:

- **Se estiver difícil guiar e se o carro tem *direção hidráulica*,** verifique a ***vareta de nível*** da direção hidráulica. Se o nível estiver baixo logo depois de abastecido, procure por vazamentos nas mangueiras que ligam essa unidade às rodas dianteiras.
- **Se o carro está puxando para os lados em vez de ir em linha reta,** a causa podem ser componentes de direção gastos ou rodas fora do ***alinhamento***. Se o carro começa a puxar para a esquerda ou para a direita, um dos pneus talvez esteja com uma pressão baixa ou defeituoso, ou pode ser que as rodas dianteiras estejam desalinhadas.
- **Se o carro estiver puxando para um dos lados quando se pisa no freio,** o Capítulo 12 nos mostra como verificá-los.
- **Se o carro vibra em alta velocidade, isso pode significar que as rodas estão desbalanceadas.**
- **Se o motor acelera quando se pisa no acelerador, mas o carro não; se há um atraso na reação (ou reação nenhuma) quando se troca de marchas; ou se essa troca está estranha ou barulhenta,** verifique a transmissão. Se o nosso carro tem ***transmissão automática***, pode ser que haja pouco ***fluido de transmissão***, ou talvez uma mangueira tenha se soltado ou o filtro esteja entupido.

Se perceber qualquer coisa estranha quando o carro estiver andando, sugiro que a manutenção apresentada no Capítulo 2 seja feita. Essa manutenção mensal simples, que toma apenas 15 minutos do nosso tempo, pode evitar 70% dos problemas que podem fazer com que o carro pare na estrada. Ao verificar os sintomas dos problemas com antecedência, é possível economizar o tempo e o dinheiro que, de outra forma, seriam usados para guinchar e consertar o carro.

Luzes de Seta

As luzes de seta são instrumentos de grande importância para comunicarmos as nossas intenções aos outros motoristas. Se elas não estiverem funcionando, devem ser consertadas imediatamente — os sinais de mão não serão tão eficientes. Isto é o que deve ser feito em várias situações:

- **Se *nenhuma* das setas estiver funcionando,** verifique os fusíveis.
- **Se *todas* as setas acendem, mas não piscam,** significa que a unidade responsável por isso está quebrada. Essa unidade costuma estar ligada diretamente à caixa de fusíveis. Assim, verifique se há algum problema ali primeiro. Depois de trocar a lâmpada ou o fusível queimado, as luzes piscantes no painel voltarão a funcionar. Que bom, não acha?
- **Se ambas as setas de um lado não estiverem piscando,** verifique se as lâmpadas não precisam ser trocadas. Se não, pode ser que elas não estejam aterradas direito. O mecânico pode dizer o que fazer nesse caso.
- **Se as luzes do painel não acenderem quando você aciona as setas,** pode ser que a lâmpada do painel esteja queimada ou a unidade que a controla não esteja funcionando direito.
- **Se uma das setas está piscando mais rápido ou mais devagar do que a outra,** veja se essa é mesmo a lâmpada certa para o carro. Uma lâmpada mais robusta piscará mais rápido do que as comuns. Verifique também se não há conexões soltas ou corrosões em volta do soquete em que a lâmpada é encaixada.

Capítulo 14

O Que Fazer Se o Carro Morrer ou Se Ele Não Quiser Pegar

Neste Capítulo

- Como descobrir o que causou o problema
- Como resfriar um veículo superaquecido
- O que fazer com um carro que não quer pegar
- Uma transferência de carga segura

Descobrindo o Problema

Se conseguir sair da estrada e entrar numa área segura, e se quiser lidar com a situação por conta própria, ajuda saber o que aconteceu no que se refere à "dieta" do carro: ele vive com uma mistura de ar, combustível e fogo — se não estiver andando, quer dizer que ele não está recebendo um desses ingredientes.

Ar

O ar é simples — e provavelmente não é o problema. O carro recebe ar pela ***caixa coletora de ar***, ou pelo purificador de ar. A menos que o ***filtro de ar*** esteja totalmente entupido, o motor deverá receber a quantidade de ar necessária para continuar andando. No pior dos casos, pode haver alguma coisa errada com a ***unidade de controle do motor (UCM)***, o que faz com que ela não esteja misturando o ar e o combustível direito. Se esse for o caso, a luz de verificação do motor acenderá no painel, sendo que o melhor a fazer nesse caso é chamar um guincho para lhe levar até uma oficina. Mas é mais provável que o problema seja outro: uma das mangueiras de vácuo por ter se desconectado, ou pode ser que a ***válvula PCV*** não esteja funcionando direito, e ambos os problemas não deixam o carro respirar direito. Para resolver, verifique os seguintes itens nas mangueiras e na válvula PCV:

- **Verifique as mangueiras embaixo do capô.** Alguma delas se soltou ou está quebrada? É possível escutar o ar escapando quando o carro está parado e o motor funcionando - no caso de conseguir ligar o motor? Uma mangueira estratégica perdida pode fazer o motor diminuir a velocidade ou parar de vez. Se esse for o caso, ligue a mangueira novamente ou tampe o orifício dela com uma fita, o que fará o carro voltar a funcionar. É claro que, se tiver o hábito de verificar e trocar as mangueiras gastas *antes* que algum desastre aconteça, você evitará por completo essa situação.
- **Verifique a sua *válvula PCV* para se certificar de que ela está limpa e funcionando bem.**

Combustível

Independentemente de o nosso carro ser movido a gasolina, a ***diesel***, ser um ***híbrido*** ou, ainda, de ***usar combustível alternativo***, ele pode não estar recebendo o tipo de combustível de que precisa para continuar a andar. Portanto, se o motor ***gira***, mas não começa a funcionar, a primeira pergunta que devemos fazer é se o ***tanque de combustível*** está vazio. Mesmo que o ***medidor de combustível*** diga que não, ele pode não estar funcionando direito. Quando foi a última vez que encheu o tanque?

CUIDADO

Às vezes, o problema por ser combustível *demais*. Se, ao abrir o capô, perceber que ele está coberto de gasolina, *não dê a partida!* A gasolina é inflamável demais para brincadeiras. O jeito é pendurar a bandeira branca e esperar ajuda.

Se não estiver sem combustível e o carro perder potência antes de morrer, é provável que o combustível não esteja chegando ao motor.

Veículos movidos a gasolina e a diesel

No caso de veículos modernos com ***injeção eletrônica*** multiponto ou sequencial, pode ser que a ***bomba de combustível*** não esteja funcionando ou ainda que a ***UCM*** não esteja ativando os injetores de combustível. Nestes casos, deixe que um mecânico profissional resolva esse problema.

Veículos movidos a etanol, metanol e os veículos flex

Os problemas em potencial desses veículos são os mesmos que os dos veículos a gasolina ou os que funcionam a gasolina misturada com álcool: ou estamos sem combustível, independentemente do que o medidor nos diga, ou a bomba ou os injetores de combustível não estão funcionando direito. Nestes casos, não há muito a fazer, com exceção de ligar para alguém para pedir ajuda e esperar que a pessoa chegue.

Veículos a gás natural, a hidrogênio, a células de combustível e outros tipos exóticos

O gás natural e o hidrogênio são armazenados sob alta pressão e definitivamente perigosos demais para que possamos mexer com eles sozinhos. Se o seu carro tem algum desses sistemas, peça a um guincho *plataforma* que o leve à concessionária mais próxima, já que a maioria das oficinas não consegue lidar com esses tipos de combustível também.

Fogo

Se concluirmos que o motor está recebendo ar e combustível suficientes, mas o carro ainda não está andando, provavelmente temos um problema no ***sistema de ignição***. Como explicado no Capítulo 4, no caso de veículos tradicionais, o "fogo" na verdade se trata de uma corrente elétrica que está armazenada na ***bateria***, por sua vez substituída por um ***alternador***, que é monitorada por ***sensores*** e direcionada pela ***UCM*** para as ***velas*** nos ***cilindros*** no momento certo. Se alguma coisa nesse processo não der certo e se a faísca não chegar até as velas, nem todo o ar e combustível do mundo produzirão a ***combustão*** nos cilindros. Como resultado, o veículo não vai andar. Visto que o motor estava funcionando antes de morrer, a culpa provavelmente não é nem da bateria, nem do ***solenoide*** e nem tampouco do ***motor de arranque***.

CUIDADO

No caso de carros com *sistemas eletrônicos de ignição*, o ***módulo de ignição*** pode ter quebrado. Como esses veículos têm sistemas de ignição de alta energia que funcionam com 47.000 volts ou mais, *a velha técnica de tirar o cabo do distribuidor ou da vela para fazer o teste de faísca não é segura*. Independentemente de o veículo ter um ***sistema de ignição sem distribuidor*** ou uma ***ignição eletrônica***, deixe o trabalho para um mecânico profissional. A boa notícia é que esses sistemas não costumam quebrar, e isso significa que, muito provavelmente, eles não são a causa do problema.

Como pode ver, a menos que esteja sem combustível, nada pode ser feito pela maioria dos veículos mais novos na estrada quando eles morrem. Além das causas já mencionadas, às vezes uma peça do motor quebra. Se for a ***transmissão***, ou alguma outra peça extremamente cara para ser trocada, isso talvez signifique que daremos adeus ao nosso Velho Fiel. Por outro lado, os sistemas sofisticados dos veículos modernos não costumam dar problemas; eles costumam dar muitos sinais de aviso antes de morrerem. É claro que, se não verificamos nem realizamos a manutenção do veículo — se tivermos ignorado as ***luzes de indicação de falhas***, as batidas, a fumaça do ***escapamento***, as oscilações e outros sintomas —, bem, estávamos pedindo por isso.

O Que Fazer com um Veículo Que Superaquece Num Dia Quente

Embora seja raro, mesmo o veículo mais bem ajustado pode superaquecer. Se estiver num trânsito que anda e para, anda e para, ou em uma ladeira íngreme em um dia extremamente quente, e o indicador de temperatura do painel começar a aumentar, ou a ***luz de indicação de falhas*** acender, tente o seguinte:

- **Ao primeiro sinal de superaquecimento, desligue o ar-condicionado e abra as janelas.** Isso diminui a carga sobre o motor e ajuda a resfriá-lo.
- **Se o carro continuar a superaquecer, ligue o aquecedor e o soprador.** Assim, o calor do motor é transferido para o compartimento dos passageiros do carro.
- **Se o carro está parado no trânsito e o medidor de temperatura está aumentando, engate em ponto morto, N (Neutro) ou P (Estacionar) e acelere por um momento.** Isso faz com que a ***bomba de água*** e a ***ventoinha*** trabalhem mais rápido, e, consequentemente, mais líquido e mais ar passarão pelo ***radiador***. O aumento no volume de ar e de líquido circulando ajuda a esfriar as coisas.
- **Procure não andar com o pé em cima do freio.** Num trânsito em que se anda e para, anda e para, é melhor andar bem devagar, fazendo o motor funcionar numa velocidade apenas um pouco maior do que quando estamos ***parados***. Isso é melhor do que andar e parar várias e várias vezes. O arrasto de freio aumenta o trabalho do motor, e ele aquece. Se o trânsito está lento, é melhor andar apenas quando o espaço entre o nosso carro e o próximo ficar grande.
- **Se achar que o seu veículo está a ponto de ferver, vá para o acostamento, abra o capô e espere até que as coisas esfriem.** Vale a pena lembrar que *não devemos abrir a tampa do radiador* sob essas condições. Se o motor ferver, não devemos abastecê-lo com água até que ele esfrie.

  Se precisar abastecer o motor com água enquanto ele ainda estiver *um pouco* quente, faça *devagar* com o carro engatado no N (Neutro) ou no P (Estacionar). Siga as instruções do Capítulo 10 para abrir a ***tampa de pressão*** do radiador e abastecer o sistema com líquido em segurança.

O Superaquecimento Quando o Clima Não Está Quente

Embora o clima quente seja um dos motivos mais comuns para o superaquecimento, há vários outros fatores que podem causar esse mesmo problema. Se o seu veículo superaquecer no trânsito sob um clima normal, um dos seguintes itens da lista pode ser o culpado:

- **O nível de água e de líquido de arrefecimento está baixo.** Se já faz tempo que não verifica o nível do fluido (ou se nunca fez isso), seria bom verificar agora, dando uma olhada no nível na lateral do ***sistema de recuperação do líquido de arrefecimento***, ou seguindo as instruções da seção "O Líquido de Arrefecimento", no Capítulo 2.
- **Há um vazamento no *sistema de arrefecimento*.**
- **Caso não consiga encontrar nenhum vazamento, a sua *válvula termostática* pode estar quebrada.** É claro que não é possível trocar a válvula termostática no acostamento da estrada, mas o Capítulo 10 traz instruções sobre como fazer isso sem gastar muito e com facilidade quando voltar para casa. Enquanto isso, se conseguir estacionar e chegar *com segurança* até a válvula termostática, tente eliminar essa possibilidade. Para fazer isso, espere até que o motor esfrie *completamente*, e siga essas instruções para remover a válvula termostática e reconectar as mangueiras sem ela. Se o motor ligar e funcionar bem, isso significa que a válvula termostática é a responsável pelo superaquecimento do carro.

  CUIDADO

  Compre uma válvula termostática nova imediatamente se descobrir que a antiga não estava funcionando. Dirigir longas distâncias sem ela pode danificar o motor.
- Se nenhum desses itens for o problema e se o carro continuar a superaquecer, leia o Capítulo 10 para saber sobre outras causas possíveis e suas soluções.

Se o Carro Não Quiser Pegar

Vamos considerar agora aquelas ocasiões que fazem as pessoas entrarem em pânico: quando o carro não quer pegar. Se deixamos as luzes, o aquecedor, o rádio ou qualquer outro aparelho elétrico ligado depois que estacionamos e desligamos o carro, não fica difícil saber qual é o problema: a ***bateria*** está sem carga. A última seção deste capítulo, "A transferência de carga", explica como proceder do modo mais seguro em tal situação.

Os sintomas

Há vários motivos pelos quais o nosso veículo movido a combustível convencional pode não estar querendo pegar. A lista a seguir nos mostra quais são essas circunstâncias mais comuns e o que fazer em cada situação:

- **O carro fica em silêncio quando a chave é girada.** Verifique as conexões dos cabos dos terminais da ***bateria***. Se eles estiverem muito corroídos, limpe as hastes da bateria e as conexões dos cabos ou troque os cabos. Reconecte os cabos de modo que fiquem bem presos no lugar. Então, tente ligar o carro de novo.
- **O carro faz barulho, mas não liga.** Isso soa como bateria sem carga. Se não for esse o caso, verifique a fiação que vai e vem do ***motor de arranque*** para ver se há algum fio solto.
- **O motor arranca, mas não pega.** Pode ser que o tanque esteja vazio, ou que o combustível não esteja chegando até o motor. Se o combustível não for o problema, pode ser que a faísca elétrica não esteja chegando até as velas.
- **O motor começa a funcionar, mas morre.** Caso se trate de um carro com ***injeção eletrônica***, será necessário procurar ajuda profissional.

- **O carro não pega em dias chuvosos.** Se o seu carro tiver um ***sistema de ignição não eletrônico*** ou uma ***ignição eletrônica*** com uma ***tampa de distribuidor***, verifique se há umidade na tampa.

  O carro deve estar desligado e engatado em N (Neutro) ou P (Estacionar) antes de levantarmos o capô e tirar a tampa do distribuidor.

  Se encontrar umidade, um pouco de solvente mecânico encontrado oficinas ajudará — são usados para limpar peças —, ou compre uma lata de aerossol em uma loja de peças. É só virar a tampa de cabeça para baixo e passar ou espirrar um pouco do solvente nela para que evapore qualquer umidade. Depois, chacoalhe um pouco a tampa para tirar o excesso e seque bem com um pano limpo e sem fiapos, colocando a tampa no lugar logo a seguir.

  Use somente um solvente *limpo*; até mesmo o mínimo de sujeira pode encardir as pontas. Não tente limpar com gasolina porque haverá o risco de uma faísca fazer o vapor de gasolina entrar em combustão, resultando numa explosão ou num incêndio.

- **O carro não quer pegar nas manhãs frias.** No caso de carros com ***injeção eletrônica***, será necessária a ajuda de um profissional para diagnosticar esse tipo de problema.

- **O motor engasga enquanto o carro está *parado*.** As ***velas*** podem estar falhando , a ***bomba de combustível*** pode não estar funcionando direito, ou pode ser que o ***filtro de combustível*** esteja entupido.

- **O motor engasga ou oscila durante a aceleração.** Há vários motivos pelos quais isso pode acontecer: As ***velas*** talvez estejam falhando, os ***injetores de combustível*** podem estar sujos, ou pode haver um defeito na ***UCM*** . Algumas pessoas que gostam de fazer as coisas sozinhas compram computadores de diagnóstico e aprendem a ler os códigos, mas há grandes chances de que o problema apresentado seja um daqueles com o qual não podemos lidar sozinhos. É mais fácil que uma oficina coloque o carro sob o "microscópio" e resolva o problema.

- **Há *batidas* ou assovios vindo do motor.** Nos carros antigos, movidos a gasolina, isso costumava acontecer pelo uso de combustível com um ***índice de octano*** errado. Nos carros modernos, a ***UCM*** percebe o barulho do motor e ajusta o ***controle de tempo***, a ***mistura de ar/combustível*** e outros fatores para lidar com as diferenças de octano. No entanto, como usar um combustível com o índice de octano errado pode afetar o bem-estar e a performance do carro, caso não tenha certeza do uso de um combustível comum, sem chumbo, ou da gasolina premium, consulte o manual do proprietário. Se está usando o combustível certo, mas quer identificar o problema por conta própria, verifique o ***sistema de arrefecimento*** e faça um *teste de compressão* nos ***cilindros*** do motor pode verificar o que está errado.

A transferência de carga

Se a bateria está sem carga, *talvez* seja possível usar os ***cabos de transferência de carga*** para "fazer uma chupeta" no carro de algum bom samaritano — com algumas importantes exceções.

CUIDADO

Se o carro tiver um ***sistema eletrônico de ignição*** ou ***usar combustível alternativo***, a utilização dos cabos de transmissão *pode* danificá-lo. No caso de veículos em que isso pode ocorrer, o ***manual do proprietário*** informa, ou pode haver um decalque alertando debaixo do capô. Mesmo que não encontre um aviso, vale a pena ter certeza. Assim, é melhor ligar para o departamento de serviço da concessionária e tirar as dúvidas informando o tipo, o modelo e o ano do veículo.

CUIDADO

Se for possível usar os cabos de transferência com segurança no seu tipo de carro, convém se certificar de que a bateria do bom samaritano tenha pelo menos a mesma voltagem que a nossa.

Desde que façamos a ligação correta dos cabos (sendo que a ligação correta é a mesma em todos os casos), não importa se o nosso veículo tem um ***aterramento*** negativo e o veículo do samaritano tem um aterramento positivo, ou se o seu veículo tem um ***alternador***, e o do samaritano, um ***dínamo***.

Para fazer uma transferência com segurança, siga estes passos:

1. **Pegue os seus cabos de transmissão.**

   É uma boa ideia ter um jogo de cabos de transferência e mantê-lo no porta-malas. Se não tiver um jogo de cabos, será preciso encontrar um bom samaritano que, além de estar disposto a nos ajudar, também os tenha.

2. **Engate os dois veículos em P (Estacionar) e N (Neutro), com as *chaves de ignição* desligadas e com os *freios de mão* puxados.**

3. **Ligue os cabos.**

   O cabo positivo tem garras vermelhas na ponta, e o negativo, garras pretas. *É importante ligar os cabos na ordem certa:*

   1. Uma das garras vermelhas deve ser ligada no terminal *positivo* da *sua* bateria (estará escrito "POS" ou "+" nele, ou ele será maior do que o terminal negativo).

   2. Ligue a outra garra vermelha no terminal *positivo* do carro do bom samaritano.

   3. Ligue uma das garras *pretas* no terminal negativo na bateria do samaritano.

   4. Ligue a última garra preta numa superfície de metal *sem tinta* do seu carro que *não esteja* perto da bateria.

A Figura 14-1 mostra como os cabos negativos e positivos devem ser conectados.

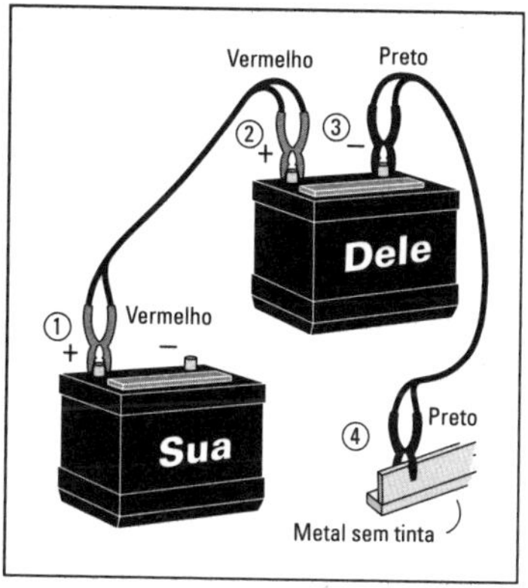

Figura 14-1: Certifique-se de conectar os cabos de transmissão de carga na ordem certa.

4. **Tente ligar o veículo.**

   Caso ele não ligue, verifique se os cabos estão ligados direito e peça ao bom samaritano que deixe o carro funcionando por cinco minutos. Então, tente ligá-lo de novo. Se ele ainda não ligar, significa que não há nada que possa fazer pela sua bateria.

5. **Desconecte os cabos, agradeça ao bom samaritano e continue andando.**

   Se a transferência der certo e o carro ligar, não desligue o motor! Dirija por pelo menos 15 minutos para recarregar a bateria. Se o carro não funcionar na próxima vez que formos usá-lo, isso significa que a bateria não está guardando carga e precisa ser substituída.

DICA

Se a luz de alerta do ***alternador*** ficar acesa ou se o medidor no painel continuar a apontar para "Descarregado" após o carro ficar funcionando depois de algum tempo, verifique se a ***correia da ventoinha*** ou a ***correia de transmissão*** está firme o suficiente para fazer o alternador funcionar de modo correto. Se a sua bateria continuar a descarregar com frequência, peça a um profissional que verifique tanto a bateria como o alternador.

Em todo caso, nunca dirija com uma ***luz de indicação de falha*** ou com um medidor que indique uma condição de perigo; nesse caso, o veículo deve ser verificado imediatamente — é para isso que essas luzes e medidores existem!